投資はするな！

なぜ2027年まで大不況はつづくのか

増田悦佐
Etsusuke Masuda

ビジネス社

はじめに

今回は私にしては、ずいぶんわかりやすい本が書けたのではないかと思っている。なにしろタイトルが『投資はするな！』で、中身もなぜ投資をしてはいけないのかに論点を絞っているからだ。

第1章では、投資にまとわりついている2匹の魔物のうち時間についてから説き起こし、もう1匹の人気にたどり着く。

投資の世界では、当然そうなるべきだと思っていることが、20～30年実現しないことがある。食い詰めておそろしく不向きな証券アナリストという商売に紛れこんでしまった私は、自分が正しいと確信している方向に相場が動いてくれないことに腹を立てつづけながら20年待った。そして、この稼業から足を洗った。その顚末《てんまつ》から話を始める。

もう1匹も曲者だ。投資に関してはいろいろなスタンスを勧める人がいるが、特定のスタンスが人気になればなるほど、当たったときの儲けは少なく、はずれたときの損失は大きくなる。なぜそうなるかの理屈は明快だし、そのとおりだと示す長い年月を通じた実証データもある。

それでもなお、なぜ投資に向かう人が多いかと言えば、過去1世紀半ほどは経済が投資に向いた構造になっていたからだろう。

第2章では、なぜ現代経済は、どんどん投資の役割が縮小せざるをえない構造になっているのかを考察する。重厚長大型製造業の全盛期には、投資こそ経済全体を牽引《けんいん》する花形分野だった。ちょうど日本で株価・地価バブルが終わった1980年代末から1990年代初めごろに、その時代は終わった。やって来たのはサービス業の時代で、サービス業は製造業ほど大きな投資を必要としない。

日本国民は知的エリートもふくめて、あまりずる賢くないので、無駄な悪あがきをせずに投資の時代が終わったことをすなおに受け入れた。欧米にはずる賢い知的エリートが多いので、なかなかこの当たり前の事実を受け入れない。だからこそ、とうとう受け入れざるをえなくなったときの被害は大きいだろう。

第3章では、なぜ製造業の地位低下とともに縮小に転ずるはずの金融業が、アメリカとイギリスではむしろ肥大化しているのかに眼を転ずる。結局のところ、自国で製造業が伸びないのなら、工業化後発国に投資の拡大を受け持たせ、その成果をなるべく要領よくかすめ取るしかない。

中国は、アメリカ金融業界にとって願ってもないカモだった。今もカモでありつづけている。だからこそトランプが本気で中国敵視政策を取ったとき、民主党リベラル派と共和党保守本流は「トランプ2選阻止」で提携したのだ。

アメリカと中国のどちらが勝つかという問題は存在しない。政治・経済・社会の隅々まで利権が浸透しているこの2ヵ国は、結局経済サービス化に適応できずに仲良く没落していく。トランプが8年大統領の座にとどまれば、自国の金融業界への返り血を覚悟しながら中国を切る可能性もあったが、どうやらむずかしそうだ。

第4章では、バブル崩壊以降まったくいいところがなく、劣等生にしか見えなかった日本こそ、この経済サービス化にもっともよく適応した国だという議論を展開する。近代資本主義のように大きな社会経済体制が崩壊するとき、前体制にうまく適応していた国ほど新しい体制への適応がむずかしい。

日本の失われた30年は、次の時代への最善の適応を準備する30年でもあった。そして日本が次の時代を担う主役になると期待するからこそ、なぜ過去四半世紀にわたって日本経済が低迷したのか原因をしっかり究明し、停滞を引きずらずに新時代に移行するためにはどうすべきかも検討する。

第5章では、とうに爛熟《らんじゅく》期を過ぎて腐敗が進んでいるアメリカ株式市場の虚飾に満ちた繁栄ぶりを取り上げる。金融業とともに付加価値が高く、高給取りの多い専門サービス業は、企業経営者に迎合して虚構の価値を「生み出す」錬金術師でもあった。

企業にとっても、株式市場全体にとっても「閉店セール」でしかない自社株買いの盛況と、その裏で進行するバランスシートの無意味化を検証する。

第6章では、なぜ2020年のアメリカ大統領選が、これほど混迷を極めたのかをアメリカ近代史から消された1ページを補助線に使って考える。開票結果を待つまでもなく、アメリカ社会の分断と亀裂は深まっている。結局はバイデンが就任し、すぐカマラ・ハリス副大統領に大統領職を譲ることになるだろう。しかしバイデン＝ハリスを擁する民主党も、トランプなき共和党も、1930年代大不況を上回る規模の経済危機に正面から立ち向かうことさえしないだろう。

「おわりに」では、紙幅の制約もあり、なぜ投資ではなく資産防衛を考えるとき、金《ゴールド》こそもっとも安全な避難所となるのかを、要点だけの走り書きにとどめざるをえなかった。ただ、論旨は明快に受け止めていただけるのではないかと思っている。

第3章

根無し草になった金融業の繁栄に迫るたそがれ

第4章

劣等生にしか見えなかった日本が、意外にも激変する世界にいちばん柔軟に適応していた

第5章 アメリカ株 異常な暴騰の真相

第6章 2020年のアメリカ大統領選は、任期を満了できる最後の大統領選びだ

第1章

市場には時間という魔物が棲んでいる

落第証券アナリストのボヤキ

橘玲《たちばなあきら》は『臆病者のための株入門』（２００６年、文春新書）というキャッチーなタイトルの本で、「市場には魔法使いが住んでいる。その魔法使いは気まぐれで、ニートの若者を時代のヒーローにすることも、億万長者を一夜にして塀の中に落とすことも自由自在だ。そしてだれも、自分にどんな魔法がかけられているのか、知らない」（38ページ）と書いている。

私は魔法使いというよりは魔物だろうと思っていて、しかもその魔物の正体も「時間だ」と確信している。そう確信するにいたった経緯から、なぜ投資をすべきではないのかを書き進めていきたい。

１９８４年初夏、アメリカのジョンズ・ホプキンズ大学で経済学・歴史学の2学部で修士号は取ったものの、博士課程単位取得退学という中途半端な学歴で終わって、私は日本に帰って来た。それから約1年半、細々とつてをたどって教育か研究の仕事はないかとあちこちに手紙を出してみた。反応は、たった1通の丁重なお断りの手紙をいただいただけで、あとは返事も来なかった。

まったく就職先が見つからなかった。苦しまぎれに翻訳屋で食っていこうとして、イギリス人作家トム・シャープが書いた南アフリカ共和国の人種差別支配をイギリス人特有の辛辣《しんらつ》な皮肉で笑い飛ばす『狂気準備集合罪』（１９８５年、講談社）の翻訳出版に、なんとかこぎつけた。おもしろい本だが、どうも日本人のユーモアのセンスには合わなかったようで売れ行きは悪かった。印税を労働時間で割ったら、たしか時給２００円か３００円にしかならなかったと思う。

当時、大和証券が系列下の３証券会社を糾合して発足させたユニバーサル証券という会社がアナリスト・営業マンを募集しているという新聞広告を見て１９８６年春に入社した。そこでアナリスト兼エコノミスト兼ストラテジスト的な役割で、言いたい放題を書いていた。たまたまどこかで私の文章を見たソロモン証券の人間がスカウトしてくれて、建設・住宅・不動産業界のアナリストをすることになった。１９８７年春のことで、当時のソロモンは外資系証券会社の中でも豪腕経営で悪名が高かった。

担当してすぐ、建設業界で勝負するのは無理だとわかった。大手、準大手、中堅がそれぞれ仲良しクラブを作っていて、収益競争をする気はほとんどなさそうだった。骨身を削って競争するのは、建築でも土木でも、社史に残る記念碑的な作品を手がけるためならどこまで赤字を覚悟するかという場面だけで、よくもまあこれで上場企業が務まるものだと感心させられた。

ゼネコンが真剣に収益を改善しようとするのは、準大手から大手へ、中堅から準大手へと「昇級」を目指す企業だけだった。ところが付け焼刃の収益志向なので、必ず裏目に出て大損失を招く。これもまた、判で押したように必ず当たるゼネコン業界のジンクスだった。

住宅も、勝負できる業界ではなかった。曲がりなりにも近代企業の体裁を整えているのは積水ハウス1社だけで、あとは良くも悪くも創業者（一族）の強烈な個性でなんとか持っているか、他業種の大手企業が新分野進出の実験として設立した会社を、そのまま上場させただけといった状態だった。業界担当アナリストの共通見解が「まともな住宅会社は積ハだけ」だったから、勝負のしようがない。

その積水ハウスの三代目社長がとんでもないワンマンだったために、業界首位の座から滑り落ちた。代わって首位に立ったのは、同族企業の典型で、創業者一族の手から離れたら空中分解するのではないかと思っていた大和ハウス工業なのだから、世の中わからないものだ。

これで担当業種の3分の2は勝負にならなくなったわけだ。しかし、残る3分の1、不動産で十分勝負ができるし、すれば勝てると確信していたので、新米のくせにずいぶんでかい面をしてあちこちで自説を吹聴しまくった。当時、株価に反映されていた業界序列は、首位・三菱地所、2位三井不動産、3位住友不動産だった。ところが、それぞれの会社のIR（Investor Relations、投資家向け広報）の話を聴くと、どう考えてもこの序列はあべこべだった。

三菱地所がいちばん大事にしていたのは収益性ではなく、日本一格式の高いオフィス街、丸の内・大手町地区の大家さんというプレステージだった。三井不動産がいちばん大事にしていたのは、日本初とか、日本最大とかのプロジェクトを手掛けることで得るパブリシティだった。プレステージやパブリシティには眼もくれずに、ひたすら収益本位で仕事をしている住友不動産が三井・三菱の株価を抜くのは時間の問題だと思っていた。しかも「せいぜい2年か3年のうちだろう。そうなったら、次は何をネタにこの商売をすればいいのか」と心配していたのだから、能天気極まりない。

それから約21年間、私の不動産業界に関する推奨は大ざっぱに言えば、たったひとつだった。「割安に放置されている住友不動産を買い、割高な三井不動産、三菱地所を売れ」これだけだ。推奨を始めた１９８７年春の時点で住不は約６００円、三井不動産が約２０００円、三菱地所は約３０００円だった。その後もバブル崩壊やら、国際金融危機やらで住不の大底は２５０円まで下がったものの、私のアナリスト時代を通じて三井不は１５００円を割りこんだことはなく、地所も２０００円を割りこんだことはなかったと記憶している。

このへんの株価が大ざっぱな数字なのは、推奨を始めて4~5年で、私は推奨銘柄の株価をフォローすることさえしなくなっていたからだ。私だって、この商売に入って2~3年は、「わが子の成長を見つめる親のように」というほどではないが、買い推奨をした銘柄が上がっているか、売り推奨をした銘柄が下がっているかを気にしていた。だが、なんでこんなにわかり切った話が通じないのかと絶望し始めたころから、株価推移にまったく興味のない「証券アナリスト」になり果てていた。

つい最近まで、私の推奨実績は箸にも棒にもかからないほどひどかったと思いこんでいた。ただ私としては、私がアナリストとして無能だったのではなく、私の推奨に聴く耳を持たなかった投資顧問会社、投資信託会社、信託銀行、生損保の運用部門からなる機関投資家と称される「運用のプロ」たちがあまりにも拙劣な運用をしていたからだと確信していた。

当時の（そして今でも基本的には同じことだが）不動産業界の2大収益部門、オフィスビル賃貸と分譲マンションはバブル崩壊前後に関わりなく、非常に安定した収益基盤があった。オフィスビルで言えば、都心駅近の利便性の高い場所に、基準階面積が広くてそこそこの高さのビルを建てれば、本社機能を1ヵ所に統合したいテナントが入れ食い状態で入居してくれるマーケットだった。この状態は、2度目の東京オリンピックを当てこんだ都心再開発ブームが開催延期決定によってずっこけた現在、崩壊しつつある。

分譲マンション市場は、都心から南西方向に利便性の高い駅近物件を建てれば、これまた団塊世代の巣作り、子育て需要に適合しているかぎり、かなり高めの価格設定でも売りさばけた時代だった。こちらは、1990年代後半ごろから風向きが変わってくる。

どちらも売り急いで価格設定を下げる必要はまったくない、実にいい時代だった。ところが地所や三井不で話を聞くと、「新築オフィス連続何十棟満室稼働」とか、「新規発売物件何十棟連続即日完売」とか、これが機関投資家向けのIR担当者が言うことかと耳を疑うようなことを当人たちは「買い」の好材料として得意げに語っている。もちろん消費者向けのPR担当者がオフィスのテナントやマンションの見込み客に決断を催促する意味で言うなら理解できる。

しかし機関投資家向けのIRで「当社は安売りをしています」と言ったら、まっとうな機関投資家は評価を下げるだろう。驚いたことに日本の機関投資家たちは、「やっぱり地所や三井不はモノが違う」と言って、買いポジションを積み増しするのだ。そのころから住不では新築ビルが満室稼働したり、新規発売マンションが即日完売したりしたら、担当者の値付けが甘すぎると叱られていた。

当時の私は、無邪気にもセルサイド（売り手である証券ブローカー側の）アナリストは、論理的に首尾一貫していて、実証データとも整合性がある推奨をするのが仕事だと思っていた。ちょうどそのころ、日本経済新聞の姉妹紙、日経金融新聞が機関投資家の投票で選ぶアナリスト人気ランキングを始めたばかりで、私が建設・住宅・不動産部門の初代首位アナリストになってしまったことも増長していた一因だろう。

実際は大違いだった。機関投資家側にもバイサイド（買い手側）アナリストがいる。セルサイドは約40の全業種を12～15人のシニアアナリストが分担して、そこにジュニアアナリストやアシスタントがつく、けっこうな大所帯なのだ。これに比べて投資顧問会社や生損保、銀行などの資産運用部門からなるバイサイドアナリストは、大手でも8～10人、中小だと4～5人で担当業種もあまり相互に関連性のない10業種以上を割り振られて、個別企業の分析は行き届かないことが多い。

そこでセルサイドアナリストの仕事は、企業側が開示した情報での業績予測と世間常識を足して2で割ったようななんの独自性もない「レポート」を書くことだったのだ。バイサイドアナリストは、こういうレポートを読んで自分の投資判断をして失敗したら「私よりずっと細かく個別企業の分析ができるセルサイドアナリストだってわからなかったんだから、この突然の業績未達は不可抗力です」とか言って責任回避ができる。こんな社会風土で「プロなら、しろうとより良い投資判断をしているはずだ」と考えて運用を機関投資家任せにするのは自殺行為に近い。

損失は取り戻せるが、失われた時間は取り戻せない

収益成長率の高い株は上がり、収益成長率が低かったり、マイナスだったりする株は下がるという大原則を信じている機関投資家なら当然、住不買い、三井不・地所売りで大儲けするチャンスを狙うべきだったという信念は微動もしていない。とは言うものの、20年以上にわたって同じ推奨をつづけて運用実績的にははずしっぱなしだった私には、2008年の国際金融危機はちょうどいい潮時に見えた。そこで、セルサイドアナリストからは足を洗った。

そして「金融業界はばたばたと連鎖倒産で崩壊する。これからは金と金山株ぐらいしか価値の上がる金融資産はなくなる」と思いこんで、当時新興株市場に上場したばかりの日本で唯一の金山運営専業企業に転がりこんだ。その2年後の2011年に、金価格がトロイオンス（31グラム）当たり1900ドルという過去の最高値の2倍以上のとんでもない高値を付けた。「こ

れでもう、あと1～2年で、金よりほかに頼るものなしの世界がやって来る」と有頂天になっていたのだから、つくづく経験に学ぶ能力のない人間だ。

皮肉なもので、私がこの業界から足を洗って4～5年経ったころから、やっと機関投資家のあいだにも、「住不は割安で、三井不・地所は割高だ」という私が20年以上にわたって言いつづけてきた評価が定着し始めた。直近の株価を見ると、住不が２９８１円、地所が１６２９円、三井不が１８５３円となっている。そのへんの事情を、ほんとうに久しぶりに株価の長期推移チャートで確認してみた。まず、住友不動産の株価だ。

ご覧のとおり、１９８９年のバブル絶頂期に２２５０円前後の突飛高《とっぴだか》をつけたあとは、バブルが崩壊した１９９２年から２００３年までめったに１０００円台に乗せたことがなかった。三井不や地所のバブル期の高値は３４００～３５００円だったし、バブル崩壊後もめったに１０００円台を割りこまなかったのだから、いかに「地所と三井不の首位争い、遠く置かれた3位に住不」という株価序列が強固だったか、おわかりいただけるだろう。私は、岩に頭をぶつけて自殺しつづける卵の大群のような心境で、この頑強に動かない大手不動産3社の株価序列を見ていた。

現役のうちに自分の予測が実現するのを見たかったという心情がまったくないわけではない。と思っていたら、どうやら私がまだセルサイドアナリストをやっていた２００７年、アメリカの住宅バブルに連動した不動産バブルの頂点では、三井不、地所が４０００円台の高値にとど

住友不動産株価年足
1970〜2020年*

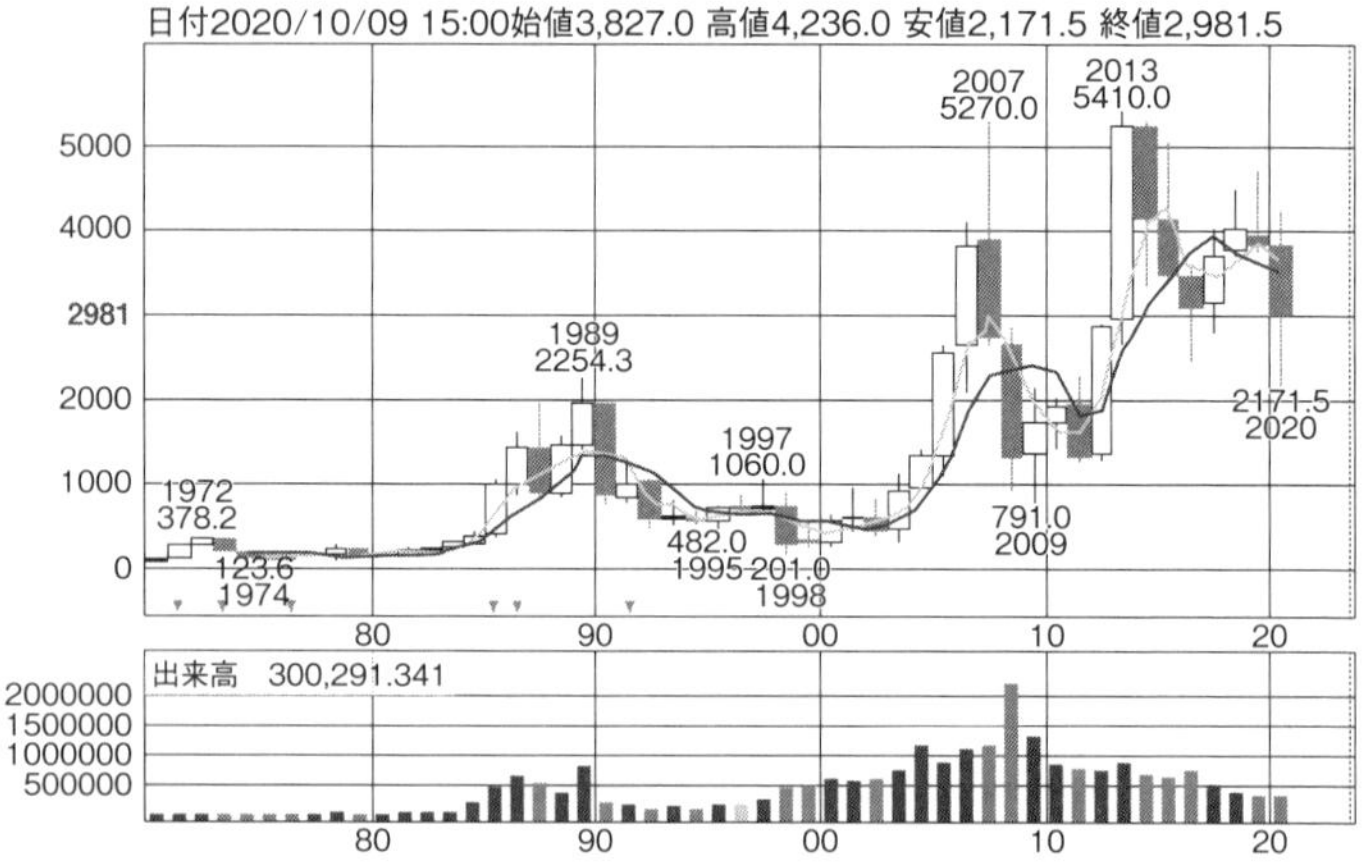

*）2020年は10月9日の引け値まで。
出所：ウェブサイト『Kabutan』、2020年10月9日引け値時点でのエントリーより引用

まったのに、住不は５２００円という、私の「超長期株価予測」どおりの序列になっていたらしい。地所と、三井不の長期株価チャートも掲載するので、お確かめいただきたい。

たしかに私がまだセルサイドアナリストだった時期に、現実に起きていたことだ。そして私の性格からいって、もしこの事実を確かめていたら、「どうだ。俺の言った通りじゃないか。ざまぁみろ」と客に喧嘩を売るような「セールストーク」をしていたはずだ。それなのに、ただの一度もそんなことをした記憶がない。アナリスト人生最大の推奨についてでさえ、そこまで株価に興味を持てなくなっていたのだろう。

その後も、サブプライムローン・バブル崩壊の大底となった２００９年の底値は、やはり住不が７００円台まで下げたのに、三井不・

三井不動産株価年足
1949～2020年*

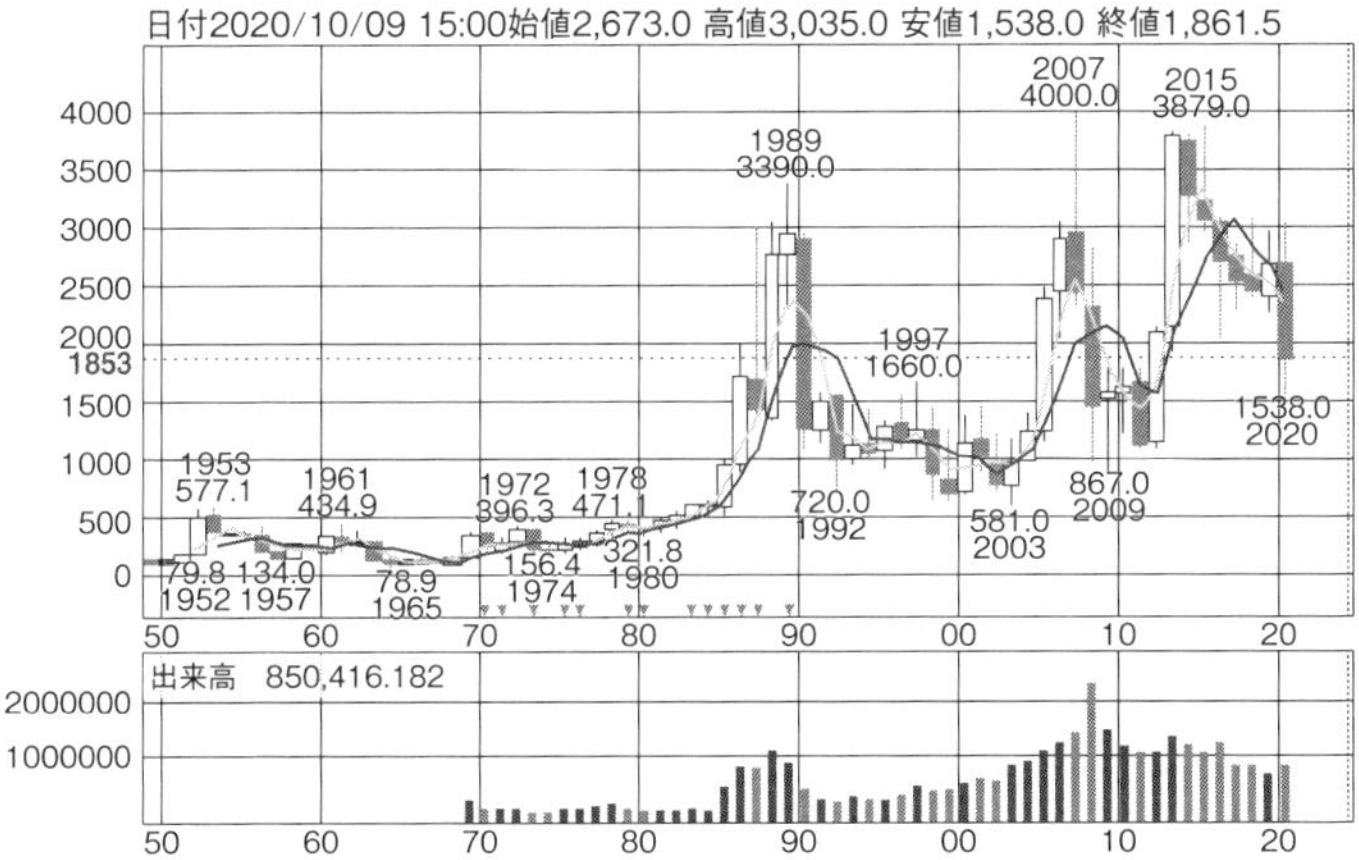

＊）2020年は10月9日の引け値まで。
出所：ウェブサイト『Kabutan』、2020年10月9日引け値時点でのエントリーより引用

三菱地所株価年足
1970～2020年*

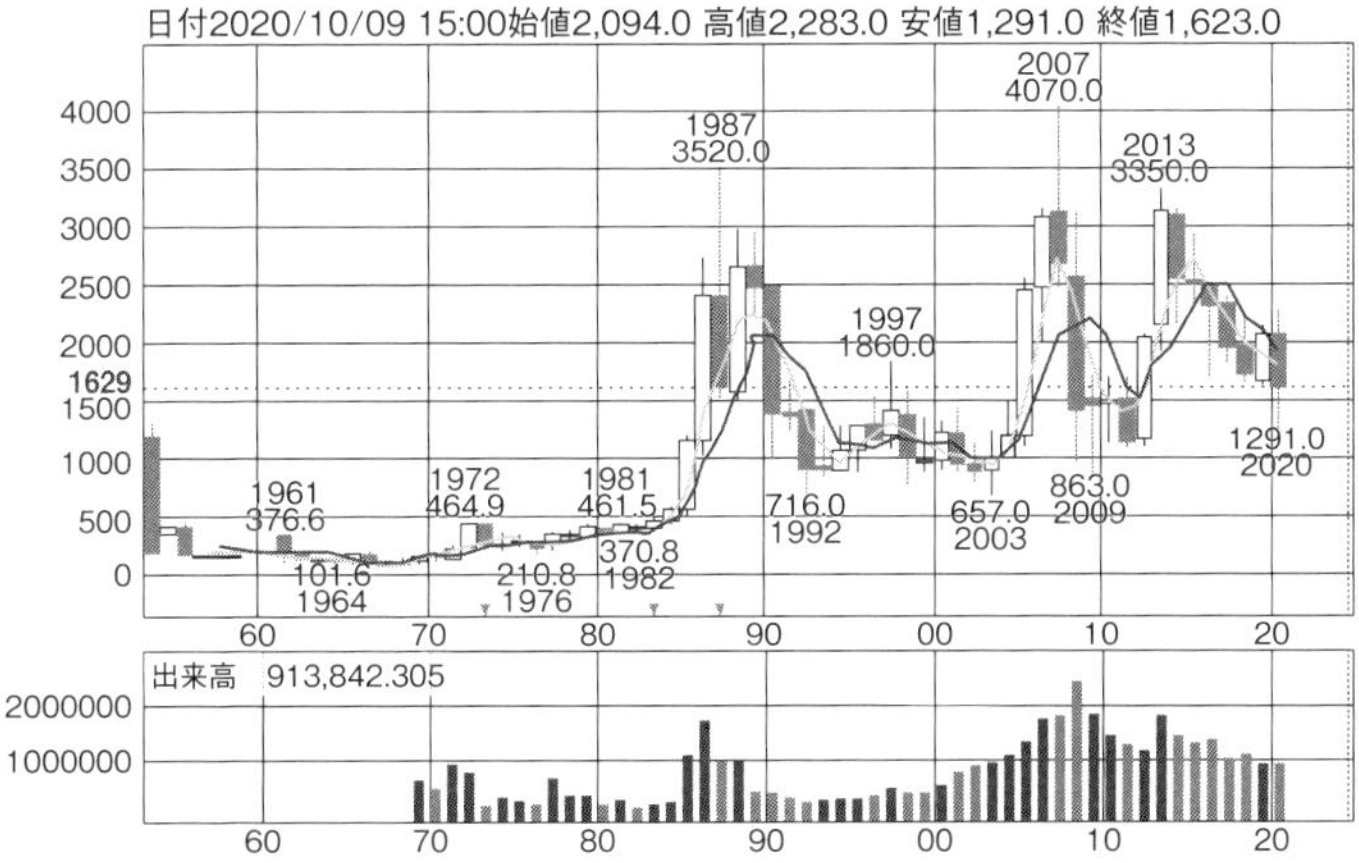

＊）2020年は10月9日の引け値まで。
出所：ウェブサイト『Kabutan』、2020年10月9日引け値時点でのエントリーより引用

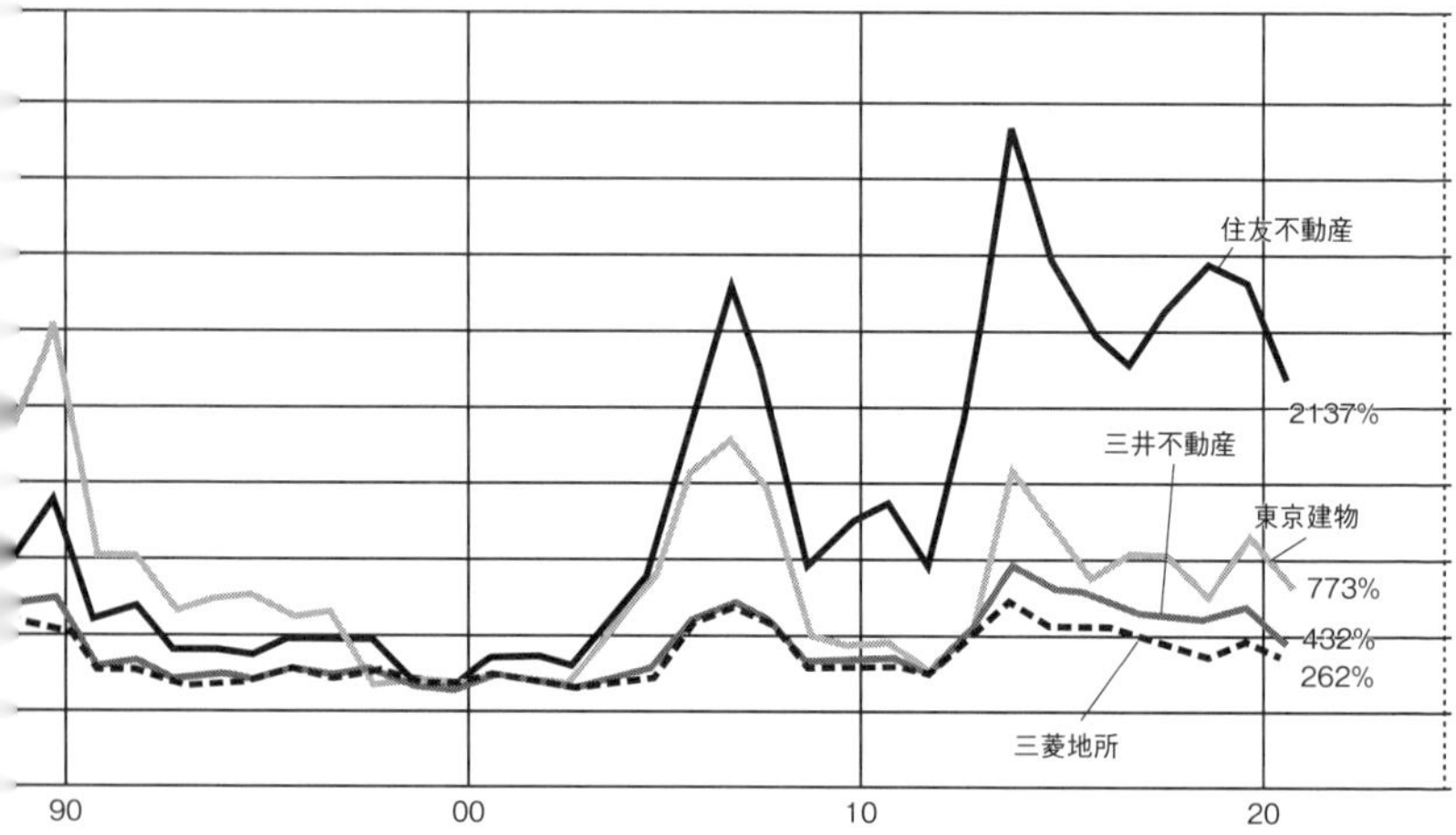

地所は800円台に踏みとどまっていた。住不の株価が恒常的に三井不・地所より高くなるのは2013年になってからだった。

アナリスト稼業から足を洗っても、まだカッカしていたころ考えていたのは、20年という長い時間を無駄にしたという後悔だけだった。推奨を始めてから25年後ぐらいには私の予想どおりの株価序列になっていたことは、なんの慰めにもならなかった。20年もの失われた時間はどうあがいても戻ってこない。「周囲と同じことをして大失敗になっても痛くもかゆくもないが、周囲から突出したことをして失敗したら言い訳できない」という行動原理で動いている人たち相手に、20年もの歳月を浪費したという思いが強かった。

その後しばらく頭を冷やしてからは「私

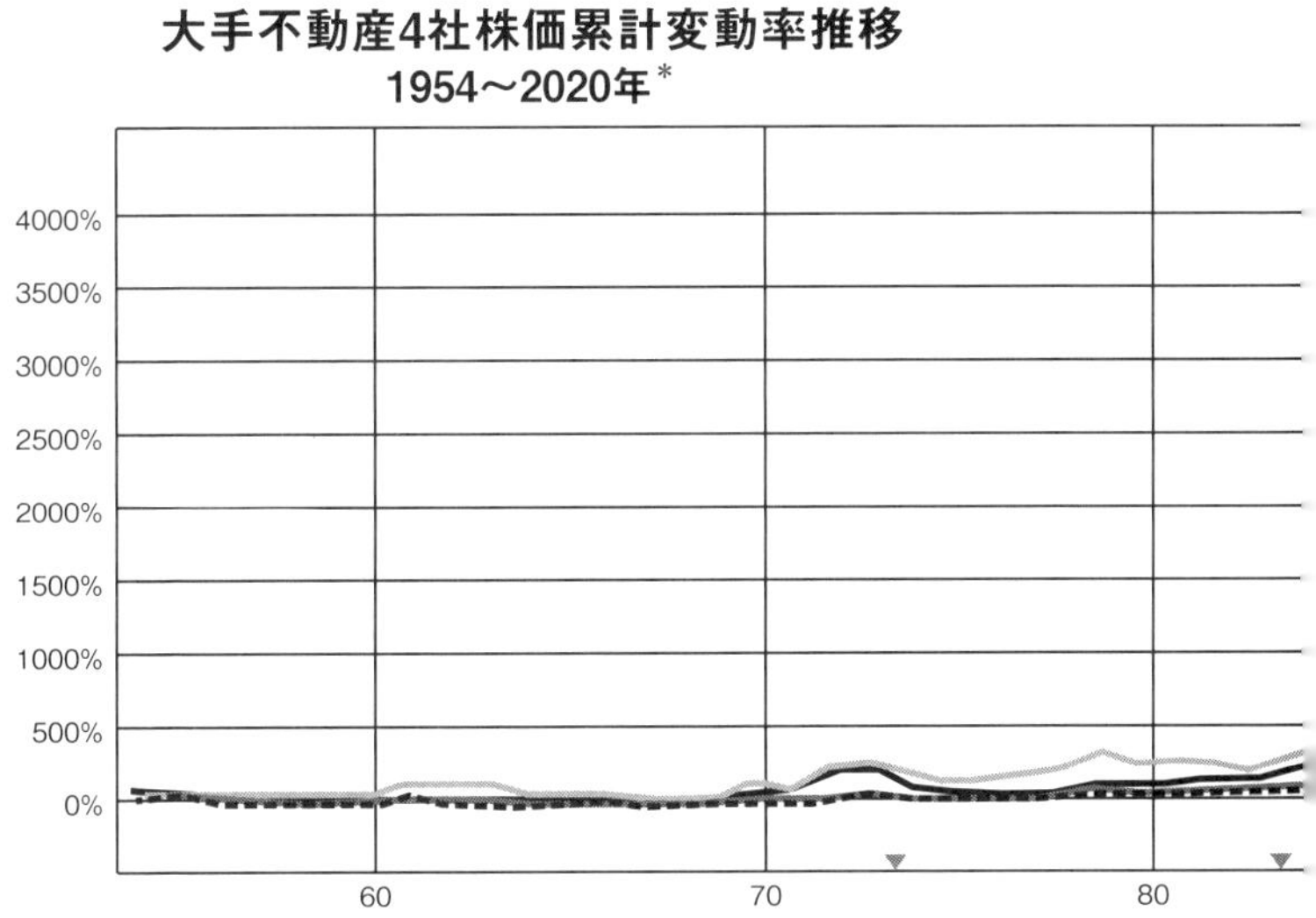

＊）2020年は10月9日の引け値まで。
出所：ウェブサイト『Kabutan』、2020年10月9日引け値時点でのエントリーより引用

は悪名とはいえ名前が売れたからいいが、私の推奨を信じて住不を買って、地所・三井不を売っていたファンドマネジャーたちは左遷されたり、出世コースから外されたりしていたのではないか」と思うようになった。今回３大不動産会社の株価推移を確かめてみたら、この懸念も取り越し苦労だとわかってホッとした。

東京建物というずっと規模の小さな会社が混じってちょっと見づらくなっている。だが累計変動率で見れば、私が推奨しはじめてからの住友不動産株は、１９９７〜98年の東アジア通貨危機・ロシア国債危機のころに三井不・地所と同じ水準まで下がってしまった以外は、一貫してはるかにいいパフォーマンスをしていたのだ。私の推奨

を信じてくれたファンドマネジャーに損をさせたことはなかっただろう、たぶん。

今度の暴落はどこまで下げるか

やっと「コロナ危機が解消すればV字型に回復する」という幻想が消え、今回の景気落ちこみが比較対象とすべきは2007〜09年の国際金融危機ではなく、1930年代大不況だという認識が定着しつつある。今回の世界経済低迷は30年代大不況より軽くて済むのだろうか？もっと深刻になるのだろうか？

私は、30年代大不況よりはるかに深刻な落ちこみになると思う。1930年代大不況は、しょせん近代資本主義経済という大きな枠組みは不動で、その中の覇権国が大英帝国からアメリカ合衆国に代わることにともなう変動に過ぎなかった。

だが今回は違う。その理由はふたつある。ひとつ目は世界中の財政・金融当局がまったく見当はずれな景気刺激策として、必要をはるかに上回る過大投資を延々とさせつづけてきたことのとがめが劇的なかたちで噴出していること。そしてふたつ目は、今回の大不況は近代資本主義体制が崩壊して、まったく新しい政治・経済・社会の枠組みを生み出すための陣痛だということだ。

ひとつ目から説明していこう。1980年代までの世界経済を牽引していたのは重厚長大型の製造業だった。巨額の資金を調達して設備を大型化するほど、高品質の商品を安く大量に造り出すことができる。だから景気が落ちこんだときには、金利を下げて基幹産業の大手企業が増資をするにも、社債発行や銀行からの借り入れをするにもコストを下げることが実際に景気を回復させる手段として有効だった。

ところが１９９０年代からはもう、経済を牽引しているのは重厚長大型製造業ではない。小売、個人サービス、金融、不動産といった典型的な第３次産業と、製造業に属しているもののつくり出す製品の価値を比べたらモノよりソフト（ノウハウ）の価値のほうがはるかに高い企業ばかりだ。そしてサービス主導型経済に占める投資の地位は、重厚長大型製造業全盛期よりはるかに低くなっている。

世界中の先進国を見ても、個人消費支出に占めるサービスのシェアは低めの国でも製商品・農林水産物の2・5倍、サービス化の最先端を行くアメリカでは約4倍になっている。一方、サービス業は製造業ほど膨大な設備投資を必要としない。消費支出の2割前後を占めるに過ぎない製造業がほとんどの先進国で設備投資の40〜45％を占めている。ところが消費支出の7〜8割を占める第3次産業全体の設備投資に占めるシェアは55〜60％に過ぎない。つまり製造業は投資に対するリターンの低い部門なのである。

しかも定額の年金とわずかばかりの貯蓄からの金利収入で、引退後の生活をまかなわなければならない人の多い世界になるほど、低金利政策は「将来の金利収入の縮小↓生活費の切り詰め＝消費の抑制」に結びつく。これでは景気回復に貢献するどころか、景気回復を遅らせる効果しかないという状態に陥っていた。

これは、人間の欲求がまず生命維持に不可欠な食糧の確保に最大の重点がおかれていた前近代から、食料以外にもさまざまなモノをほしがるようになった近代へ、そしてモノへの需要がほぼ充足されてさまざまな体験（コト）を消費したいという方向へと推移するにつれて起きる、当然の変化だ。

この逆らうことのできない変化にいちばんすなおに、そしてすばしこく順応したのが日本経済だったという事実は、特筆大書していい。日本では、経済の牽引力が製造業からサービス業に移ったことが、まだ欧米でもきちんと認識されていなかった1980年代後半、正確には1986年末から1987年年初にかけて、10年国債の金利が4％台を割りこんで3・2％まで低下し、世界的低金利時代の幕開け役を担った。

世界中の政治家、官僚、経済学者たちの大半のありとあらゆる妨害や抵抗にもかかわらず、低金利化、低利益率化、低インフレ率化は、その後一貫して世界経済の大潮流として徐々に新興国、低開発国をも巻きこみつつある。この不可逆的な潮流に対するムダな抵抗を延々とくり広げてきたこと自体が、世界中の政治家、官僚、経済学者たちの経済実態に対する無理解ぶりを示している。

疫病としてごく軽微な被害しかもたらさないことは蔓延初期からわかっていた新型コロナウ

イルス、コヴィッド-19に対する過剰な防衛措置は、ほぼ確実にいずれはやってきたであろう近代資本主義体制終焉の幕引き役を務めてしまった可能性が高い。広い意味でのサービス業、つまり第3次産業の中でもとくに国民経済全体への影響が大きい小売・個人サービスは、同じ場所に売り手と買い手が同時に存在しなければ成立しないタイプの事業が大半を占めている。

ところが欧米各国政府は、ほぼ軒並み法的罰則をともなう都市封鎖や外出禁止令・集会禁止令（これらを総称してロックダウンと呼ぶことが多い）を実施した。これによって欧米諸国の小売、個人サービス、レストラン、観光・娯楽施設は壊滅的な打撃を受けている。最悪期にはこうした業態の中小零細業者の約75～80％が一時的にではあれ休業状態となった。

たとえ今すぐ新型コロナ対策としての都市封鎖や外出禁止令が全面解除になったとしても、そのうちの約半分、全体の4割程度は休業ではなく廃業に追いこまれると推定されている。もちろん都市封鎖や外出禁止が長引けば長引くほど、被害は拡大する。

アメリカでeコマースが急速に発展し、売り手と買い手が遠く隔たった場所に存在していても小売という業態が存在しうることを証明したように見える。けれどもそれは、かつてのアメリカ・オンラインや現在のアマゾンが隆盛し始める前から、アメリカ社会での小売業がいかに寡占化し、消費者嗜好《しこう》の多岐化・多様化に応えられなくなっていたかの証明でしかない。

現在、アマゾンの台頭で消滅の危機にさらされている小売チェーンの多くが10～20年前にはカテゴリーキラーと呼ばれた企業群だ。それぞれの分野で2位以下の同業チェーンを圧倒的に引き離す大量出店によって、全米どこでも同じような品揃えでわざわざ実売店に出かけて買い物を楽しむことがむずかしくなっていたからこそ、アマゾンのような業態が圧倒的なシェアを奪っているのだ。

いわゆる「コロナ危機」が勃発するはるか以前から、アメリカで大都会に住んでいる利点は、その日の気分次第でさまざまなレストランに予約もなしに行けることと、観客中の最大公約数を狙わなければ制作費が回収できない巨大資本が制作する映画ではない、小さなプロダクションの自主制作映画とかライブパフォーマンスを気楽に観に行けること程度に縮小していた。

そのレストランも、ミニコミ的な映画やライブハウスも休業から廃業へと追いこまれている。こんな状態では、わざわざ地価も家賃も高く、治安の悪い大都会に住んでいるメリットはほとんどなくなった。

だからこそ現在アメリカの住宅市場では、ニューヨーク、サンフランシスコ、ロサンゼルス、ボストンなどから郊外や中小都市への引っ越し需要が激増している。どうせ短距離移動にもクルマが必要で、道路渋滞もはるかに少なく駐車場料金も安いとなれば、当然の行動だろう。しかし、製造業が単品大量生産による低価格化で経済全体を牽引してきた時代と違い、サービス業主導経済では、多種多様なサービスを選べるさまざまな店舗が密集した場所こそが消費活性化の起点となる。アメリカの大都会から郊外へ、中小都市へという人の流れは、ほぼ確実にアメリカ経済の成長性を低下させる。

近代資本主義の終わりは自由競争市場の終わりではない

そこで今回の不況は近代資本主義体制の中での覇権国の交代ではなく、資本主義から新しい社会経済体制への転換だというポイントに移ろう。近代資本主義体制が崩壊するというと、計画経済とか、統制経済とか、もう何度試してみても一度もうまくいかなかった仕組みをもう一度作り直そうとする愚行に人類が引きずりこまれるのかとご心配する向きもあるかもしれない。そんなバカなことを主張したいわけではない。

私は、資本の自己増殖衝動に引きずられて最良の結果を出せずにいた自由競争の市場経済という経済の仕組みが、この桎梏《しっこく》から解放されて本来の力を発揮する世の中になると考えている。具体的に言えば、経済成長の成果を1とすれば、資本の取り分が限りなくゼロに近づき、労働の取り分が限りなく1に近づく社会になるということだ。これは、広く経済学を確立した人物と目されているアダム・スミスの理想とした社会像でもある。

スミスは、主著『国富論』の中で豊かで進んだ国ほど資本一般の利益率も、社会全体の利子率も低く、貧しく遅れた国ほど利益率も利子率も高いと明言している。進んだ国ほど資本の蓄積は豊富に存在している。遅れた国ほど蓄積は乏しい。経済学が希少性を分析する社会科学を名乗る以上、資本が豊富に存在する国で資本が受け取る報酬である利益率（それは同時に借りたカネに払うべき利子率にも収束していく）は低く、少ししか存在しない国の利益率＝利子率が高いのは当たり前だということも、経済学者のあいだのコンセンサスになってほしいものだ。

中金持ち、小金持ち程度でも金利・配当収入で働かずに食っていけた時代は、資本の蓄積が小さかったから、資本の価値が高く評価されていただけのことなのだ。資本と並ぶ大きな生産要素である人口は、日本では減少に入り、先進諸国では最大の伸び率を持つアメリカでも成長率が２％台を割りこんでいる。一方、資本の自己増殖は日本のような低利益率化の最先進国でもまだまだ年率２％以上は維持している。

すなわち有望な投資先を求めている待機資金は毎年、確実に拡大しているのだ。一方、サービス業主導型経済では、運用しなければならない資金量が大きくなるほど、有望な投資先は見つかりにくい。「コロナ禍」などまだ影もかたちもなかった２０１９年の段階ですでに、銀行融資額の60％以上が金利１％未満で運用されているという報道があった。

これほど有望な投資先を見つけることが困難な世の中で、金利・配当収入だけで食っていこうとしたら、「そんなに巨額に資金があれば、別に取り崩していったって生涯食いつめる心配はなかろう」と思うほどの巨額資金を持っていなければならない。

収入源が途絶えてしまってから「この程度の貯蓄を取り崩していったら自分が死ぬ前にゼロになってしまうから、なんとか配当や金利収入だけで生活費をまかなって、元本を無傷で残したい」という人は、非常に冷酷な言い方に聞こえるだろうが、もともとないものねだりをしているのだ。

「長期投資で収益は平準化する」は幻想

もちろん、「そうか。金利や配当で安定収入を稼ぐことはそんなにむずかしいのか。それならひとつ将来有望な業種の成長企業の株がまだ割安なうちに投資して、評価益の拡大で大金持ちにのし上がろう」と考える人もいるだろう。そしてそうと決まったら、なるべく早いうちから投資をしておけば、長期間にわたる投資で収益と損失は平準化され、だいたい経済成長率よりやや高めの収益率に収束していくはずだと言う人もきっと出てくる。

それはきわめて危険な幻想だ。平準化されるのは、投資のたびにさまざまな数値を取る収益機会だけだ。実際に投資をした結果として出てきた収益も損失も長い期間で見れば、平準化されるというものではない。また運用の巧拙《こうせつ》のほうも、決して何度もくり返していくうちに平準化されるものではない。

株式投資で伝統的なスタンスとして、バリュー（お値打ち株）投資とモメンタム（値動きのいい株）投資のふたつがある。これらの投資法について、それぞれの勝ち組３割と負け組３割の運用実績の差を１８２５～２０２０年という超長期で集計したデータがある。次ページの２枚組グラフだ。

バリュー株投資勝ち組・負け組の「超過」収益
1825～2020年

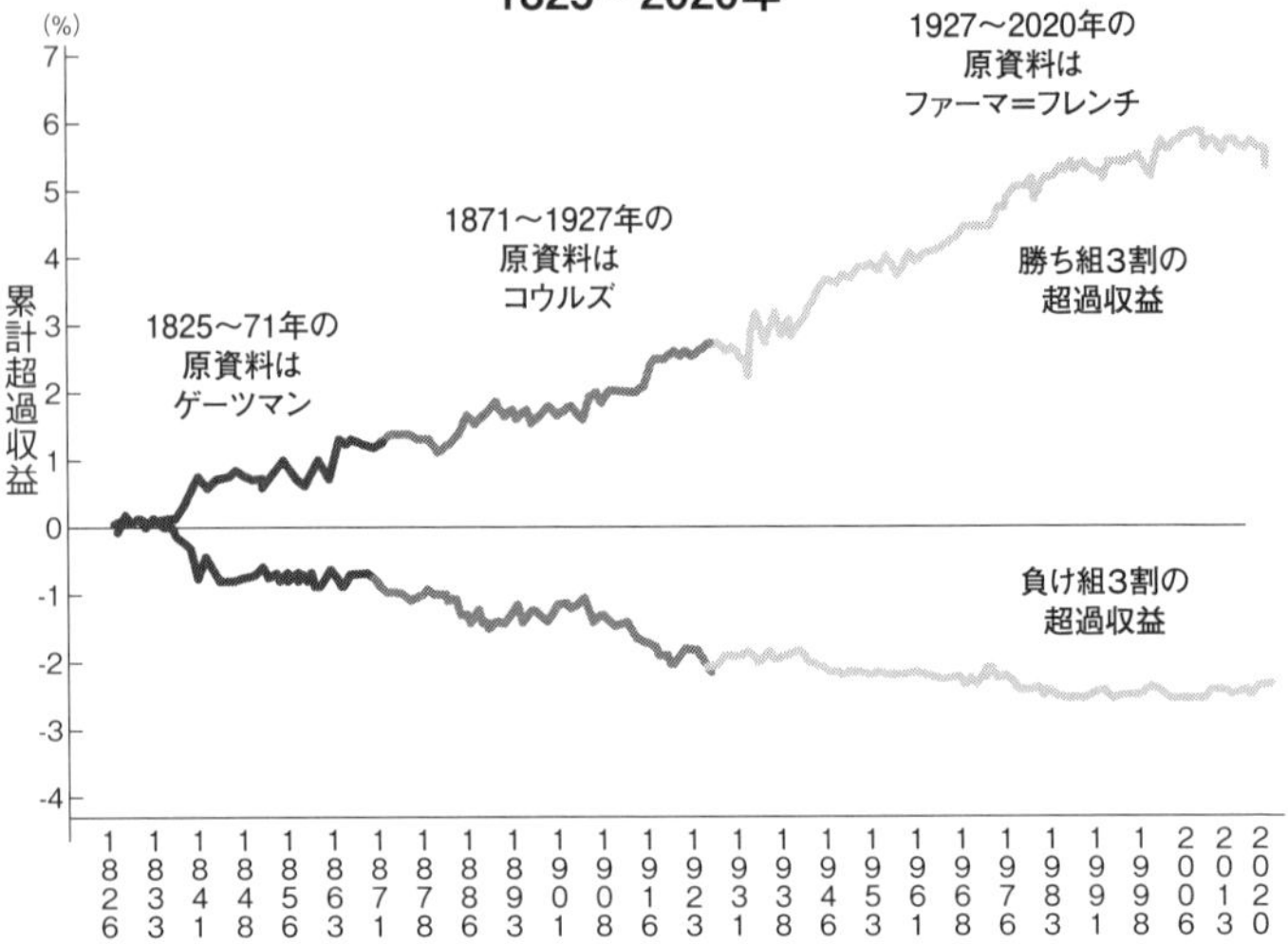

モメンタム株投資勝ち組・負け組の「超過」収益
1825～2020年

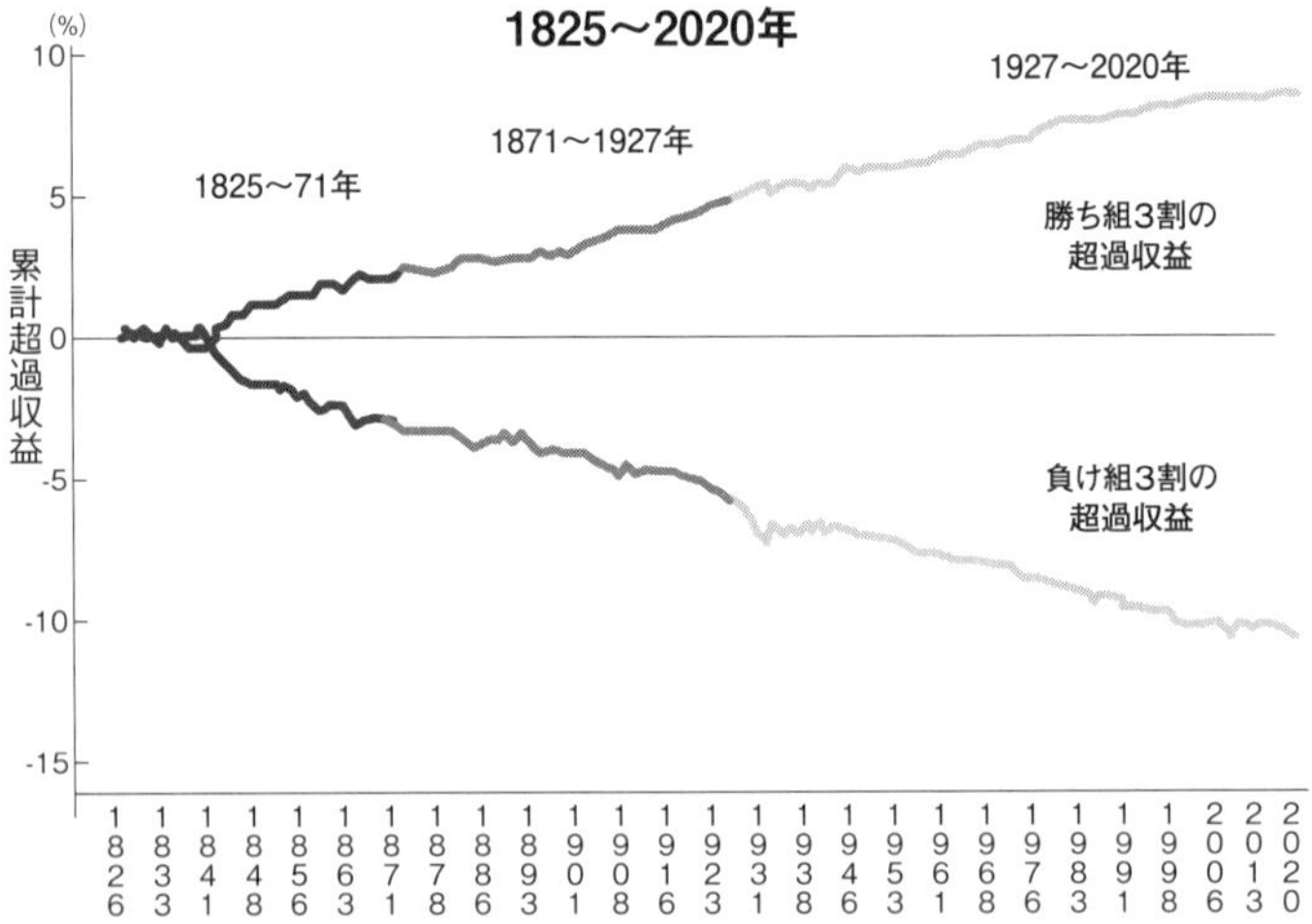

出所：ウェブサイト『Two Centuries Investment』、2020年5月26日のエントリーより引用

バリュー株投資の直近高値からの下落率
1825～2020年

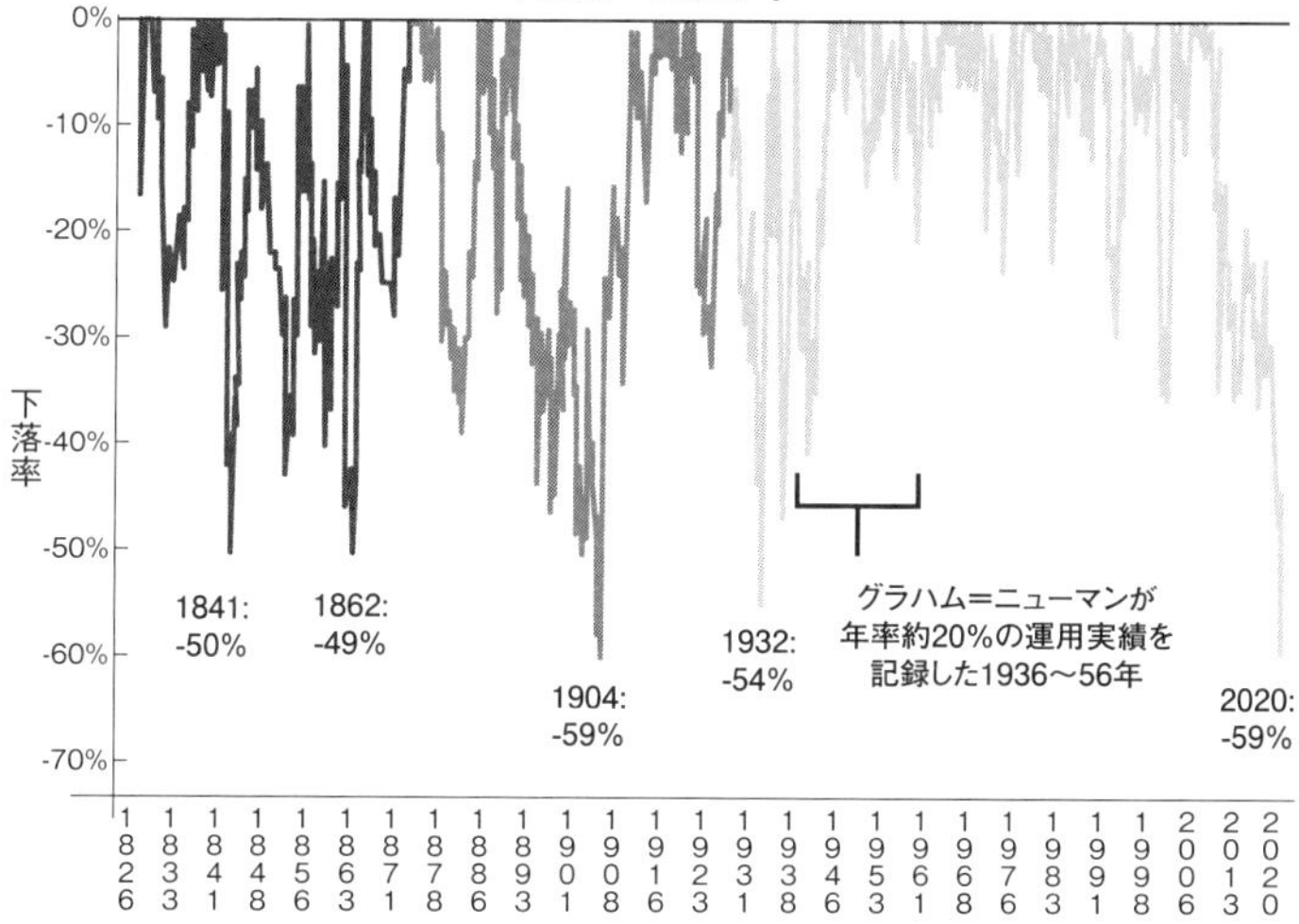

モメンタム株投資の直近高値からの下落率
1825～2020年

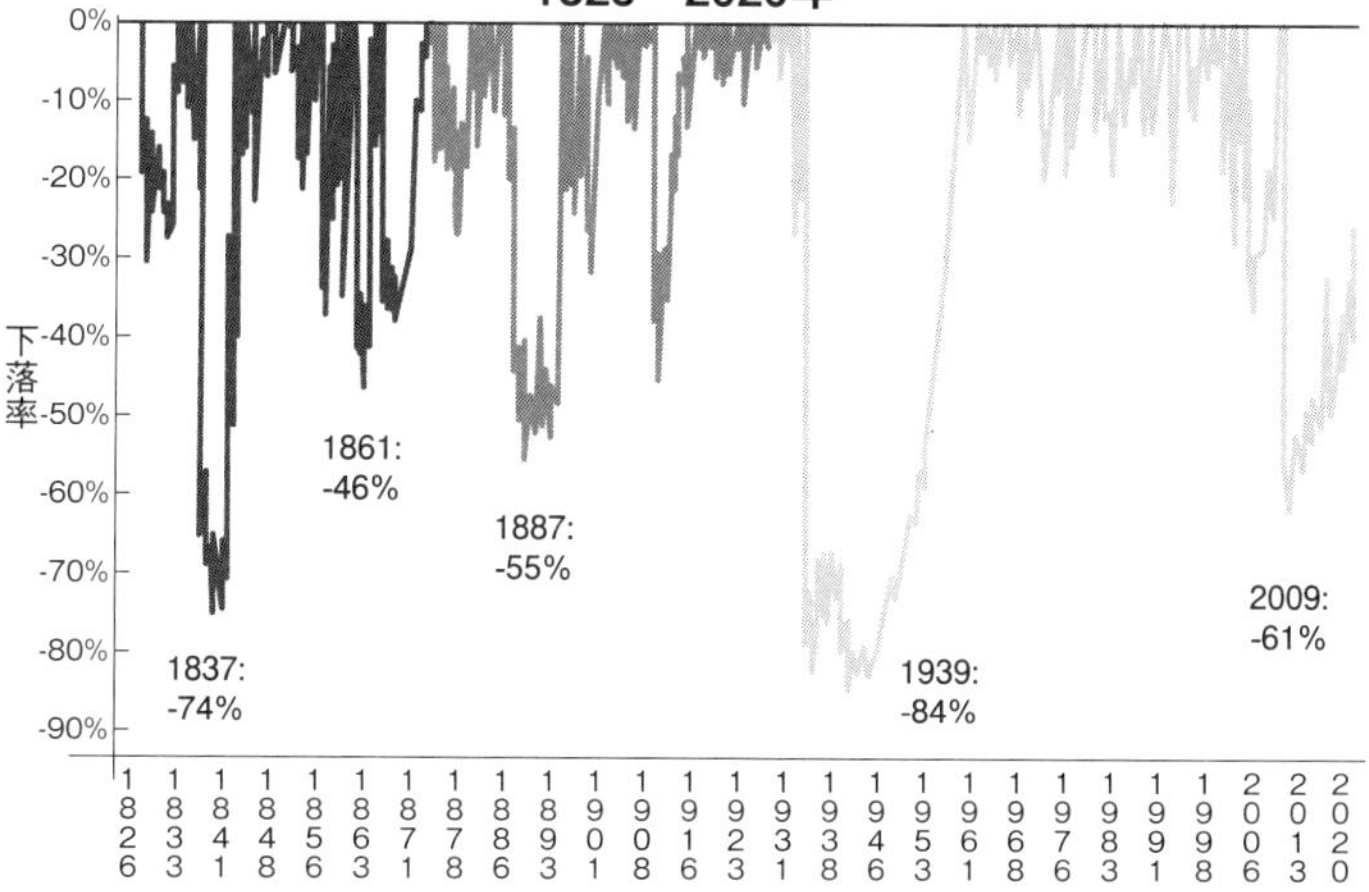

出所：ウェブサイト『Two Centuries Investment』、2020年5月26日のエントリーより引用

上段はバリュー株投資の勝ち組と負け組の平均値からの乖離《かいり》を示している。ご覧のとおり、勝ち組はかなり超過収益が出ているのに対して、負け組もあまり大きくへこんでいない。下段のモメンタム株投資を見ると、明らかに勝ち組の超過収益より負け組の平均値からのへこみ方のほうが大きい。これだけ顕著な差があれば、投資家のあいだでバリュー投資重視へのコンセンサスが形成されているかというと、まったくそんなことはない。今でも双方自説のメリットを主張し合って、ほぼ互角の状態がつづいている。

33ページのグラフに、なかなか決着がつかない理由が表れている。

それぞれのスタンスについて、直近の高値からどれぐらい大きく下落したか、そしてどれぐらいの期間低迷がつづいたかを示すグラフだ。パッと見ただけでわかるように、どちらが大幅下落によるが大きかったかは時代によって変わる。１８２０〜70年代は、モメンタム投資のほうが被害は大きかった。１８７０〜１９２０年代は、バリュー投資のほうが被害は大きかった。１９３０年代大不況では、圧倒的にモメンタム投資のほうが被害は大きかった。その後、現在にいたるまでは、意外にもバリュー投資のほうが被害は大きい。

どうやら前の時期に被害の少なかったほうに市場の人気が集中すると、暴落の被害は人気集中株に大きく出るようだ。これは論理的に考えても、納得のいく展開だ。大勢が持っている株は、さらに価格を上げようとしても大量の資金を必要とする割に値上がり幅は小さい。ところが下がり始めると大勢の株主が我先に売り逃げを図るので、下げ幅は大きい。

アメリカ株全体*の直近高値からの下落率
1926〜2020年

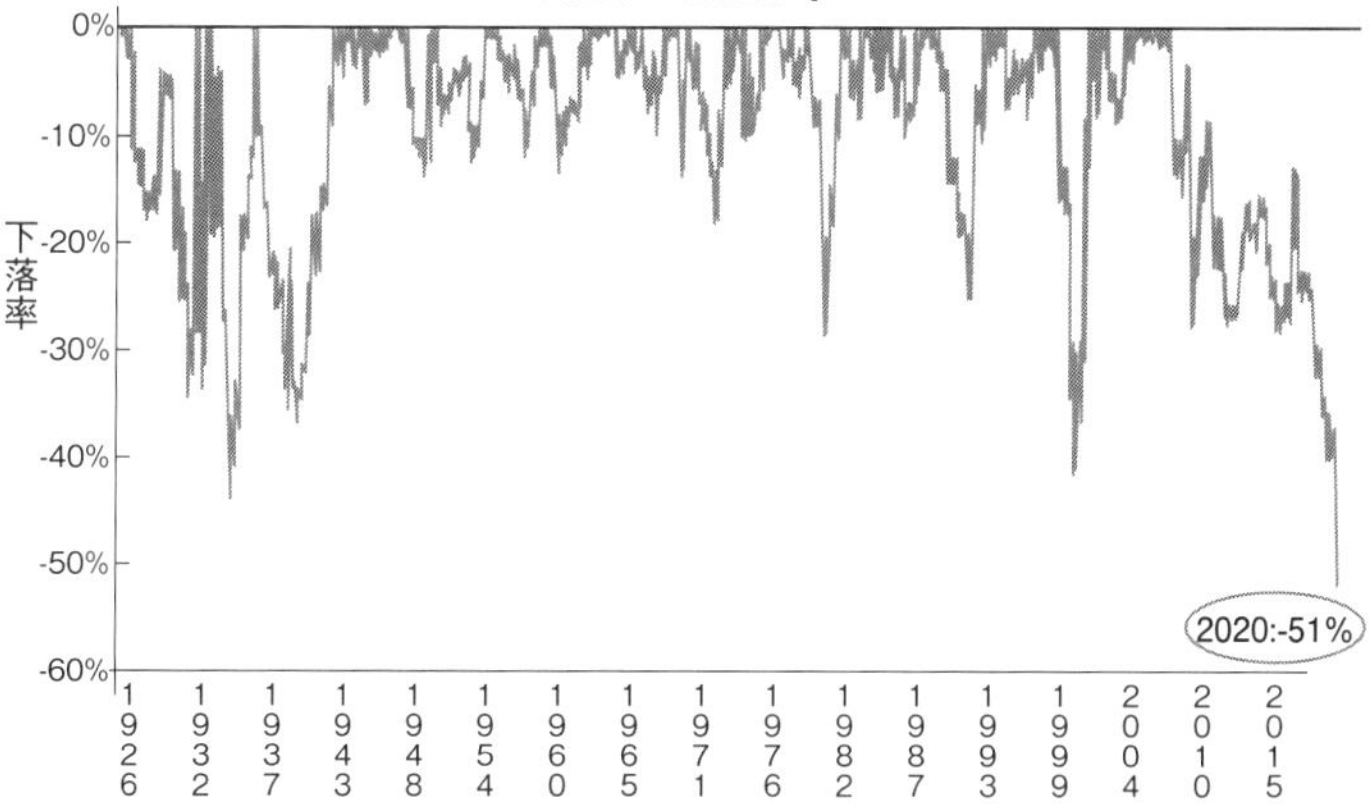

*）代表的な株価指数構成銘柄は高値を更新し続けているが、アメリカ株全体では2008年の高値を抜いていない。
出所：ウェブサイト『Two Centuries Investment』、2020年5月4日のエントリーより引用

ふつうの保守的な株式投資理論では、そこまでで分析を打ち切って「だからモメンタム投資は危険でバリュー投資が安全だ」と結論してしまう。ところがどっこい株式市場の人気は、それほど単純なものではない。みんながバリュー株投資は「安全だ」と見て、それに集中すれば、今度はバリュー株投資が危険になってしまうのだ。ようするにウォーレン・バフェットのような著名な投資家がバリュー株の長期保有を唱えて賛同者が増えるほど、それが危険なスタンスになっていく。「人気」というやつも、時間に劣らない魔物だ。

　非常に雄弁な実例がある。上のグラフだ。

　Ｓ＆Ｐ５００株価指数とかダウ平均とかばかり見てきた方たちには、信じられないグラフだろう。アメリカ株全体としては、２００８年の大暴落直前の高値から直近までで、なんと51%

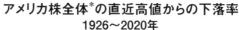

S&P500株価指数だって長期では、何度も暴落していた
直近の高値奪回に要した期間、1899〜2020年

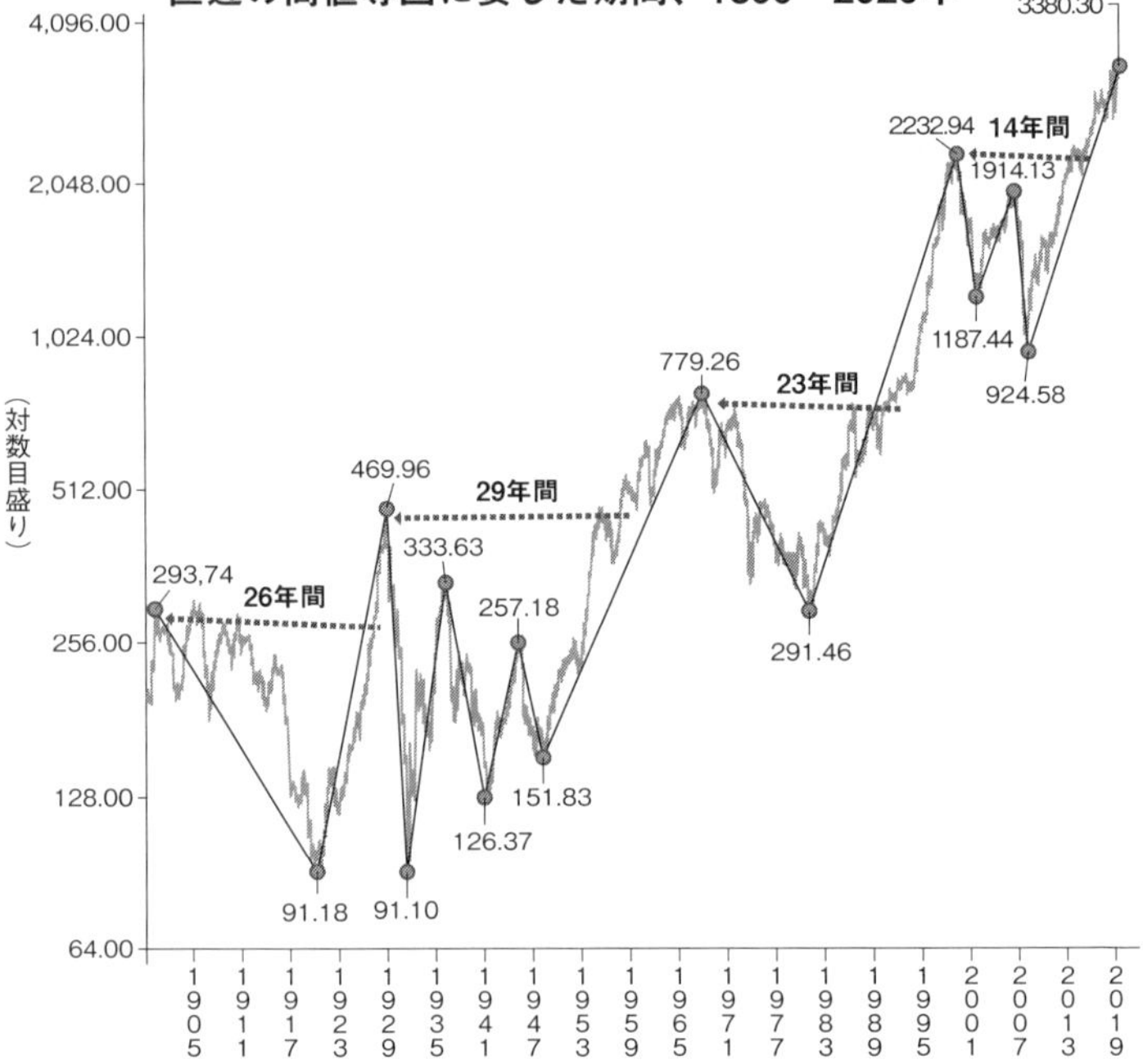

出所：ウェブサイト『Real Investment Advice』、2020年8月21日のエントリーより引用

も下落しているのだ。つまり「アップルとか、アマゾンとか、グーグルとかの人気銘柄は危ない。業績はいいのに人気薄で安値に放置されている銘柄をじっくり保有しよう」と考えた人たちは、これほど大きな損失をこうむっているのだ。また昨今のS&P500株価指数の活況が、非常に例外的な事態だと示唆するデータもある。上に出ているグラフだ。

20世紀に入って以降のS&P500の長期推移だが、大暴落から回復するまで20年以上かかったケースが3回あった。ハイテク・バブル崩壊とサブプライムローン・バブル崩壊という2度の大暴落にもかかわらず、たった14年で直近の最高値を抜いて新高値を連発しているのは、過去に経験したことのなかった動きだ。これは株式市場が国民経済に占める地位が恒久的に縮小する前の、最後の打ち上げ花火ではないだろうか。

私は大いに自慢したいのだが、身銭を切って株を買ったことは一度もない。金銭はいっさいからんでいなくても、自分が予想したとおりの株価序列が実現するまで20年以上待つことはできなかった。あなたが株を買ったとしよう。たまたまピーク直前だったために、直後に大暴落し、買値を回復するために20年以上かかるとしたら、あなたにはその歳月を辛抱強く待つ忍耐力があるだろうか。

利殖より資産防衛の時代がやって来る

ふつうの景況でさえ、「結果としてうまくいったのが健全な投資であり、失敗したら投機でしかなかったということになる」のが、投資の世界だ。ましてや、ひとつの経済体制が崩壊しつつあり、次の体制がどんなものになるのか想像するのもむずかしい今のような状況で、うまくいく投資先を見つけるのは至難のわざだ。投資で儲けようなどと思わずに、まず現在持っている資産をなるべく目減りさせない方法、つまり資産拡大より資産防衛を心がけるべきだ。

資本の自己増殖に引きずり回されない市場経済の時代が来るという予測は、資本の自己増殖衝動の尻馬《しりうま》に乗って投資で儲けることがますますむずかしい世界になるという主張でもある。私個人としては、これから先に目指すべきは資産防衛という世界になっているはずだと思う。ただ読者の皆さんがそろってこの見方に賛同してくれると思っているわけではない。

少なくとも今回の激動が収まるまで、日本で言えば2027年ごろ、アメリカ・中国・ヨーロッパでは2050年ごろまでは、資産拡大を目指すのは待っていただきたいと申し上げているのだ。そこまで待っていただければ、それから先の世界のあり方は、かなりはっきりしているはずだ。なぜ日本は7年で済むのに、欧米と中国は30年かかるのか。日本は、約30年をかけて株式市場の経済に占める地位がほぼ半減するという試練をすでに体験している。欧米も中国も、これからその試練に立ち向かわなければならない。

2050年には、ユーロ圏もEUも消滅しているだろう。アメリカと中国の政治体制も大陸国家としての領土も、今のまま存続している確率は低いと思う。

資産防衛だけでは、現状で退職後の生活資金として貯蓄額が足りないと思う人は、どうすればいいのか。基本的な解決策はふたつしかない。ひとつは、たとえば企業の定年制でやめなければならないとか、体力的にきつくてつづけられないとかの仕事以外に、加齢による収入減少率があまり大きくない仕事をなるべく早くから見つけておくこと。もうひとつは、なるべく所有しているモノを減らし、カネのかからないモノやコトから大きな喜びを見出す技術を身につけること。これはたんなる気の持ちようではなく、確固たる技術だと思う。

幸い、日本には大和朝廷という統一政権確立当初から、権力者といっても貴金属や宝石をしこたま溜めこむほどの徴税能力がないので、王侯貴族の盛装でさえあまり宝飾品の似合わない地味な和服が発達した。また江戸時代の日本では、廃棄物を最小化するためのありとあらゆるモノのリサイクルシステムが確立していた。現代にいたっても「断捨離」のようなキャッチフレーズが流行語化するのは、やはり日本国民全体がカネのかからない簡素な生活自体に大きな魅力を感じている証拠だろう。

もうひとつ、経済危機の時代だけに当てはまる事実がある。それは経済急降下期には、資産防衛が往々にして最上の利殖策にもなることだ。現在の世界中の大きな中央銀行がやっているように不換紙幣を増刷しまくっている状態では、わかりにくい。けれども円や米ドルやユーロをふくめて、ありとあらゆるモノやサービスの価格は、金《ゴールド》のように安定した価値を保つものとの比較で見ると、大幅に下落している。だから見かけ上は、金価格が急上昇しているように見えるだけのことだ。

ただ最良の防衛策が最大の拡大策でもあるなどというらまい話は、長続きするわけがない。新しい経済体制が確立するにつれて、資産防衛策と資産拡大策は違うものになっていくだろう。そうなった段階でやはり防衛重視が得策か、それとも拡大に転ずべきかは、ご自分で判断していただきたい。

第2章

投資の役割が世界中で縮小している

他人任せの運用には「代理人」問題がつきまとう

しろうとが自分の判断で株や債券を運用するのは、手にあまりそうだ。それでも信頼すべき投資顧問会社などの個人投資家向け商品を買えば、安全だろうとお考えの向きもあるかもしれない。だが世界中どこを見ても、現実はそうなっていない。

さらに日本の場合は、第4章でデータを使って立証するように、投資のプロと称する人たちが、延々としろうとの個人投資家よりずっと悪い運用実績を積み重ねている。はっきり言ってプロに任せるぐらいなら、どんなに稚拙でも自分の判断で運用したほうがマシだ。とくに損失が出たときにあきらめがつきやすい。それだけでも精神衛生上、はるかに健全だ。

投資を他人任せにすることの弊害は、結局のところ「代理人問題」に帰着する。自分以外の人間に何かをやってもらおうとすると、本来依頼人のためにベストを尽くすべき代理人が自分の利益を最大化することを優先して、その障害にならないかぎりで依頼人にも利益をお裾《すそ》分けするという本末転倒な構図になってしまう。

代理人問題でもいちばん稚拙なのが、依頼人のカネをまったく運用せずに使いこんでしまうというやり口だ。しかも、なんの配当もなしでは新しい依頼人を呼びこめないから、初めのうちは「こんなに儲かった」と吹聴して、依頼人から巻き上げたカネのかなりの部分を昔からの依頼人に配当として分配してしまう。運用につぎこむべき資金をそのまま流用するのだから、短期間に20％とか30％とかの高配当を出すことも簡単だ。「なぜそんな高配当が出せるのか」と疑う依頼人がいたとしても、あとから「高成長銘柄を急騰前に買っておいて、高値で売り抜けた」と言えば、辻褄《つじつま》は合わせられる。

しかし運用もせず、流入する資金を自分の贅沢《ぜいたく》なライフスタイルと初期の依頼人の配当に使ってしまうのだから、新しい依頼人がどんどん資金を投入してくれなければ、あっさり行き詰まる。完全なネズミ講だ。いや、ネズミ講は新規加入者からの流入資金を古くからの加入者への配当に回すことを初めから明言しているので、積極的にウソはついていない。いつか既存の加入者への配当が払いきれなくなるというリスクを周知徹底させた上で勧誘するのであれば、本来のネズミ講は詐欺ではない。

ところが、「上手に運用しているから高配当が出せる」という謳《うた》い文句で新規加入者を勧誘しておいて、実際には流入資金を既存加入者への配当と自分の生活費に使うのは完全な詐欺だ。ネズミ講とは区別して、この手口の発案者チャールズ・ポンジの名を取ってポンジ・スキームと呼ばれている。これは疑問の余地のない詐欺と考えるべきだ。

こんなセコい手口を使うのは、一見してうさん臭そうなペテン師ばかりだと思っていると大間違いだ。これまでのところ、この手を使って最大の被害を出したとされるバーナード・マドフ事件の被害総額は出資金だけで約３３０億ドル、出ていたはずの利益をふくめて勘定すると

500億ドルに達すると言われている。主犯のマドフは、ナスダックという新興株市場運営会社の会長を務めたこともあるニューヨーク金融業界の大立て者だった。被害総額のうち、還付金や示談交渉成立といったかたちで被害者の手元に戻ってきた資金は、出資総額の約3分の1に当たる144億ドルに過ぎない（2020年春時点）。

マドフは大学を卒業したばかりの1960年に22歳の若さでマドフ投資証券という会社を設立したが、初めからポンジ・スキームで荒稼ぎをしていたわけではなかったと主張している。この手口に傾斜していったのは、彼自身の自白によれば「ナスダック会長として生活が派手になった1990年代初めだった」という。しかし1975年にマドフ投資証券に入社した元社員は、「自分が記憶しているかぎり、マドフは初めから新規顧客から預かった資金を既存客への配当と自分の生活費に充てていた」という。

詐欺が発覚したきっかけは、サブプライムローン破綻でアメリカの金融市場全体に激震が走る直前の2008年に、ある投資家からの巨額返金請求に応じきれなかったことだった。少なくとも30年弱、長ければ40年以上、いやそれどころか半世紀近くに渡って、これほど陳腐な手口でこれだけ巨額の被害が出る詐欺をやりつづけたわけだ。社会的地位も資産もある人間が、いずれバレるに決まっているタイプの幼稚な詐欺を延々とつづけていた理由については、まだ納得のいく説明はされていない。

アメリカ金融業界の内情にくわしかったマドフは近い将来、金融業界を揺るがすような大手企業の連鎖倒産が相次ぐ事態を予想していたのではなかろうか。ただ連邦政府と連邦準備制度理事会（アメリカの中央銀行）が、あれほどなりふり構わず大手金融機関の救済にかけずり回ることは予想できなかった。だから、あらゆる金融商品の価格が大暴落する局面に入ってから、「金融危機で、株も債券も商品も全滅でした。ごめんなさい」と言ってケリをつけられると思っていたのではないだろうか。

代理人が法人だと永遠の生命までからんでくる

これほどわかりやすくないが、それだけに「被害」を確定することがむずかしい代理人問題に話を進めよう。世界中どこでも個人向けの投資商品には共通の難点がある。あなたが依頼人となって、ある投資顧問会社というプロに一定の金額を預けて運用を任せたとしよう。あなたは「向こうはプロなんだから当然、自分の資産を最善の運用で増やしてくれるだろう」と期待するかもしれない。いや、そう期待しなければ、そもそも大事な資金を預けたりしないだろう。

投資のプロは、たとえどんな組織にも属さない一匹狼を自任する人でさえも、法人化された機関投資家の目で経済一般、そして株価や金利の動きを見ている。我々人間はそれぞれ死すべきものとして生きている。法人は少なくとも建前上はゴーイングコンサーン、つまり未来永劫にわたって持続する生命を持っているようにふるまう。始まりも終わりもないのっぺらぼうの時間軸で、運用実績を考えるわけだ。

そこでまず問題になるのが時間の価値だ。法人は勇気と信念さえあれば、絶対に正しいと思う投資スタンスをかなり長期にわたって維持することができる。個人は自分が死ぬまでしか特定のスタンスを維持できないという生きものとしての絶対的な限界に加えて、正しいはずのスタンスがなかなか実を結ばない場合に、カネを借りて頑張れる期間も限定されている。

失った資金は取り戻せることもあるが、失った時間は絶対に取り戻すことはできない。そして激動が始まった今年2020年から、ひと段落するであろう2027年までというと丸8年間の長い期間だ。生まれたばかりの赤ん坊は小学1年生になっているし、幼稚園の年長組だった子供は小学校を卒業している。その間に当初は想定していなかったような事態が発生して、作っていたポジションを不本意なかたちで解消しなければならないことだってある。

自分のスタンスの正しさを証明するためにも、なんとか無理な金策をして維持しつづけたポジションを、とうとう堪《こら》えきれなくなって解消した。すると、まるでそれを待っていたかのように、その直後に思いどおりの展開になった。結局、手元に残ったのはポジションを解消した時点での実現損だけだったというようなことは、ザラに起きているのだ。

仮に7年間の投資で失った資金を次の3年間で取り戻せたとしよう。たしかにカネは取り戻せたが、失った7年間が返ってきたわけではない。むしろ他に有意義なことをすることもできたはずの失った時間は7年から10年に延びているのだ。

さらにわかりにくいところまで話を拡げてみよう。現在、アメリカの主要な証券取引所に上場している企業株式の総数は約３４００銘柄と言われている。これに対して業種とか特定のテーマにもとづいて組み入れた銘柄を選んだ上場投資信託（株式市場で売買できる投資信託、ＥＴＦ）の総数は７０００にのぼる。つまり「なんであんなに売り買いの少ない銘柄が上場しているのか」と疑うような銘柄までふくめて、１銘柄が２つ以上のＥＴＦに組み入れられているわけだ。人気銘柄なら、何百というＥＴＦに組み入れられているだろう。

もちろん大義名分としては「いかなる顧客のご要望にも応えられる多種多様のＥＴＦを取りそろえております」というわけだ。実際には、ファンド運用業者が組成手数料を取り、そのファンドに組み入れる銘柄を売買したブローカーが仲介手数料を取りというふうに、手数料を何重にも積み重ねて、それだけ最終的に決済した時点で投資家の手元に残る取り分が小さくなる仕組みになっている。

オプションなどのデリバティブ（金融派生商品）、ＥＴＦやＥＴＮ（上場債券、あるいは上場投資証券、主として株価指数や商品市況指数と連動した金融商品）と、金融市場のイノベーションはほぼ一貫して、同じ金額の投資から金融業者が引き出す手数料をどう拡大するかという動機にもとづいて構築されていると見ていい。その中で有用性が高い割に手数料でボラレる率が低いのは、大坂堂島の米相場が発祥の地とされる先物売買だ。ところが、これはまたこれで数え切れないほどの悲劇の舞台になってきた。

世界的な規模で見ると、金融資産の運用に関わる代理人問題の論点は、個人と法人の時間価値の差と、あらゆる金融商品は運用の巧拙にかかわらず、なるべく手数料収入を拡大するように設計されているという事実の2点でほぼ言い尽くされていると見ていいだろう。しかし、もう少しこまかく見ていくと、代理問題にもお国ぶりがある。アメリカではアメリカなりに、日本では日本なりにこの問題が、自分の金融資産をなるべく上手に運用しようとする個人に対する壁となっている。

アメリカの金融業界でホットな話題のひとつが、完全に無料で株式売買を代行するインターネットサービスである「ロビンフッド口座」の急成長だ。政府からもらった休業補償金を元手にロビンフッド口座でにわかデイトレーダー（日計り売買をする市場参加者）をやってみたら、短期間で資産が5倍、10倍になったとかいう景気のいい話がネット空間を飛び交っている。

それではこのロビンフッド口座利用者たちがどんな株を売り買いしているのかというと、これが長期的に見れば大損をすること必至という銘柄を買い上がっているのだ。たとえば自己破産申請をしたので、株価がゼロまで下がって当然という銘柄が急落したことだけを根拠に、買いの手を入れる。真空状態で下がる一方だった株に突然買いが入れば、目先のわずかばかりの値上がり益を実現してすぐ売り抜けようとする買いがふくらむ。あるいはファンダメンタルズ（基礎的な業績）から見てとうてい買えない水準まで上昇してしまった銘柄を、これまた値動きがいいというだけで、さらに買い上がる。

このいずれ大やけどをすること間違いなしという投資スタンスが、過去1年から2年に限ればS&P500、ダウ工業平均、ナスダック100のようなアメリカを代表する株価指数よりはるかに運用実績がいい。株価指数よりもっと運用実績の悪いヘッジファンドに比べれば雲泥の差だ。

不思議なのは、ロビンフッド口座のデイトレーダーたちが、いったいなぜロビンフッドは手数料ゼロで自分たちの売買注文を執行してくれるのか、疑問に思っている形跡がないことだ。

ロビンフッドは非営利事業ではない。どうやって儲けているかと言えば、毎朝集計したその日朝一で出す注文をまとめたデータを、有力売買執行会社にかなりの高値で売っているのだ。この情報を買った執行業者は、ロビンフッド口座のデイトレーダーが買い注文を出している銘柄には時間外取引市場で買い注文を入れ、売り注文を出している銘柄にはやはり時間外取引で売り注文を出して先回りした取引によって確実に儲けている。

グーグルが検索（リサーチ）エンジンとして、フェイスブックがSNSとして巨大高収益企業にのし上がったビジネスモデルをそっくりそのままインターネット上の株式仲介に持ちこんだわけだ。ようするに客のほうは自分たちが依頼人で、ロビンフッドは自分たちの意思どおりに売買注文を執行する代理人と考えているが、ロビンフッドにとって売買注文を出す「客」は依頼人ではなく、本物の客に高値で売りつけるための情報商品に過ぎないのだ。

最近アメリカで高収益急成長銘柄として注目を浴びている企業の中には、消費者はいろいろ便利なサービスがタダで手に入ると無邪気に喜んでいるが、実は自分たちに関する情報が高値で売られていることに無頓着《むとんちゃく》だからこそ成立する商売をしているケースが非常に多い。やはりアメリカの一般大衆の知的水準がいかに劣化しているかの証拠だろう。

なぜ低金利政策は失敗しつづけるのか

２００７年に端を発し、２００９年の春になんとか底打ちした国際金融危機以降、先進国の大部分で政府と中央銀行が低金利、ゼロ金利、さらにはマイナス金利政策を実施しつづけている。この間、アメリカの中央銀行に当たる連邦準備制度理事会（ＦＲＢまたはＦｅｄの略称で呼ばれることが多い）だけは、「平時にこんなに金利が低くては、危機に際して景気浮揚のために金利引き下げをする余地がなくなる」という理由で、一時金融引き締めと金利引き上げを試みたことがあった。

結局、金利は「お上の誘導で上げたり下げたりできるものではない」という当たり前の経済法則に屈して、また「低金利政策」という名の市場動向追随路線に戻ってしまった。

そもそも「金利を下げれば企業にとって借金のコスト（支払利子額）が下がるから、設備投資にカネを使いやすくなり、経済が活性化する」という前提自体が、昔はそんなこともあったが、今ではもうまったく通用しなくなっている固定観念に過ぎないのだ。金利が７％から５％

に下がったり、4%から3%に下がったりすれば、「よし、金利負担が低下したから、ひとつ大規模設備投資で勝負しよう」と考える企業経営者も多いだろう。しかし1%の金利が0・5%になったからといって、設備投資を拡大しようとする経営者がいるだろうか。

企業が設備投資をしないのは、断じて金利負担が怖いからではない。目的が経営規模の拡大であれ、新規事業分野や新市場の開拓であれ、巨額の資金を投じて大型設備投資をしても、それなりに高く安定した収益が見こめる投資対象が見当たらなくなっているのだ。この傾向は、大型設備投資による規模の拡大が同業他社に対する競争優位をもたらすことが多かった、重厚長大型製造業各社でとくに顕著だ。重厚長大型製造業とは製鉄、造船、石油化学、重電、重機、自動車などのことだ。

重厚長大型製造業の特徴は、あまりにもひんぱんに使われがちな「規模の経済」という言葉が意味を持つ業界だということだ。棒鋼とか圧延鋼板とかエチレンとかのきっちり規格の決まった汎用《はんよう》品を製造する場合は、大型設備で大量の原材料を投入したほうが均質の製品を安くつくれる。だからこそ設備投資競争で優位に立った企業は、同業他社のシェアを奪ってますます収益を伸ばすことができたのだ。ただ、この顔ぶれを見ただけでおわかりのとおり、もうこういうタイプの製造業各社が経済を牽引する時代ではなくなっている。

今や製造業ではなく、サービス業が経済を牽引する時代だ。そしてサービス業では、基本的に「規模の経済」は働かない。eコマース（日本流にいえばネット通販）で圧倒的なシェアを持つアマゾンの場合を考えてみよう。アメリカのみならず、世界中の、しかも大都市圏だけではなく、人口密度の低い地方にまで配送網を確立するのは、規模が大きくなるにつれてコストが下がる事業であるわけがない。

配送網が広がれば広がるほどコストが上がり、アマゾンeコマース部門の営業利益率は今なお1％台で低迷している。いくら低金利の世の中でも、金利負担を差し引いた経常利益では当然赤字という水準だ。しかも、この1％台という低水準の営業利益を確保するために、アマゾンは業界首位企業の地位を利用して、すさまじい仲介手数料を自社のネットワークに出品する業者から搾取している。この点は、第5章で具体的な数字を使ってご説明しよう。

だからアメリカの小売担当アナリストの中には、「アマゾンは永久に赤字体質を脱却できない」と予想する人も多かった。結果的にアマゾンが安定的に経常黒字を出せるようになったのは、廃物利用のおかげだった。世界各地に配送網を確立するための膨大な量の計算をする大容量のコンピューターが遊休化したので、クラウド事業というコンピューターのレンタル事業に進出したのだ。大容量コンピューターを自社で保有するコストは負担できないが、時々使いたいという企業にコンピューター機能を賃貸しするわけだ。

そして今や、この分野でも業界首位となったアマゾンの顧客の中には、いったん発注するクラウド業者を決めてしまえば、機密保護のためにも同じ業者を半永久的に使いつづけざるをえないCIAのような上得意もふくまれている。クラウド事業のほうが毎年20〜30％という高い営業利益率を確保しているから、アマゾン全社の経常利益は安定して黒字が確保できるようになったのだ。

規模さえ拡大すれば、ほぼ自動的にコスト競争力が高まる時代を過ぎてからは、製造業の中でも軽薄短小型でなければ、高収益・高成長を達成することはできなくなった。そして軽薄短小型製造業でさえ、ものづくりだけで経済を牽引する力はなくしている。アメリカ国民のあいだで「ブランド認知度トップ10社」を挙げてもらうと、昔はトヨタ、ホンダ、ソニー、パナソニックといったところが常連だった。

けれども直近の調査で日本企業として残っているのは、ソニーとニンテンドーだけだ。どちらも一応、ゲーム機器製造会社と分類されているが、機械としての性能はおもちゃ程度でいい製品のほうにブランド価値があるわけではない。そのゲーム機に盛りこむソフトが高い評価を得ているのだ。

この移り変わりを見て、「日本はちゃちなゲーム機メーカーしか残っていないのが情けない」と思う人は頭が固すぎる。もう世界中がどんなに優秀な機械をつくろうと、製造業各社が経済を引っ張る時代ではなくなっている。製造業でさえ機械本体そのものより、その中に盛りこむソフトの差で勝負する時代になっているのだ。

だからブランド認知度でゲーム機メーカーしか残っていない日本の製造業は、実体経済の変化に無理なく順応していることを示す。これはいまだに機械そのものの品質で勝負する自動車メーカーだけになってしまったドイツより、経済サービス化の時代への適応はうまくいっているると考えるべきだ。

金利を下げれば投資が活性化する時代ではない

現在でも「金利を下げれば設備投資が拡大する。設備投資が拡大すれば景気がよくなる」と信じている人たちを見かける。この人たちの大半は、世界中で政府や中央銀行に在籍しているか、こうしたお役所の諮問《しもん》を受けて古い経済学教科書に書かれている議論をそっくりなぞった論文を飽きもせずに書きつづけている「官庁ご用達」エコノミストだ。いや、彼らだって本気でそんなことを信じているわけではなかろう。そういう論文を書いておかないと食いっぱぐれるから、十年でも二十年でも一日のごとく「金利引き下げの景気浮揚効果」を論じているに違いない。

「金利を下げれば設備投資が拡大に転じて、景気がよくなる」という議論の間違いを一目瞭然《いちもくりょうぜん》で示すグラフがある。アメリカと日本という2ヵ国の同じ指標の長期推移を示すグラフなので、二目瞭然というべきかもしれないが。それは設備稼働率という指標だ。

設備稼働率とは、企業が生産活動のために保有している機械装置などの何パーセントが実際に動いているかを集計した数字だ。もちろん工場の生産設備だけにとどまる概念ではない。サ

アメリカ過去半世紀の設備稼働率
1967〜2020年

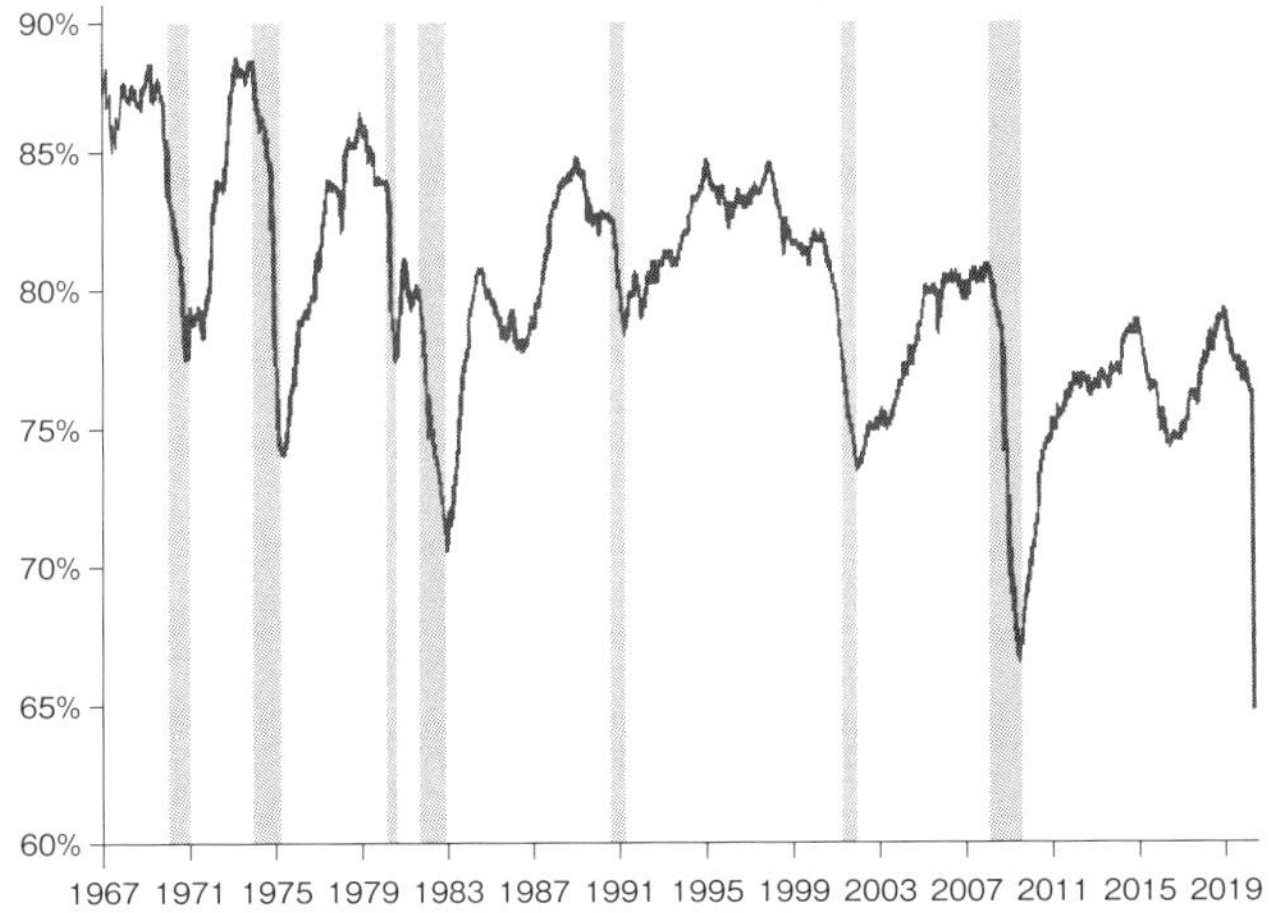

原資料：連邦準備制度、ヘイヴァー・アナリティクス、ドイチェバンク　グローバル・リサーチ
出所：Torsten Slok、Deutsche Bank NY、『Global Macro Outlook』、2020年6月30日のエントリーより引用

ービス業の中でも、ホテルの客室稼働率とか、アパート・賃貸マンションの稼働率（これは日本の場合、稼動率の逆数である空室率のほうを数えることが多いが）もふくめて、企業の収益に貢献する設備全体のうち、どの程度が実際に収益を生み出しているのかを測る指標だ。

まずアメリカの過去半世紀あまりの設備稼働率推移を見ていこう。上の図表をご覧いただきたい。

第二次世界大戦直後の先進諸国で、ほぼ唯一生産設備が無傷で残っていたアメリカ経済は、１９５０〜60年代にかけて黄金時代を謳歌《おうか》していた。その黄金の60年代の末期に当たる１９６７年のビジネスサイクルのピークでは、アメリカの設備稼働率は80%台後半まで上昇していたことがわかる。

ただ、このころすでにアメリカの製造業は日独の挑戦によって、さまざまな分野でシェアを失い始めていた。

その後は約4〜6年のビジネスサイクルのたびに山は低く、谷は深くなっている。直近の2016年ごろを大底として始まったビジネスサイクルでは山でも80％に届かず、谷は65％と全設備の3分の1以上が遊休状態になっている。

こんなに生産設備が過剰になっている時代に、金利を下げれば設備投資が拡大し、設備投資が拡大すれば景気がよくなるという発想自体がおかしいのだ。この過剰な生産設備の存在という状況は、アメリカよりずっと基礎体力の強い製造業を育て、1990年ごろまでどんどん基幹的な製造業分野で世界シェアを伸ばしていた日本経済についても同様だ。

なお日本経済は1989年末の不動産と株のバブルが大崩壊したときに、一挙に国際競争力を失ったと思っている人が多い。だが、それは事実誤認だ。日本は少なくとも1990年代までは先進諸国の中でいちばん強い製造業を維持していた。先に見たアメリカと同一期間の日本の設備稼働率推移は、次ページのグラフで見るとおりだ。

このグラフについて、まずご注意いただきたいことがある。それは、この数字は設備稼働率そのものではなく、一定の時期の稼働率を100とした指数に換算してあるということだ。このグラフでは、おそらく2010年の年間平均値を100とした指数になっている。全体のピークだった1969年には、日本全国の生産設備のすべてが4割の超過勤務をしていたわけで

日本の設備稼働率指数
1967〜2020年

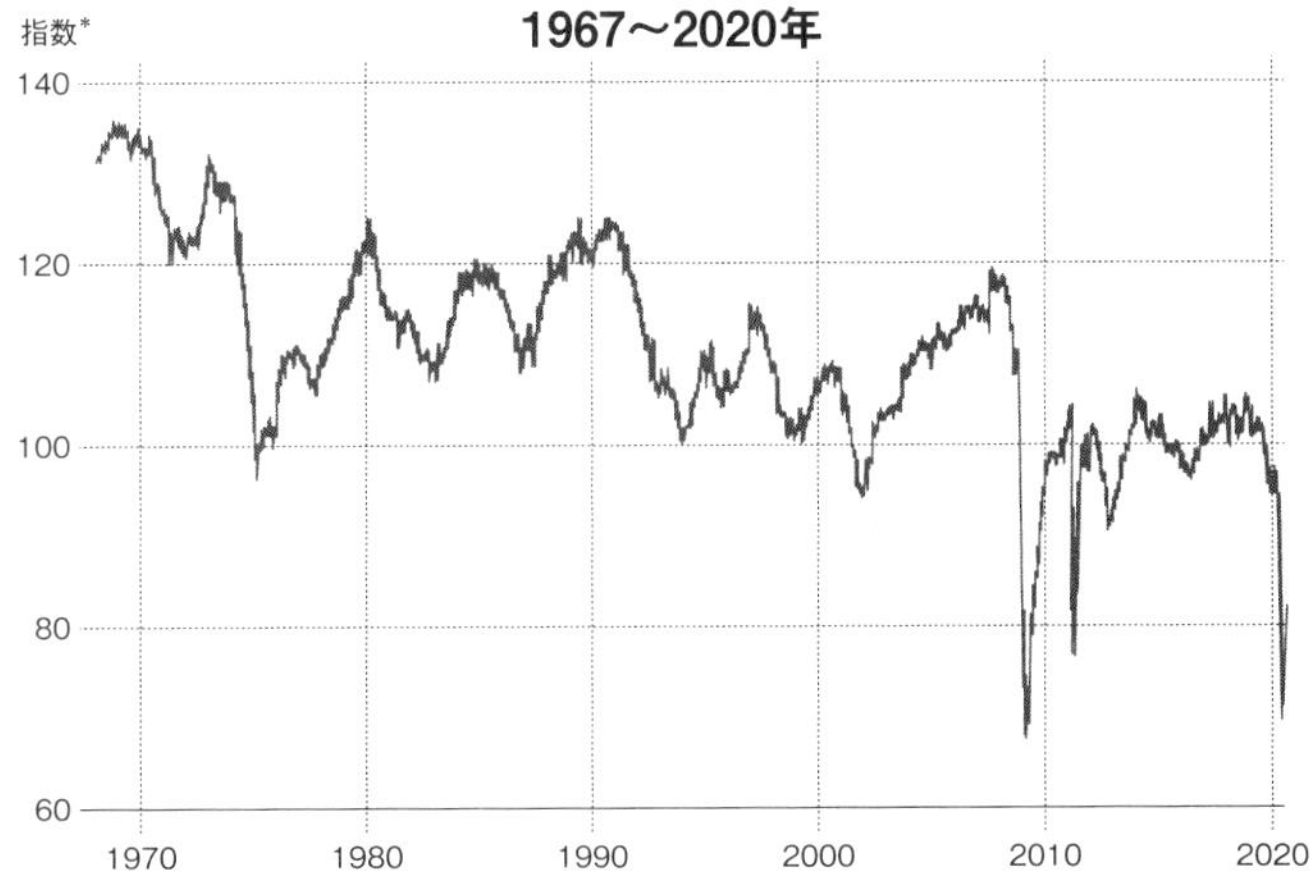

*）2010年の年間平均を100として指数化
原資料：日本国経済産業省データをトレーディング・エコノミクスが作図
出所：ウェブサイト『Trading Economics』、2009年9月18日時点のエントリーより引用

はない。だいたい機械が超過勤務をするということ自体が、意味のわからない話だが。

日本で設備稼働率の集計と公表を担当している経済産業省（旧通産省）に言わせると、「なまの数値を出すと誤解を招きやすいので、指数に換算した数値を発表している」ということになっている。「日本中の設備の1割とか2割とかが怠けてのらくらしているのは、けしからん。そんな設備はすぐクビにして、仕事があろうとなかろうといつも勤勉に働く設備ばかりに入れ替えよ」と主張する頑固爺い集団が全国各地の工場にデモでもかけると思っているのだろうか。世界中見渡してもこんなに大衆を愚民視する官僚集団が大切な経済統計を牛耳っているのは、日本ぐらいのものだろう。

さて設備稼働率そのものに話を戻そう。さ

まざまな副次的資料を総合して判断すると、日本の場合、大天井だった1969年で92〜93％という高い水準を達成していた。世界中の先進国の設備稼働率を見渡しても、90％超というのは例外的に高い水準だろう。高度成長期の日本の製造業がいかに強かったかがわかる。

一方、大底の2009年では指数としては70割れにとどまっているが、実際の稼働率は50％ぎりぎりという水準まで落ちていたのではないかと推定される。そして、これもまた先進国では異常に低い水準だ。けれども、これは日本の製造業が急激に弱体化したということではなく、むしろ世界中の製造業各社が生産設備を発注する際の日本企業への依存度がそれだけ高かった証拠だと思う。

2009年というと2007年からの国際金融危機がいちばん深刻になった時期である。世界中の大型設備投資が、ほぼ全面的に沙汰止《さたや》みになっていた。当時はもう消費財、つまり消費者が直接買う工業製品の分野では、欧米諸国ばかりか日本も韓国、台湾、そして中国に押されていた。だが製造業各社が生産活動を維持するための設備装置、つまり資本財の分野では圧倒的に日本製品の信頼度が高かった時代だった。

だからこそ世界中で設備投資が全面停止状態になったときに、日本の産業機械、工作機械、精密機器といった業界の工場は一斉に開店休業状態になった。当時の先進諸国の中でも、日本の設備稼働率がいちばん大きく下げたのは、日本の資本財製造部門が非常に優秀だったからだ。

日米の設備稼働率推移を比べると、アメリカは山も谷も鋭く尖《とが》ったかたちになる。それに対して日本の場合、谷は深く鋭く切れこんでいるが、山は高原状態を保つ傾向があることに気づく。日本の企業は中堅から中小零細にいたるまで、景況が相当悪化しなければ標準的な操業を維持できる企業が多い。これに比してアメリカでは、一握りの勝ち組寡占企業をのぞけば景気変動に翻弄《ほんろう》されて、好不調の波の激しい企業が多いということだろう。

この慢性的な設備稼働率低下は、決して過去に過大な設備投資をやってしまったので設備が過剰化しているのではない。設備投資は低調だったにもかかわらず、稼働率が低下しているのだということをここであらためて確認しておこう。次ページのグラフが、アメリカの設備投資の長期低落傾向を示している。

まず上段を見ると、アメリカの非住宅固定資産投資の対ＧＤＰ比率となっている。これが設備投資だと考えると、国際金融危機の落ちこみから完全回復した２０１３年ごろからもう６～7年ＧＤＰの13％台を確保していて、設備投資は堅調だったと思ってしまうかもしれない。しかし、それは間違っている。

下段を見ると、アメリカの非住宅「有形」固定資産投資の対ＧＤＰ比となっていて、これが通常の設備投資、つまり事業用の建物・構造物の建設や機械装置の設置なのだ。そして、こちらを見ると、１９８０年代前半に13％強で天井を打ってから一貫して低落傾向がつづき、直近では山でも９％台半ば、谷では７％台半ばまで下がっていることがわかる。

この上段と下段との差が、企業が行っている非住宅「無形」固定資産投資ということになる。

米非住宅固定資産投資の対GDP比率
1947～2020年

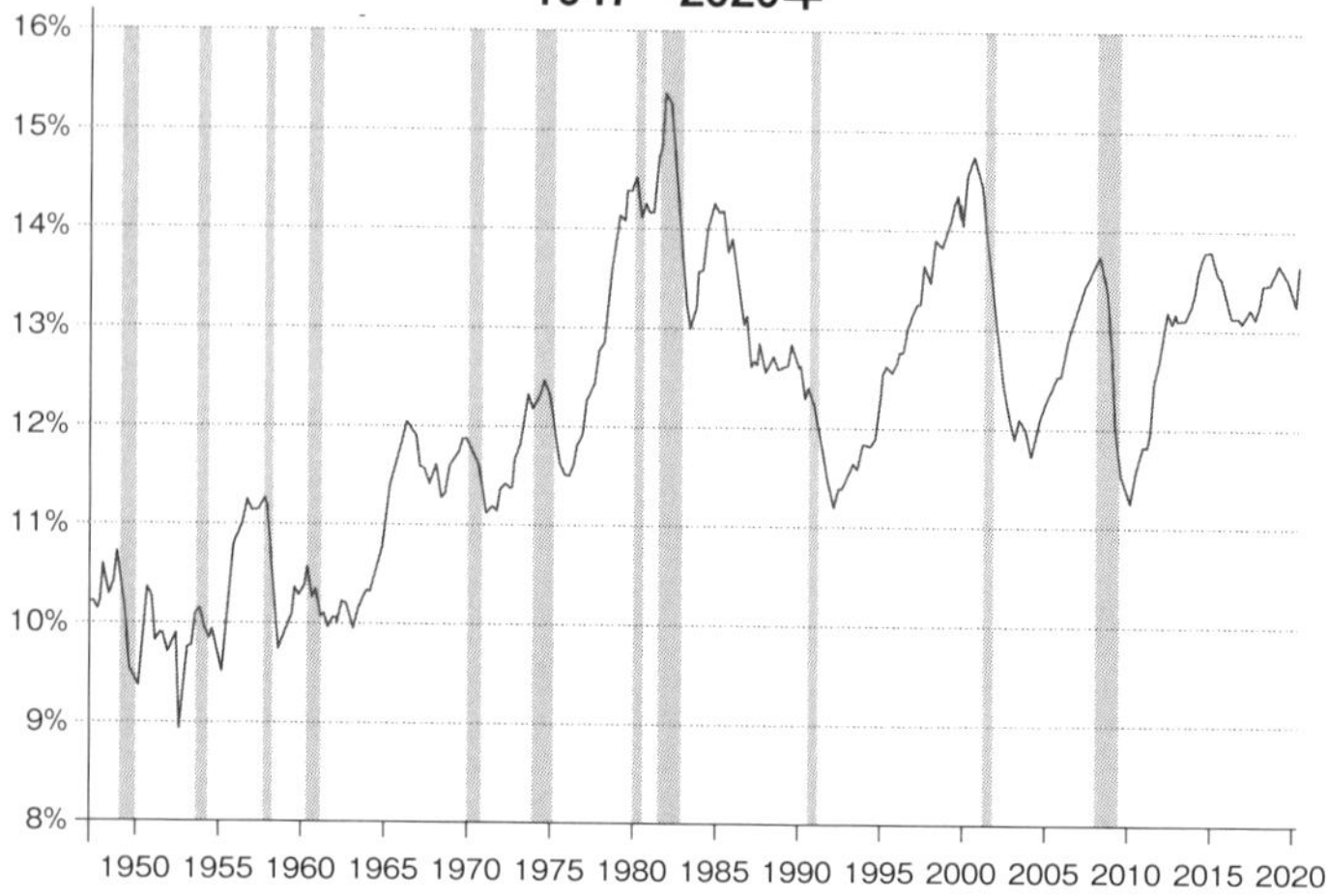

米非住宅有形固定資産投資の対GDP比率
1947～2020年

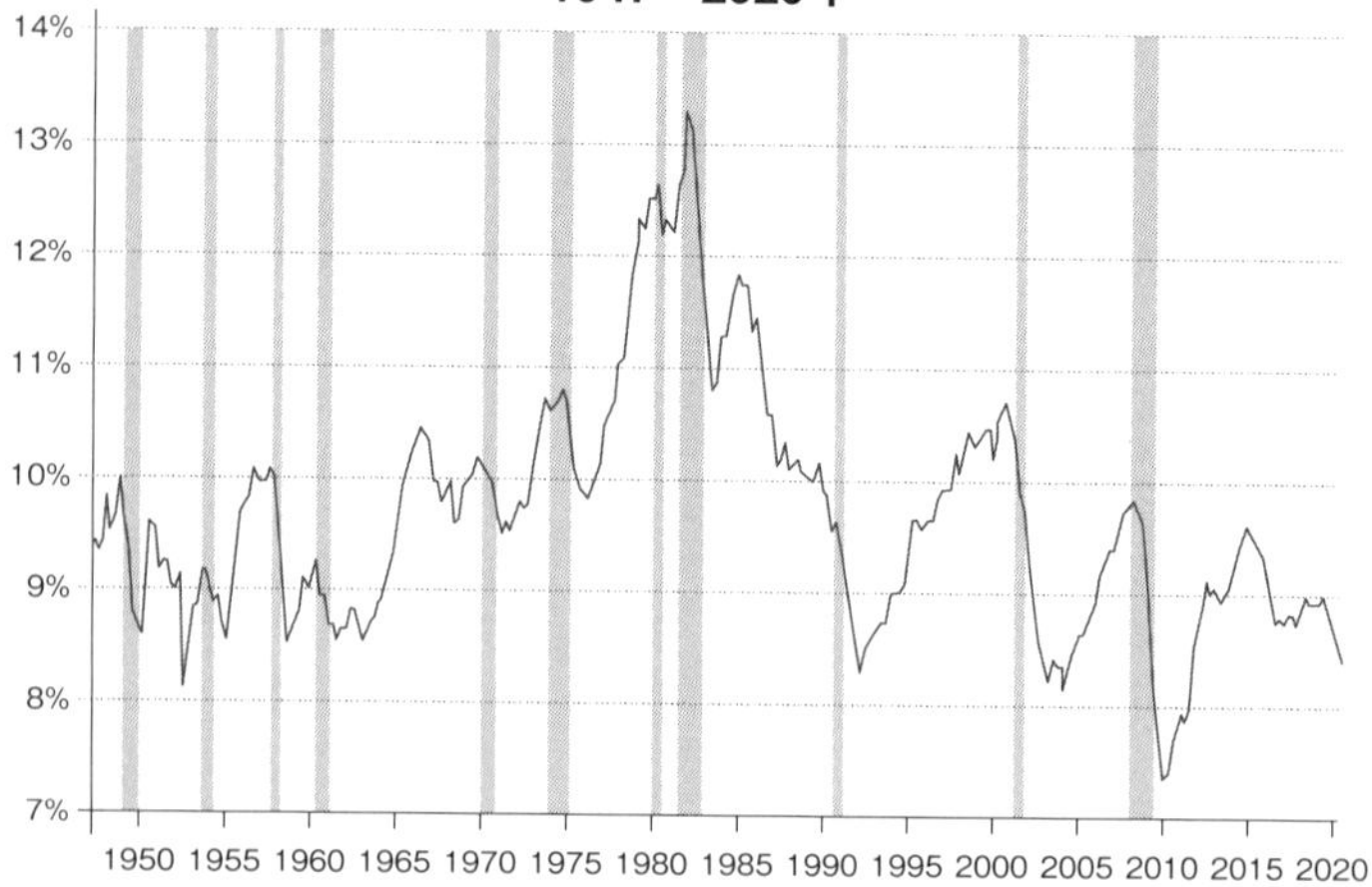

原資料：セントルイス連銀調査部
出所：ウェブサイト『EPB Macro Research』、2020年8月7日のエントリーより引用

それではいったい、企業による「無形」固定資産投資とは何なのかということになると、第5章で詳細にご説明するように、玉石混淆《ぎょくせきこんこう》というよりは百鬼夜行《ひゃっきやこう》状態だ。

これは無形ではあってもきちんと価値をバランスシートに記帳する意義があると思えるものもあるが、とうてい資産価値を測定しようがないものも、平然と値段をつけてバランスシートに載せている。このへんが、アメリカ経済では企業会計まで、さまざまな業界の寡占企業のお手盛り自己評価に迎合するように変質してしまったことを象徴していると言えるところだ。

まず解明すべきは、なぜ設備投資は一貫して低調だったのに、設備稼働率もまた低迷しているのかだ。その底流にあるのは、世界経済全体がますます製造業中心からサービス業中心に変わっているという事実なのだ。

製造業全盛期は過ぎサービス業が経済を牽引する時代になった

経済発展論の分野には、「ペティ＝クラークの法則」という有名な法則がある。ペティ・クラークというひとりの学者が唱えた法則ではない。17世紀後半に活躍した医師であり、測量技師であり、植民地行政の専門家であり、『政治算術』という初期経済学の傑作を書いた経済学者でもあった多能の人ウィリアム・ペティが断片的な文章として残した発想を、はるか後代の20世紀半ばに開発経済学者だったコリン・クラークが定式化した法則だ。

さまざまな学界で2人の学者が考え出した法則はいろいろあるだろうが、その2人の年齢差を数えると、この法則は突出しているかもしれない。これはたんにトリヴィア的な豆知識ではない。250年以上のときを隔てて2人の学者が同じことを考えていて、その考えが直観的にも正しく、社会常識から見て妥当性があったというだけでは、長期間にわたって法則として生き延びはしない。実社会を観察するにあたって、有意義な仮説を引き出して検証することができるからこそ、法則として生き延びるわけだ。

それではペティ＝クラークの法則とはどんな法則か。どこの国でも生活水準が上がるにつれて、国民の需要に対応した生産力の主な投入先は農林水産業などの第1次産業から鉱工業・建設業などの第2次産業へ、そして、さらに豊かになるとサービス業中心の第3次産業へと移行するというものだ。

もう少し具体的に説明しよう。人間、なんといっても食べなければ生きていけないので社会全体が貧しいうちは、狩猟・漁労・採集・農耕・牧畜といった、自然と協力して食べものをつくり出す産業に最大限の努力を傾ける。とは言うものの、どんな大食漢でも、せいぜい食べられるのは5～6人前ぐらいだ。それ以上食べると満足感が増すどころか、体を壊してしまう。一度に食べられない分は備蓄しておけばいいかというと、とくに食料の保存手段が未発達だった時代に溜めこみすぎると腐って食べられなくなる。

だから農林水産業の生産水準がある程度まで上がると、人間はもっと大量に食べものをほしがるのではなく、着るもの、住むところ、家具調度、宝飾品などさまざまな工芸品、のちには工業生産物がほしくなる。工業生産物になると、一般的にひとりの人間が持てる量の天井はかなり高くなる。着るものは一度に何十着も着る必要はない。たくさん持っていて、その中からその日の気分にあったものを着て、あとはしまっておくことができる。

というわけで衣類の材料としての糸、布、毛皮、なめし皮から始まって、ものを運搬する手段としての車輪、馬車や船、蒸気機関を利用した紡績機、織布機、汽車や汽船、ガソリンエンジンを利用した自動車や航空機、そして電気を利用した電灯、電信電話、ラジオ、冷蔵庫、洗濯機、テレビ、コンピューターと人間の欲求の対象としてのモノは際限なく多様化していった。第1次産業主導の経済から、第2次産業主導の経済への転換だ。この転換に決定的な役割を果たしたのが、18世紀半ばごろイギリスで起きた産業革命だった。

しかし、いくら工業製品は農林水産物より溜めこむときの天井が高いといっても、人間がモノを溜めこむにはスペースも必要だし、溜めこんだモノは手入れをしなければ品質が劣化することも多い。というわけで芝居を見る、音楽を聴く、食材を買わずにレストランで調理してもらった料理を食べる、自分の住んでいない場所に観光旅行に行く、床屋で髪を整えるといった生産即消費で、あとにはしまうモノも片付けるモノも残らないサービスへの需要の重要性が増していく。これが第2次産業主導の経済から第3次産業主導の経済への転換だ。

こうやって見てくると、ペティ＝クラークの法則は現代でも意義を失っていないことがわかる。これからは農林水産業とサービス業が合体した「第4次（第1次＋第3次）」産業の時代だとか、いや、製造業とサービス業が合体した「第5次（第2次＋第3次）」産業の時代だとか、はては全部が混然一体となった「第6次（第1次＋第2次＋第3次）」産業の時代だとか、いろいろ言われる。だが、しょせんちょっと目先を変えただけで、経済構造の本質に関する考え方が一変するような提言ではない。多少なりとも意味があるのは、農林水産業とサービス業の合体した第4次産業ぐらいだろう。

江戸時代には、職人としての技芸を磨くことに専念する生粋の職人と、最終消費者に小売りもする「職あきんど」とに分かれていた。これからの日本農業は、農家一戸ごとに消費者に直接売れる訴求力を持った農産物を育てていかないとやっていけない「農あきんど」の時代になるだろう。産地直売所だけではなく、ふつうのスーパーなどで生産者の個人名が明記された農産物がやや割高に見える価格設定でも売れているのを見ると、そういう時代はもう来ているのかもしれない。

製造業とサービス業が合体した第5次産業にいたっては、明白に経済史の教訓に反する見果てぬ夢をまだ見ているのかという感じだ。1980年代までは、単品生産をしている業種の時価総額で自動車産業は他の全業界を圧倒していた。それが1990年代中に逆転していたかはともかく、21世紀に入ってからは携帯機器メーカー、それもアップル1社に完全に負けている。テスラというまだ実力で営業利益を出したこともない電気自動車メーカー1社が4000億ドル超というべら棒な過大評価になっていても、業界全体としてアップルの約1兆3000億ドルには遠く及ばないのだ。まっとうな自動車メーカーとして最大のトヨタでさえ、時価総額は2000億ドル強に過ぎない。

自動車自体の物理特性として、非常にエネルギー浪費型商品だという事実も否定できない。だが決定的だったのは、世界中の大手自動車メーカーがこぞって販売ディーラー網を自社で掌握して、卸売店や小売店に行くはずの利益まで全部吸収してしまおうと画策した結果、消費者にとって選択肢の少ない販売現場しか設定できなかったことだろう。こういう販売網を直接支配するかたちでの消費者の囲い込みは、どこか1ヵ所でも堤防に亀裂が生じると、壊滅状態になってしまう。

アメリカのビッグスリーがまさによい例だ。1960年代のドイツ車の攻勢は、大衆車でフォルクスワーゲン、高級車でベンツにシェアを取られるだけで食い止めた。だが70年代に入ると、日本車メーカー各社によるフルライン製品群の挑戦に完全に敗北し、今や国家や他国のメーカーの支援なしにはやっていけない状態になっている。一方、アップルやサムスンは自社直営の販売網でも売るが、世界各国の通信サービス業者を通じた販売も許すことによって、消費者にとって選択肢の多い販売網を築いている。

ときおり製造業の経営者が胸を張って「うちは全部直販ですから、中間マージンなしで安くてよいものをお届けできます」と言っているのを耳にする。消費者は自社製品しか買うはずがないとでも思っているのだろうか。

最終消費財をつくっている製造業のほとんどの分野は、卸売・小売との緊張ある協力関係なしには存立しえない。その意味では、今ごろになって製販一体化した業態になれば往年の製造業の強さを取り戻すことができるという主張を蒸し返すのは、たんに見果てぬ夢であるだけではない。製造業は単独ではやっていけない、ひ弱な存在だという事実を逆照射するだけだ。

第1次、第2次、第3次産業が主役だった時代の長さを比べてみよう。人類が類人猿とたもとを分かって独自の道を歩み始めたのは、約500万年前と言われている。以来、1750年前後までの圧倒的に長い期間、就労人口でもGDPに対する比率でも第1次産業が主役だった。つまり人類史の99・995％は第1次産業主導の時代だった。第2次産業、第3次産業が主役の時代を合わせてもまだ250年強、つまり0・005％にしかならないのだ。しかも、すでに世界中の先進国は完全に第3次産業主導の時代に入っている。製造業はひ弱なだけではなく、なんとも絶頂期の短い、はかない存在でもあったのだ。

人類が数百年で消えてしまうのか、数千年保つのか、それとも数万年、数十万年と生き延びるのかはわからない。人類の余命がどうなろうと、今後の経済を牽引するのは、製造業ではなくサービス業であることは間違いない。結局製造業主導の時代というのは、第1次産業主導から第3次産業主導までの幕間をつなぐ暫定政権に過ぎなかったのだ。そのへんの事情をしっかりした数字で確認しておこう。68～69ページの2枚の表に登場する4ヵ国は、さまざまな意味で特徴的な先進国であるイギリス、アメリカ、フランス、日本だ。

４ヵ国とも３大経済部門の生み出した富が国内総生産（ＧＤＰ）の何パーセントに当たるかをほぼ10年おきに拾い出した表となっている。ただ、この区分についての基礎資料がなかった年もあるので、データとしての継続性には若干問題が残る。しかし第２次産業のピークがいつごろだったか、そして第３次産業のシェアが60％を超えたのはいつかといった点については、それほど大きな事実誤認はないはずだ。イギリスとフランスは19世紀初めから、アメリカは19世紀半ばから、そして日本は19世紀末からのデータが集計されている。

イギリスでは、産業革命の最盛期だったはずの19世紀前半の第２次産業比率は意外に低く、30％台にとどまっていた。40％台に達したのは、おそらく20世紀に入ってからである。また第２次産業シェアのピークは１９６０年と、ここで比較対象とした４ヵ国中でいちばん遅く、なんと１９８０年まで40％台を保っていた。

最近のイギリス経済史では「イギリスでは産業革命のまっただ中でも製造業の地位は低く、一貫してイギリス経済の根幹にあったのは金融資本主義だった」という説が有力だ。皮肉にも産業革命を神聖視しすぎたために、かなり製造業の国際競争力が低くなっていた１９７０年代まで製造業にしがみついていた企業が多すぎたのかもしれない。

そのためマーガレット・サッチャー首相による大胆な製造業つぶしを招き、金融業だけの片肺飛行のようないびつな国民経済を招いた可能性はある。その意味で産業革命当時のイギリス

英・米3大経済部門の対GDP比率推移
イギリス：1801～2010年、アメリカ：1839～2016年

	イギリス			アメリカ			
	第1次産業	第2次産業	第3次産業	第1次産業	第2次産業	第3次産業	
1801年	31.6%	32.6%	35.8%				
1811年	36.0%	21.0%	43.0%				
1821年	26.0%	32.0%	42.0%				
1841年	24.3%	34.1%	41.6%	42.6%	19.4%	38.0%	1839年
1851年	19.3%	31.9%	48.8%	36.0%	25.0%	39.0%	1849年
				34.3%	24.7%	41.0%	1859年
				33.1%	29.9%	37.0%	1869年
				28.4%	29.6%	42.0%	1879年
				19.0%	35.0%	46.0%	1889年
				17.7%	35.3%	47.0%	1899年
				17.9%	32.3%	49.8%	1909年
1920年	6.2%	42.5%	51.4%	19.6%	35.2%	45.2%	1918年
1931年	4.0%	35.9%	60.0%	8.8%	29.7%	61.5%	1928年
				8.3%	32.3%	59.4%	1939年
				6.8%	32.9%	61.3%	1949年
1960年	4.2%	49.0%	46.7%	3.6%	32.3%	64.1%	1959年
1971年	3.3%	44.8%	52.0%	2.6%	30.3%	67.1%	1969年
1980年	2.4%	44.1%	53.4%	2.7%	28.7%	68.6%	1979年
1990年	2.2%	37.3%	60.6%	1.6%	23.7%	74.8%	1989年
2000年	1.2%	30.5%	68.3%	1.0%	20.7%	78.3%	1999年
2010年	1.2%	23.5%	75.3%	1.0%	18.0%	81.0%	2009年
				0.9%	17.3%	81.8%	2016年

注：░は第２次産業のシェアがピークに達した年、■は第３次産業のシェアが60％台を超えた年を示す。

出所：ウェブサイト『Our World in Data』、「Shares of GDP by Economic Sector」、イギリス、アメリカ分（2020年10月1日時点）より作成

経済に占める産業革命の意義はたしかに過大評価されているが、その後は産業革命の神聖視がイギリス経済の発展においてマイナスの方向で重要な意味を持った可能性もある。逆にアメリカは1899年、つまり19世紀のうちに第2次産業の比率が35％台という低水準でピークを打ってしまった。おそらく独立直後から第3次産業のほうが第2次産業よりシェアが高い経済を維持していたのだろう。当然のことな

仏・日3大経済部門の対GDP比率推移
フランス：1815～2011年、日本：1885～2011年

	フランス			日本			
	第1次産業	第2次産業	第3次産業	第1次産業	第2次産業	第3次産業	
1815年	37.3%	36.7%	26.0%				
1820年	40.6%	36.3%	23.6%				
1830年	40.0%	38.8%	21.2%				
1840年	37.0%	40.6%	22.4%				
1850年	31.8%	44.7%	23.5%				
1860年	38.7%	38.0%	23.3%				
1870年	39.4%	35.1%	25.5%				
1880年	32.0%	37.7%	30.4%	42.9%	13.9%	43.1%	1885年
1890年	27.3%	39.0%	33.7%	46.0%	14.6%	39.4%	1890年
1900年	27.6%	36.2%	36.3%	37.7%	20.5%	41.8%	1900年
1910年	26.6%	36.7%	36.7%	30.8%	25.5%	43.8%	1910年
1920年	22.7%	49.2%	28.1%	29.5%	29.9%	40.6%	1920年
1930年	19.9%	44.2%	35.9%	30.8%	25.5%	49.4%	
				18.3%	48.2%	33.5%	1940年
				17.1 %	36.7%	46.2%	
				12.2%	39.2%	48.6%	1960年
1970年	9.6%	38.2%	52.1%	5.7%	41.4%	52.9%	1970年
1980年	6.0%	34.5%	59.5%	3.4%	36.1%	60.5%	1980年
1990年	5.1%	29.3%	65.6%	2.4%	36.5%	62.1%	1990年
2000年	3.8%	28.3%	67.6%	1.8%	32.2%	66.0%	2000年
				1.5%	30.2%	68.3%	2006年
2011年	2.9%	23.1%	74.0%	1.5%	28.6%	69.9%	2011年

注：░は第2次産業のシェアがピークに達した年、■は第3次産業のシェアが60%台を超えた年を示す。

出所：ウェブサイト『Our World in Data』、「Shares of GDP by Economic Sector」、フランス、日本分（2020年10月1日時点）より作成

がら第3次産業のシェアが60%台を超えたのも、30年代大不況直前の1928年と非常に早かった。

イギリスとアメリカに共通しているのは、次に見る日仏両国と比べて非常に早くから第3次産業のシェアが大きかったことだ。これは大英帝国が遠く海を隔てた地域に広大な領土を持つ「飛び地」海洋帝国だったことに由来していると思われる。

飛び地海洋帝国でも、地続き大陸帝国でも、宗

主国（征服地や植民地を支配する側の国）は植民地での農業を本国や海外に売れば、利益の大きな商品作物に絞りこもうとする傾向がある。そうすると商品作物を育てる農民の食料その他の生活必需品も、かなりの遠距離貿易で輸入しなければならないことも多くなる。この傾向は非常に早くから国際貿易、国際金融の地位を高める。飛び地海洋帝国の遠く離れた植民地経営では、植民地と宗主国やその周辺諸国のあいだで価格体系が大きく違う商品作物が多く、それだけ国際貿易や国際金融で巨額の利益を得るチャンスが大きくなるからだ。

香料、さとうきび、タバコ、綿花といった農作物はすべて、飛び地海洋帝国の植民地とヨーロッパ諸国のあいだに存在する大きな価格差が莫大な利潤を生む商品となった。そして残念なことに、この商品を生み出すための農業労働者もまた、奴隷商人やプランテーション主が所有する人格を持たないモノとして、おもに西アフリカから南北アメリカ大陸とカリブ海の諸国に大量に輸出され、巨額の利益を生んでいた。

飛び地海洋帝国での第3次産業は、我々がサービス業という言葉から連想する個人向けの消費者サービスとはまったく違う。非常に早い時期から、貿易や金融の比重が突出した発展を示している。その伝統を引き継いでいるのか、巨額の被害を出して世界を揺るがす金融スキャンダルは、いまだに英米が震源地となることが多い。国際貿易や国際金融の世界では、当たれば健全な事業として認知されるが、はずれれば巨額詐欺としか見えない儲け話がいかに多いかということだ。

このへんの事実を確認した上で、日仏の3大経済部門のシェア推移を見ると、やはり全体としておとなしめの数字が並んでいる。結局、巨大飛び地海洋帝国の創設に失敗したフランスの第3次産業比率は、一貫して英米より低かった。我々の漠然としたイメージでは、偉大なシェフやデザイナーを輩出したフランスなら、もう少し第3次産業のシェアが早くから高くてもよさそうに思える。だが20世紀前半まで偉大なシェフやデザイナーは、一握りの富裕階級の専有物だった。そういう限定された需要に対応する仕事には、国民経済全体の特徴を左右するほどの影響力はないのだ。

そこで興味深いのが、まだ明治維新から20年も経っていない1885年に日本はすでに第3次産業のシェアが40％台に達していたという事実だ。おそらく江戸時代後期には江戸、大坂、京といった大都会では、第3次産業比率がかなり高かったのではないだろうか。

もちろん徳川幕府は、国際貿易や国際金融をできるかぎり抑制する方針を堅持していたから、海外との交易の貢献が大きくて第3次産業のシェアが高かったはずはない。少なくとも江戸時代から武士町人と農民とのあいだの所得格差が小さくて、庶民も直接食うためにではないところに使うカネをけっこう持っていた。

18世紀半ばあたりの日本とイギリスの所得分布の差を考察した経済史の本によれば、イギリスでは商人・職人の所得が農民の数十倍、王侯貴族・大地主の所得は農民の数百倍だった時代に、日本では商人・職人も武士も農民の所得の3倍程度だった。江戸時代の文献などを読むと、ありとあらゆる芸ごと、習いごとに大勢の「お師匠さん（レッスンプロ）」がいて、その人たちがちゃんと食っていけたという事実に驚かされる。

私は今後の市場経済に残された未開の沃野《よくや》（フロンティア）は、個人向けサービスにしかないと確信している。そして日本経済は江戸時代から着々とその最後のフロンティアを開拓しつづけてきた実績を持っているのだ。

それにしても、なぜ国際貿易や国際金融分野は第3次産業主導経済の牽引車になれないのだろうか。

製造業が落ち目になれば、国際貿易もまた斜陽化することはわかりやすいだろう。極端に日持ちの悪い生ものをのぞけば、製造業が生み出した製品のほとんどは輸出可能だ。最近ではテクノロジーの進歩によって、生きのいい魚の刺身まで航空機で輸出できるそうだ。それに比べて個人向けサービスは、売り手と買い手が同時に同じ場所にいなければ売買が成立しないので、輸出は不可能なことが多い。理髪、美容、ネイル、まつ毛エクステ、みんな国境を越えて注文を取り、あっちこっちで同時並行的にできる仕事ではない。

なぜ国際金融も製造業の没落につれて衰退するのかは、国際貿易ほどわかりやすくない。ようするに国境を越えてカネを動かすだけだから、通貨の違いからくる外国為替市場での変動リスクさえヘッジできれば、いつでもどこでも自由自在に商売ができそうに思える。ところが国際金融だけではなく、金融という産業部門全体が、製造業の地位低下とともに縮小せざるをえない分野なのだ。

製造業の比重が下がれば金融市場も縮小する

１３８ページの表にも出ているが、２０１８年度の日本のＧＤＰに占める製造業のシェアは20・８％だった。一方、農林水産業をのぞく非製造業のシェアは78・０％だった。約４対１の比率で、圧倒的に非製造業のほうが大きい。

しかし次ページの表でおわかりいただけるように、全産業の設備投資総額（19兆７５６７億円）に占める製造業設備投資額（６兆５６４５億円）のシェアは33・２％。非製造業のシェアは１００％から製造業のシェアを引いた66・８％だった。これは資本金10億円以上の大企業だけの集計だが、中堅から中小零細企業までふくめても比率はあまり変わらないだろう。

ＧＤＰの１％分の生産高を確保するために製造業が必要とする設備投資額は、設備投資額のシェア33・２％をＧＤＰのシェア20・８％で割った１・６％分となる。同じように非製造業がＧＤＰの１％を生産するために必要とする設備投資は、66・８％を78・０％で割った０・86％分で済んでいたわけだ。つまり同じ生産額を確保するために、製造業各社は非製造業各社の１・86倍（１・６÷０・86）の設備投資を必要とするのだ。

これからも製造業のＧＤＰに占めるシェアが下がりつづけるとすれば、国民経済全体が必要

日本の産業部門別設備投資動向
2019～21年度（計画）

（億円、%）

	2019年度（実績）（共通会社1,752社）			2020年度（計画）（共通会社1,784社）			2019年度（計画）（共通会社750社）		
	2018年度実績	2019年度実績	増減率	2019年度実績	2020年度計画	増減率	2020年度計画	2021年度計画	増減率
全産業	197,567	201,406	1.9	159,550	165,766	3.9	36,486	31,587	▲13.4
（除電力）	171,617	175,502	2.3	149,010	152,488	2.3	33,368	28,847	▲13.5
製造業	65,645	66,708	1.6	59,696	64,550	8.1	13,842	11,620	▲16.0
非製造業	131,922	134,698	2.1	99,854	101,216	1.4	22,644	19,967	▲11.8
（除電力）	105,973	108,795	2.7	89,314	87,937	▲1.5	19,526	17,227	▲11.8

出所：日本政策投資銀行『全国設備投資計画調査（大企業）』（2020年6月）、2020年8月5日刊より引用

とする設備投資額のGDPに占めるシェアも、当然下がっていくはずだ。それが金融市場にとってどんな意味を持つのかを考えてみよう。金融市場の中でもひときわ世間の注目度の高い株式市場は、いったいなんのために存在するのだろうか。

「オレが億万長者になるためだ」とおっしゃる自信家のご意見をさておけば、株式市場の社会全体に対する存在理由は、業績がよくて成長性の高い企業が新株発行増資や社債の発行をやりやすくすることにあると言えるだろう。成長展望の明るい企業は株価が高くなり、株価が高い企業は増資でも社債発行でも、好条件で巨額の資金調達ができる。業績が悪く成長性の低い企業は増資でも社債発行でも、あまりよくない条件で少額の資金調達しかできない。

だが、なぜ企業は巨額の資金調達を必要とす

るのだろうか。借金で台所が火の車で、とにかく支払うべきカネをひねり出さなければ破綻してしまうような情けない企業を別にすれば、業容拡大、老朽化した設備の更新、新市場・新分野への進出のための設備投資に必要だというケースが大部分だろう。だとすれば国民経済に占める製造業の地位が低下するにつれて、設備投資のシェアもまた低下するわけだ。そして設備投資のシェアが低下するにつれて、株式市場をはじめとする金融市場の存在価値も低下する。

日経平均という日本を代表する株式指数は、1989年の大納会（その年最後の株式市場営業日）までの上昇を最後に大暴落を始め、大天井だった3万9000円弱から国際金融危機のさなかの大底では2割にも満たない6000円台まで下げつづけた。近年やっと大天井から大底までの下げ幅の半値戻しを達成して、その後横ばい状態となっている。「経済全体を牽引するのは製造業だ」という社会通念が「これからはサービス業だ」という認識に変わったのが、1980年代から90年代への境目あたりのことだったので、日本の株式市場はじつにすなおにサービス業が経済全体を牽引する時代への適応を遂げたと見るべきだろう。

製造業が主導産業の座を降りてから、いかに国際経済が多事多端だったかを示すには、絶好の指標がある。一読しただけではちょっとわかりにくい概念かもしれないが、なるべくわかりやすく説明するので、お付き合いいただきたい。それは、全要素生産性という概念だ。

よく似た概念だが、労働生産性のほうは経済学を多少なりとも学んだ方ならご存じだろう。国民経済でも特定の産業でも一企業でもいいが、労働力の投入量1単位当たり生産高がどのくらい伸びたかを測る指標だ。労働生産性は投入した資本の量も質も考慮に入れていないのだが、ほとんどの先進国では時代が進むにつれて資本の蓄積は高まっていくので、同じ労働量の投入から得られる生産高は着実にプラスの伸びをつづけている。

全要素生産性とは、投入した労働の量も、投入した資本の質と量も同じだったと仮定した場合、生産高がどれだけ伸びたかを測る指標だ。こちらは投入した資本の質と量を投下資金額というかたちで計算する。労働の量も、資本の質と量もまったく同じに抑えた上で、生産高がどれくらい伸びるかを計算するので、労働生産性ほど大きな伸び率は出てこない。

だが、やはり先進諸国では、ふつうの社会情勢なら毎年じわじわと伸びていくはずだと想定されていた。たとえば技術革新が進んで、同じ資金を投入しても効率が良い機械を使えるようになったとか、社会全体が平和で不慮の事故による生産停止などが減少し、交通機関の利便性も高まって職場に通いやすくなり、同じ労働量で同じ機械を使って仕事をしても、生産高が上がるなどの要因が貢献していると考えられていたのだ。

ところが78～79ページのグラフをご覧いただくと、1990年代にサービス業が主導産業になってからの世界経済は、この楽観的な想定とはまったく違った様相を呈している。

1990年代は圧倒的に全要素生産性が低下した年のほうが多い。2000年代は上昇した年のほうが多くなったが、10年代になるとまたほとんどマイナスの年ばかりに再逆転してしまった。すなわち1990～2010年代の30年間は、世界経済全体として同じ量の労働と、同じ質・量の資本を投入するだけでは生産高が下がる時代になっていたのだ。

そしてグラフ内に書きこまれた文字を読むと、１９８０年代以前は10年に一度起きる程度だった金融危機が直近30年間は、10年に2、３度起きていることにもお気づきになるだろう。経済学者の大半は、この金融危機の頻発と全要素生産性のマイナス成長という現象との因果関係を以下のように説明する。

金融機関がリスクを軽視した融資競争に走る。当然、融資先の中には儲かるはずがないような事業をしているので、債務不履行になる企業も出てくる。それでも融資競争をつづけているうちに、破綻先への融資総額が隠しきれないほど巨額の焦げつきとなり、莫大な損失を計上する。しかし政府や中央銀行は大銀行が破綻した際の社会的影響が怖くて、どんなに大損を出した銀行も潰せない。結局、救済してしまう。

金融業界は「非常にリスクの大きなギャンブルをしても、うまく当たれば利益は自社のもの、外れれば損失は政府が国民の税金で尻ぬぐいをしてくれる」という教訓を得て、ますます危険な融資を実行しつづける。生産した商品やサービスがまっとうな価格で売れないような企業への融資が増えるので、同量の労働や資本の投入に対する生産高が減少してしまう。つまり全要素生産性の低下だ。

たしかにそれなりに辻褄は合っている。だが歴史的な事実と突き合わせてみて、納得のいく説明になっているだろうか。たとえば全要素生産性の伸び率が初めて大幅なマイナスに転落し

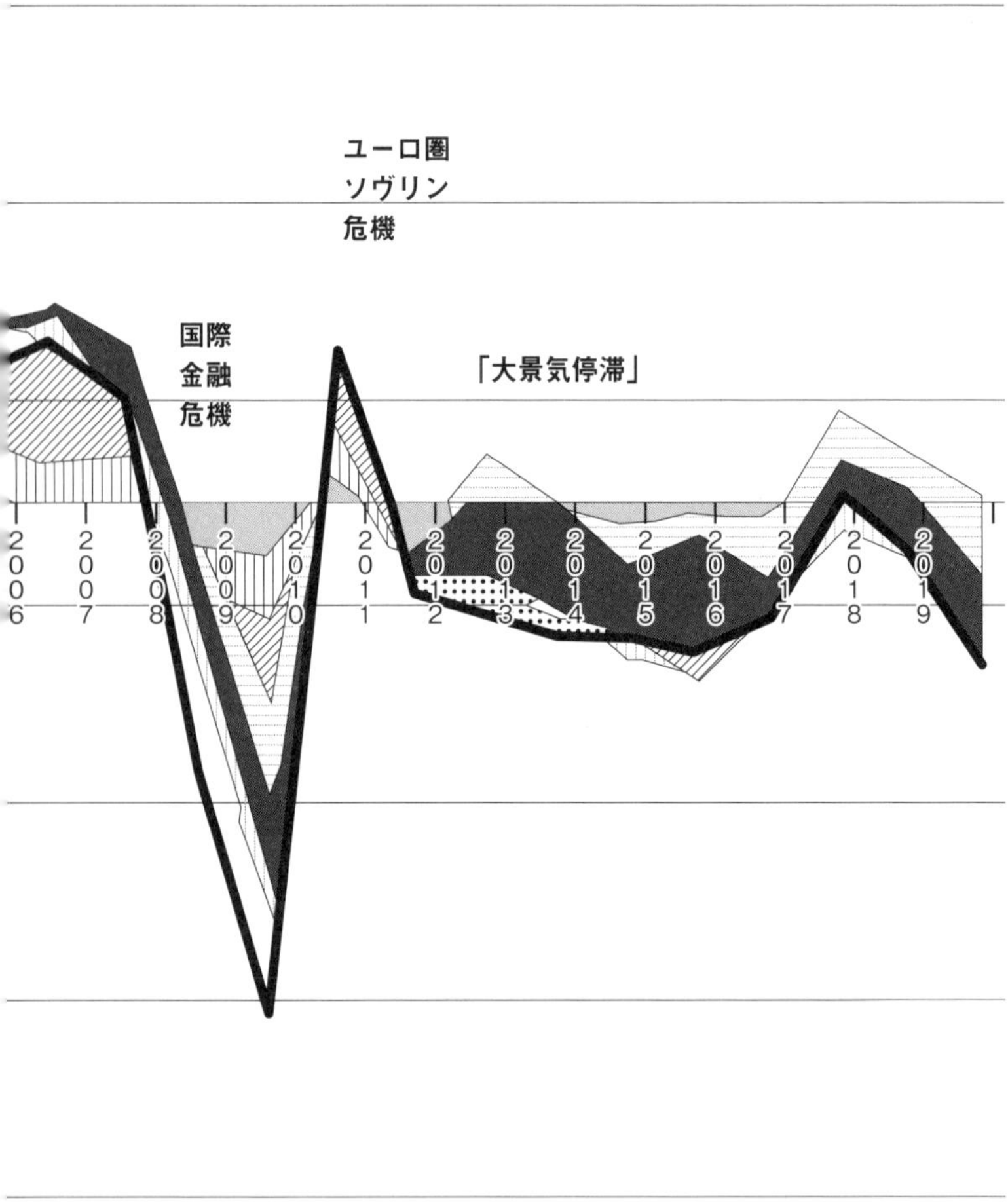
ユーロ圏
ソヴリン
危機
国際
金融
危機
「大景気停滞」
2006
2007
2008
2009
2010
2011
2012
2013
2014
2015
2016
2017
2018
2019

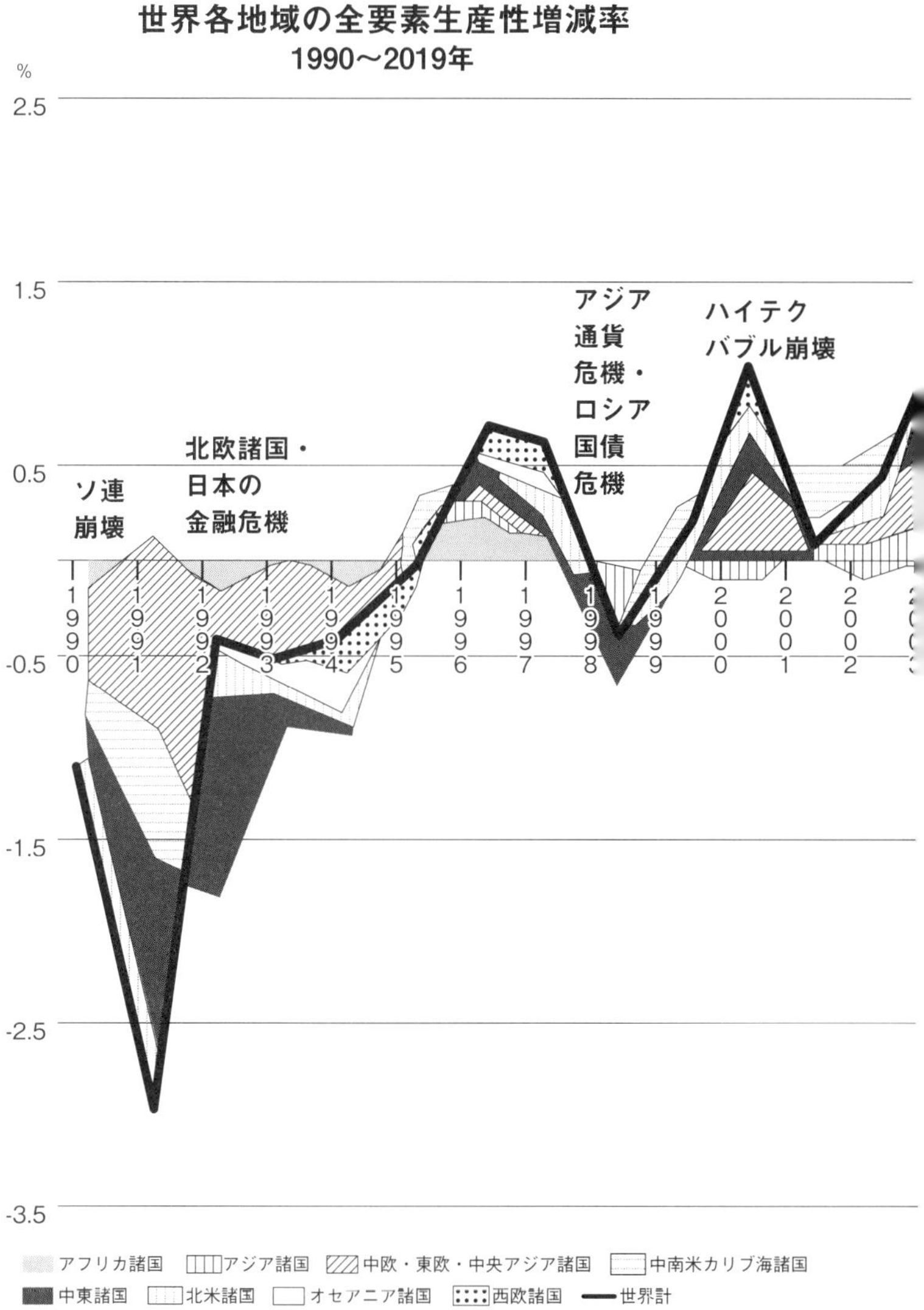

出所：ウェブサイト『GnS Economics』、2020年9月23日のエントリーより引用

た１９９０～93年に起きたのは、日本、北欧でのバブル崩壊だった。そしてふたつ目の谷となった１９９７～98年に起きたのは、アジア通貨危機・ロシア国債危機だ。アメリカや西欧諸国から見れば、周縁的な地域ばかりだ。

当時の欧米の金融機関は、全体としてこうした地域には慎重な姿勢を取っていた。「ロシア国債の金利が欧米並みに低下する」という、しろうとが考えてもそんなバカな話があるわけがない予測に賭けたロングターム・キャピタルマネジメントというギャンブラー集団が破綻した以外には、ほとんど欧米金融業界への影響はなかった。

それでも１９９０～93年当時の世界全体の全要素生産性伸び率の内訳を見ると、世界中のどこを見渡しても、全要素生産性が上昇していた地域はなかった。旧ソ連東欧圏が中心の、中欧・東欧・中央アジア諸国と、中東諸国と、中南米カリブ海諸国で大幅な低下があっただけではなく、西欧諸国でも、北米諸国でも全要素生産性は少しだけ低下している。

全要素生産性の大幅低下が起きた3地域の共通点は、原油輸出への依存度の高い国々だということだ。この背景には、１９８０年代から90年代を通じて世界中の産油国で原油採掘・輸出の採算性が延々と低下しつづけていた事実がある。「１９７８年のイラン革命による生産途絶の影響で原油の世界生産量が激減する」という過剰な悲観論にもとづいて、１９７８年当時の価格でバレル当たり10ドル台だった原油価格が、この年の年末に40ドル近くまで上昇した（第2次オイルショック）。

その後、原油価格は延々と下げつづけたのだが、中でも１９９１年のソ連崩壊で政治社会体制が混乱を極めた旧ソ連領内の産油国は、採算を度外視してとにかく外貨をかき集めるために、さらに低価格での輸出攻勢を強めた。その結果、世界中の産油国の大半が以前よりはるかに低い価格で原油を売らざるをえなくなり、原油輸出収入の激減が産油国の全要素生産性を大幅に低下させたわけだ。そこまでは安売りをすれば生産性が下がるという、ごく当たり前の経済法則どおりの現象だ。

だが、ここに見落とされている事実がある。それは非常に重要なエネルギー資源である原油価格が大幅に下がれば、原油を原材料の一部として投入している製造業や交通運輸産業のような業界では全要素生産性が高まるはずではないのかということだ。だが、このグラフが示しているように、原材料としての原油価格の低下を活用して全要素生産性を高めた地域はなかった。

理由の一端は省エネ意識の向上で、エネルギー消費量自体がかなり絞りこまれていたことだろう。このころにはすでにエネルギー浪費型経済の代表のようなアメリカでさえ、エネルギー効率の悪いクルマを下取りに出して、ガソリン１ガロン当たりのマイレージの長いクルマに買い替えれば、政府が補助金を出すという制度も定着していた。エネルギー大量消費型産業や交通機関でさえ、かなりエネルギー消費量を抑制していたので、原油価格下落のプラス効果も小さかったというわけだ。

むしろそれ以上に重要なのが、先進諸国の経済構造全体が製造業や交通運輸産業のようなエネルギー大量消費型から、個人向けサービスのようなエネルギー消費量の少ない産業へと重心を移していたことだ。そこで産油国はどんどん原油の売値を下げても、なかなか消費量が拡大しない。それどころか消費量を減らしつづける輸入国もあるという苦境に陥った。一方、消費国でもエネルギー資源消費量を抑えこんでいるので、原油価格低下の恩恵も小さくなっていた。

ところが、この八方ふさがりの状況は、ちょうどアジア通貨危機・ロシア国債危機が終息した98年を大底に劇的に変化した。次ページのWTI原油実質価格のグラフが示すように突然、原油価格が高騰に転じたのだ。

ご覧のとおり1998年にバレル当たり20ドル未満に下がっていた原油価格は、たった2年で50ドル台へ、そして9年後の2008年には160ドル超へと驚異的な上昇を示した。アメリカ経済の進展にとって非常に不幸なことに、この原油価格の底打ち反転とほぼ同時期に、新興企業の多くが上場しているナスダック市場で、「今まで来る、来ると言われながら一向に企業業績に反映されなかった情報通信革命が、とうとうIT企業の大幅な増益に結びつく時代がやって来た」という噂が流れ始め、証券各社ももっともらしいアナリストレポートを乱発した。

その結果、業態が情報通信やインターネットに関係があろうとなかろうと、社名の最後にドットコムと入れた会社の株価がいっせいに急騰した。アメリカではドットコム・バブルと呼ばれ、日本ではハイテク・バブルと呼ばれた現象だ。

冷静に考えれば、企業の総労働時間のうち、純粋にコンピューターの演算処理やフローチャ

WTI原油実質価格推移、1946年2月～2020年9月
16.80ドルから2008年の160ドル台を経て、42.61ドルへの長い旅路

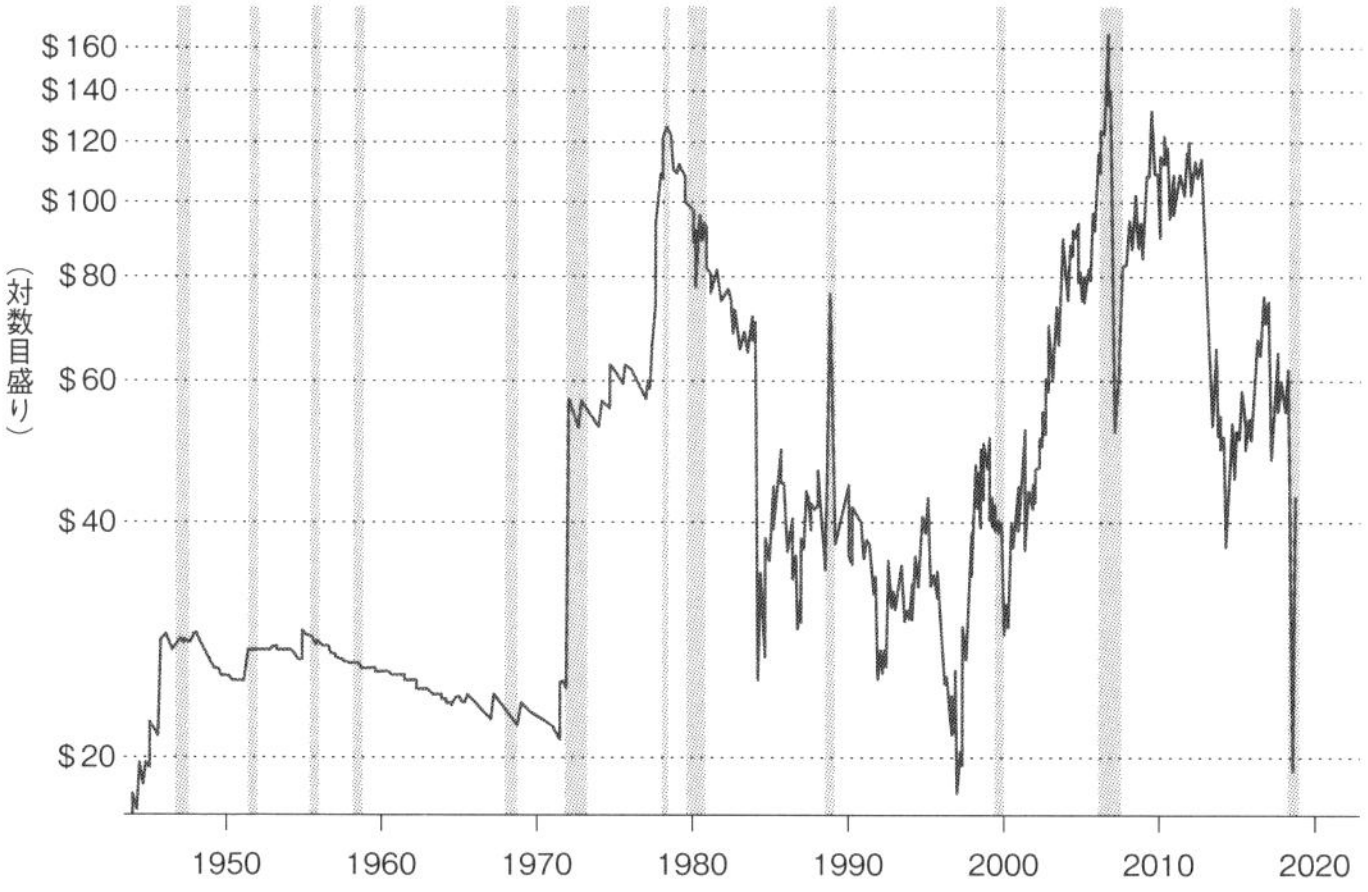

出所：ウェブサイト『Macro Trends』、2020年9月24日現在のエントリーより引用

ート分析などに費やされる部分は微々たるものだ。その微々たるものの作業効率が１００倍向上しようと、１０００倍向上しようと、労働時間の節約もまたタカがしれている。だが実証的な裏付けは皆無だったにもかかわらず、情報通信産業を中心とした株価バブルは膨張をつづけた。世界の全要素生産性がちょうどこのころ下落から上昇に転じたのは、情報通信革命が企業の生産性を向上させている証拠だというかなり無理なこじつけも、買い方には支援材料となっていた。

　実際には、この全要素生産性伸び率のマイナスからプラスへの転換は、情報通信革命とはほとんど無縁の要因によるものだった。上のグラフで見るとおり、原油価格が急騰に転じたので産油国の輸出採算が劇的に向上し、全要素生産性も上昇に転じたのだ。

世界の全要素生産性は1999年のプラスマイナスゼロから、2000年には一挙にプラス1・0％程度に上昇した。そのうち北米諸国の貢献分はたかだか0・1ポイントで、中東諸国が約0・4ポイント、中欧・東欧・中央アジア諸国が約0・2ポイントとなっている。この好転は、明らかに原油価格の高騰で産油国の輸出採算が向上したことによるものだ。

いまだに「情報通信革命の先頭に立ったことが、アメリカ経済の生産性を持続的に上昇させた」という根拠の薄弱な伝説にしがみついている人が多い。それが「成長性の高いハイテク分野で有望企業に巨額の資金を投下すれば、必ず収益を改善しながら、巨大企業にのし上がれる」という神話にまで「成長」した。たしかにグーグル、フェイスブック、アマゾンといった企業は、それぞれのニッチ分野で巨大寡占企業にのし上がり、今も成長をつづけている。

しかし実際に世界の全要素生産性の推移を見れば、アメリカにおける情報通信革命の成果があったとしても2000～03年に1年当たりで0・1ポイント程度の向上に寄与しただけの、ごく短期間で散ったあだ花だった。一握りの成功例の陰で、数十倍、数百倍の有望企業が過大な投資に見合う収益をあげるどころか、元本の回収もできずにのたれ死んでいった。そして、この過剰投資が慢性的な全要素生産性の低迷を招いたのだ。

それに比べて、中東諸国と、中欧・東欧・中央アジア諸国は2000～07年を通じて世界の全要素生産性の向上に大いに貢献してきた。この見方の正しさは、次ページのグラフにも明瞭に表れている原油価格高騰の華々しさが立証している。

10年代ごとの最高パフォーマンス資産
1970〜2010年代

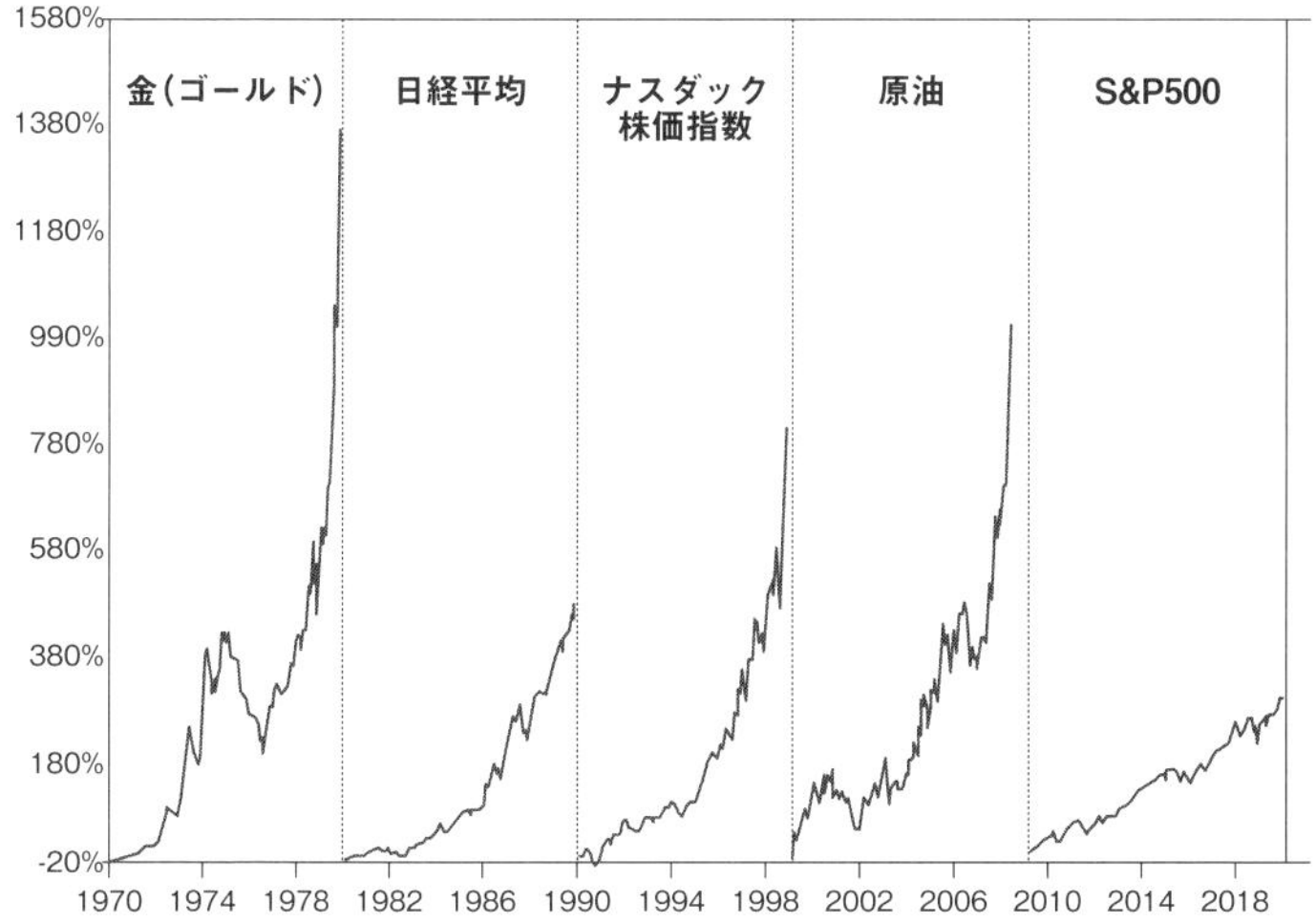

原資料：パーヴェイル・グローバル、ブルームバーグ
出所：ウェブサイト『Zero Hedge』、2020年8月5日のエントリーより引用

世界中のありとあらゆる商品・資産の中で、２０００年代に値上がり率がもっとも高かったのは原油だった。その原油が最大の輸出品目だという諸国で全要素生産性が顕著に上昇したのは当然だろう。だが先ほども説明したように、先進国の大部分がエネルギー消費量を抑制しながら経済成長を達成する方向に舵を切った中で、いったい何が原油価格をここまで押し上げたのだろうか。答えは単純明快。採算を度外視した資源浪費型の中国経済の「高度成長」だ。

中国はアメリカを上回る過剰設備を抱えている

1999年以降の中国の設備投資がどんなにすさまじいペースで伸びてきたかは、次ページのグラフで一目瞭然だろう。

イギリス、アメリカ、カナダ、オーストラリアという旧大英帝国系4ヵ国と、ユーロ圏、それに日中韓の東アジア3ヵ国を加えた粗固定資本形成額は1999〜2015年の16年間で、約8兆3000億ドルから約13兆4000億ドルへと6割以上の伸びを示した。だが、この7ヵ国プラスユーロ圏の実績から中国1国をのぞくと、約7兆7000億ドルから約9兆1000億ドルへのたった18%の伸びに過ぎない。中国1国の粗固定資本形成を逆算すると、わずか6000億ドルから4兆3000億ドルへと7倍以上の驚異的な伸びを達成したことになる。

「固定資産投資」が無形で中身のあいまいなものをふくむのと違って、粗固定資本形成は物理的な建物や機械などに対する投資だから、設備投資とほぼ同一と見ていい。16年間で4倍の成長を遂げるためには、年間成長率は10%近い水準を維持する必要がある。読者の中には「年率7%台を維持すると公言していたGDP成長率が6%台に下がったと言って大騒ぎするほど高成長のつづいている国だから、この高成長を維持するために設備だって急拡大をつづけなけれ

世界主要7ヵ国＋ユーロ圏の粗固定資本形成
（2010年の米ドルで実質化）1999〜2015年

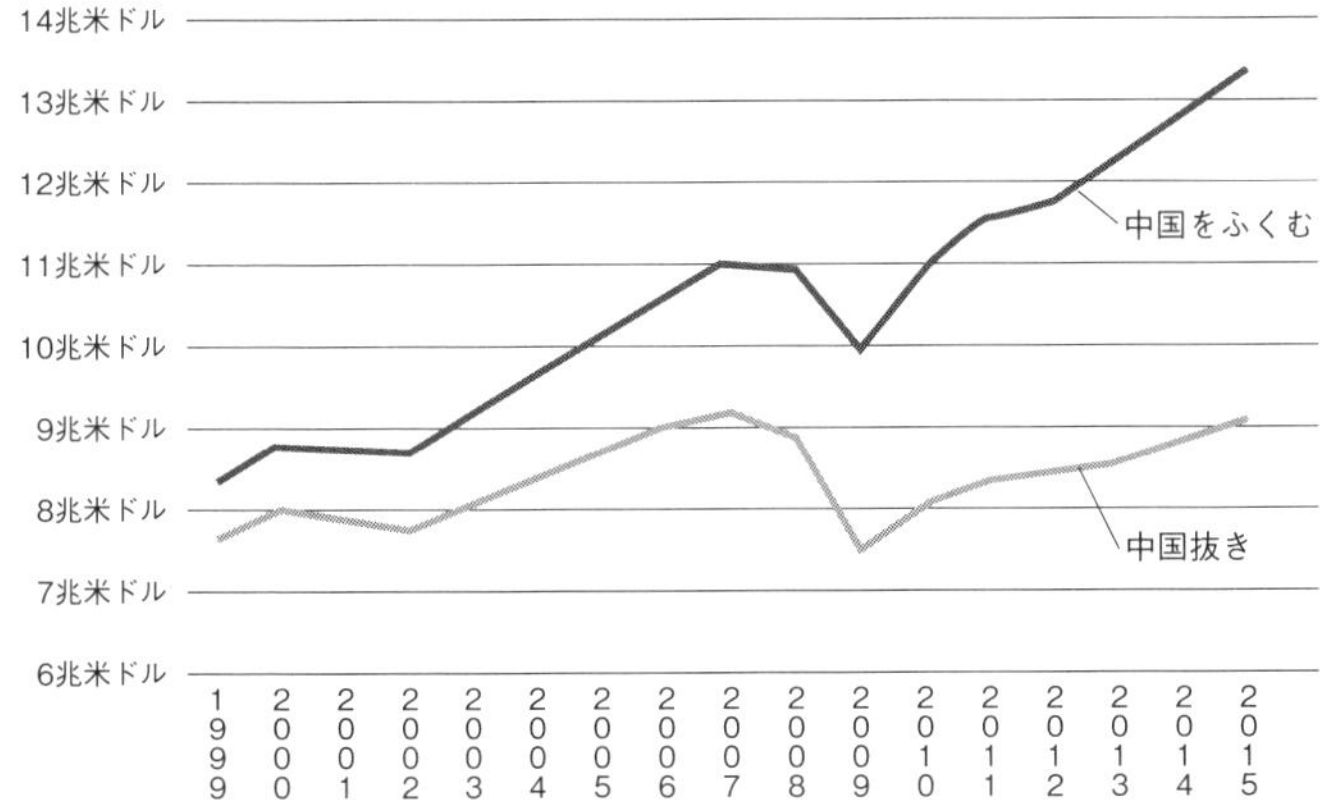

対象とした国と地域は、オーストラリア、カナダ、中国、ユーロ圏、日本、韓国、イギリス、アメリカ
原資料：世界銀行データをGnSエコノミクスが作図
出所：ウェブサイト『GnS Economics』、2017年9月19日のエントリーより引用

ばならないのは当然だ」と思われる方もいるかもしれない。

だが設備投資成長率がＧＤＰ成長率より高い状態が長期間にわたってつづくのは、経済学的に見て、決して好ましい状態ではない。それどころか、投下資本の拡大に見合った生産高の増加が達成できていない、つまり資本効率が低下している、困った状態なのだ。

資本産出係数という概念がある。1単位の生産高を産みだすのに必要とする資本が何単位かという指標だ。たとえば資本産出係数が5という企業は、年間1万円の売上を達成するのに5万円の資本設備を必要とするということだ。同じ売上高を産むのに必要な資本設備の総額は低いほどいいから、資本産出係数が小さいほど効率のよい経営をしている企業なのだ。そして設備投資額の伸び率がＧＤＰ

の伸び率より大きい国は、国全体としての資本産出係数が毎年高くなっている国、すなわち資本効率が毎年悪化している国ということになる。

もちろん「粗」固定資本形成というのは、既存設備の減価償却前の数字を意味するから、毎年中国全体でGDPの3～4％分に当たる減価償却を実施していれば、資本産出係数は悪化せず、横ばいを保てることになる。しかしながら、その可能性は非常に低い。中国には国有企業と民間企業があって、国有企業は企業総売上に占めるシェアは20％程度なのに、保有資産総額は全企業保有資産の40％くらいに達している。ようするに国有企業は民間企業の2・7倍も重い資産を抱える経営をしていて、資本産出係数が8とか9とかザラにある。

資本産出係数が8～9だと、売上を全然賃金や原材料費に回さず、全部固定資産の償却に注ぎこんでも、投下資金の元本を回収するのに8～9年かかることになる。賃金や原材料費を勘定に入れれば、投下資金の回収に20～30年かかるだろう。そんなに長いあいだ同じ資本設備を使いつづけていて陳腐化しないわけがない。そもそも国有企業のかなりの部分が企業としての存立を維持し、収益を生み出すために設立された組織ではないのだ。

それならなんのために存在する組織なのかというと、中国共産党一党独裁体制を維持するために国民大多数を監視しつづけている既得権益集団に利権をばら撒くために存在しているのだ。こういう組織は、まさにカネ食い虫だ。表面的には株も上場しているが、実態としては相互持ち合いで国有銀行でありつづけている大銀行経由で、中国人民銀行から資金補給をつづけないと立ちゆかない。だから先進諸国の中央銀行資産の肥大化が話題に上るはるか以前から、中国人民銀行は国有企業の重すぎる総資産を実質的に肩代わりしてやるために自行の保有資産を拡大しつづけてきたのだ。

そのへんの事情を示しているのが、次ページのグラフの上段だ。

このグラフでわかるように、民間金融機関の資産を買い取ってやって、その代金をばら撒くことで表面的には経済成長を維持するという金融政策の先駆者は、連邦準備制度でも日銀でも欧州中央銀行でもなく、中国人民銀行だった。中国の場合、民間金融機関や民間企業より国有銀行、国有企業のほうがさし迫った問題を抱えているという差はあるが。

そして中国経済は今、生産物の伸び率を上回る伸び率で労働と資本の投入量を増やさなければならない状態に陥っている。同じ量の労働と同じ質・量の資本を投入していたのでは、生産高が減少してしまう状態が過去7~8年定着しているのだ。どこでそれがわかるかというと、何回か触れてきた全要素生産性だ。次ページのグラフ下段で確認していただけるように2013年以来、中国の全要素生産性はマイナス成長がつづいている。

生産要素の投入量の増加分より産出量の増加分のほうが少ないということは、国民経済全体として価値を創出するのではなく、価値を喪失していることを意味する。赤字経営がつづいているのに自己資本をすり減らしながら配当を継続する、いわゆるタコ足配当をしている企業のようなものだ。

主要4中央銀行のバランスシート、2002～19年＊

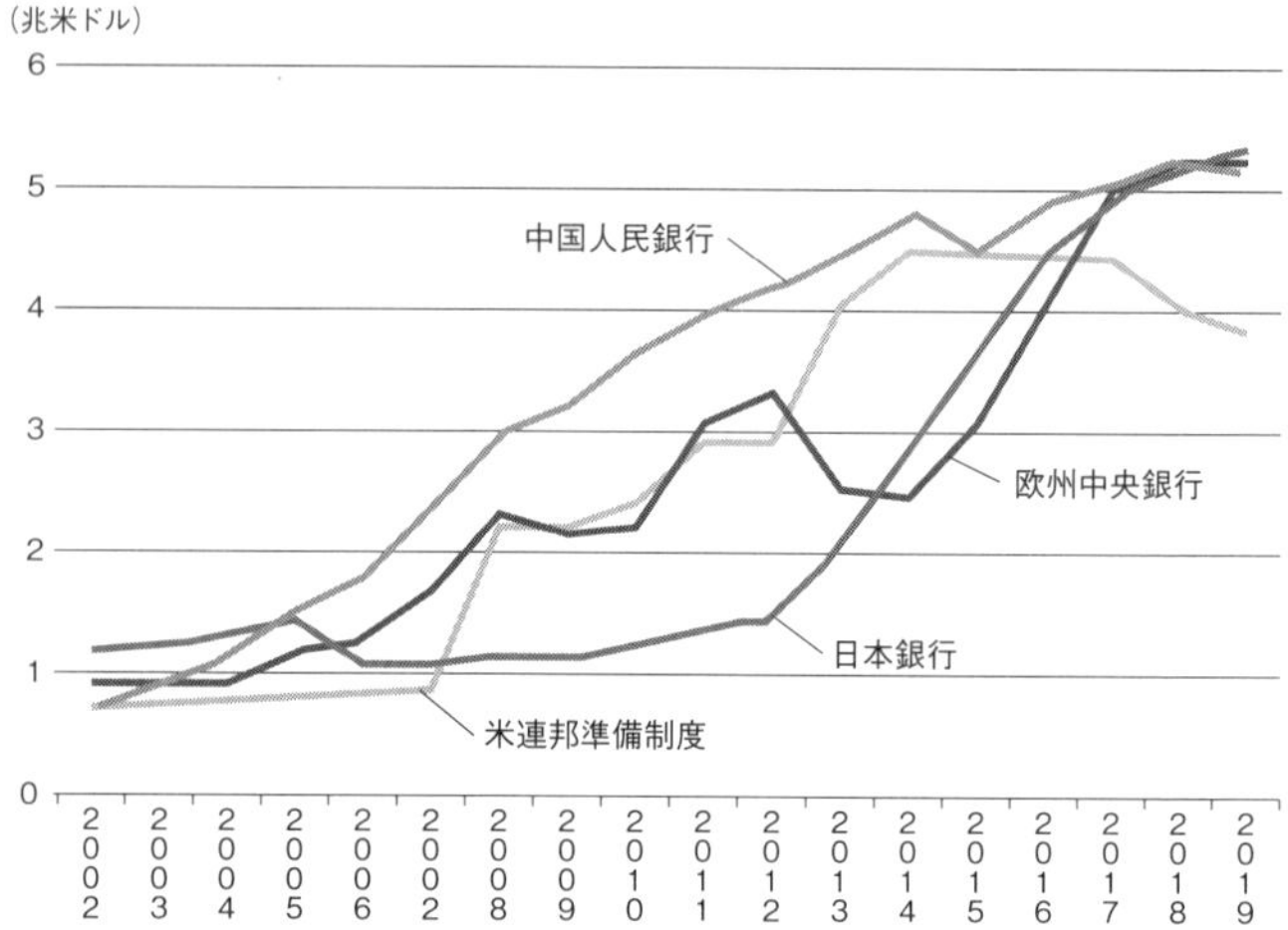

＊）2019年は6月末時点の数値
出所：ウェブサイト『GnS Economics』、2019年8月8日のエントリーより引用

中国の全要素生産性増減率
1990～2018年

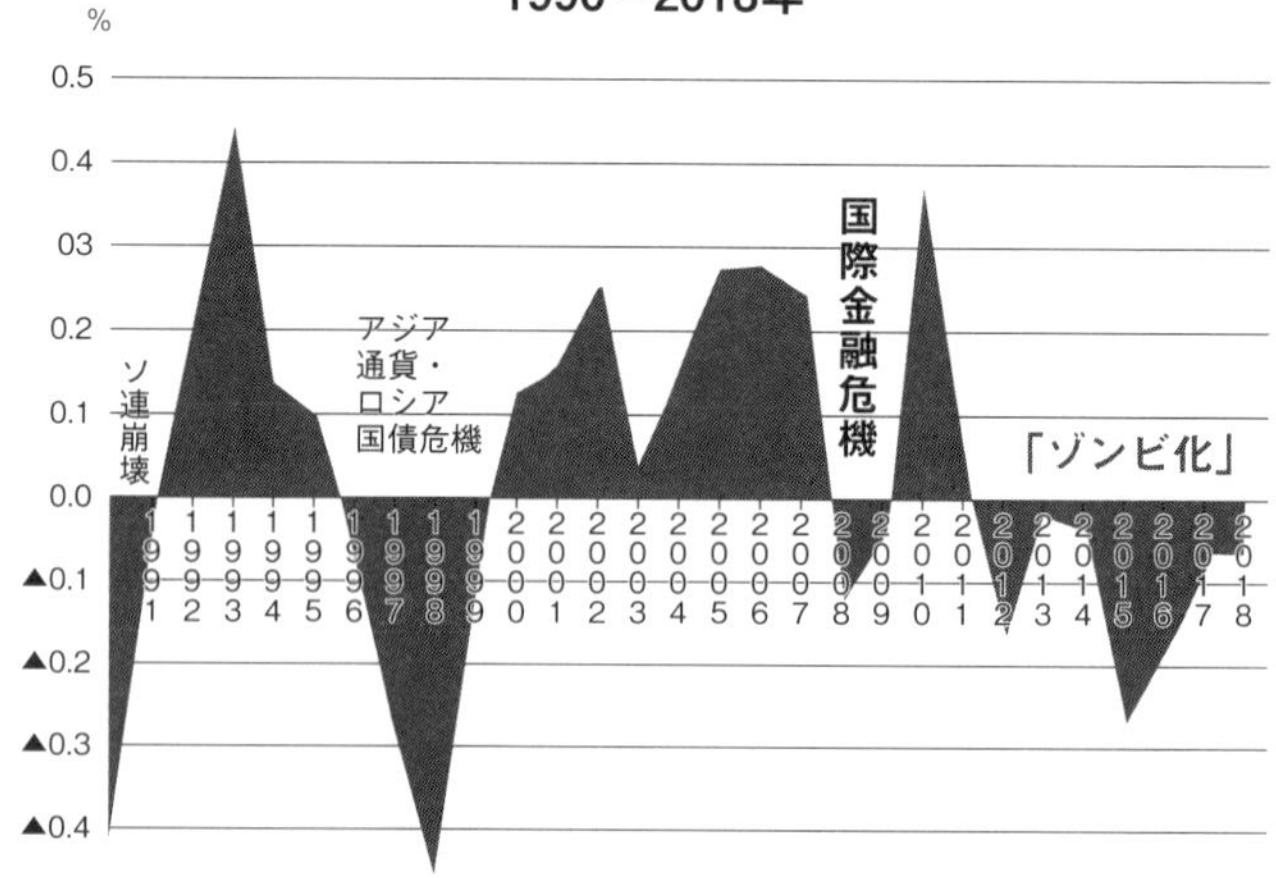

原資料：カンファレンス・ボードのデータをGnS　エコノミクスが作図
出所：ウェブサイト『GnS Economics』、2019年8月8日のエントリーより引用

決定的に低下した中国の景気牽引力
OECD経済先行指標、2007年1月〜2020年5月

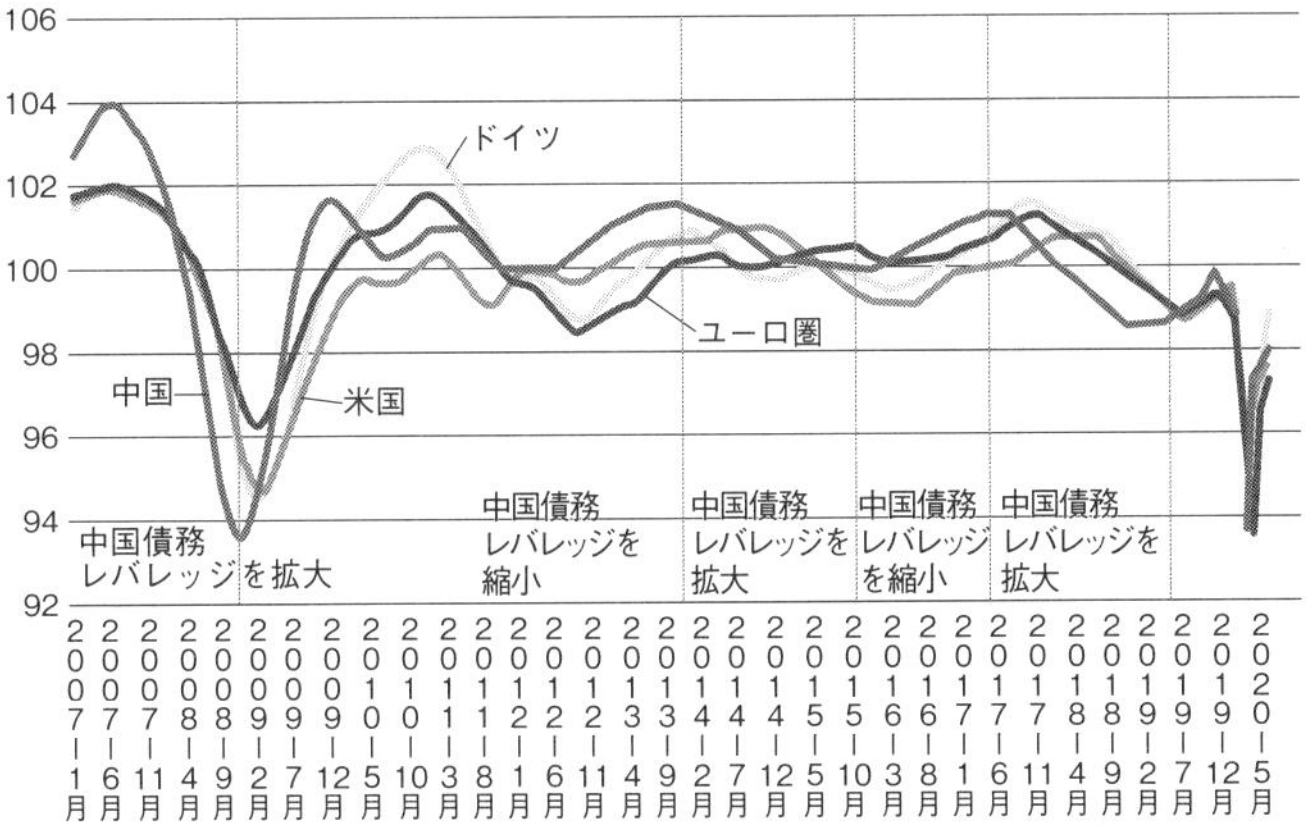

出所：ウェブサイト『GnS Economics』、2020年9月23日のエントリーより引用

こんなに内情が悪化しているのに見かけだけ高成長を保っていても、すなおに騙される人はあまりいなくなってきた。中国経済が世界経済に及ぼす影響力は確実に弱まっている。２００７〜09年の国際金融危機以来、世界経済を牽引してきたのは中国だった。中国の世界景気に対する影響力の低下は上のグラフに如実に表れている。

　中国企業が借金を増やして業容拡大のペースを上げると中国だけではなくアメリカ、ドイツ、そしてユーロ圏全体の景況感が改善していた。逆に中国企業が借金を減らして業容拡大のペースを緩めると、これら諸国の景況感は悪化していた。しかし、それも２０１７年６月に中国企業が借金減らしの方向に動いて、欧米諸国の景況感が悪化するまでのことだった。２０１９年に中国企業が借金を拡大する方向に動くと、欧米諸国の景況感は改善せず悪化した。もう業容拡大のための借金ではなく、当座の支払いにも困っているのでせざるをえない借金だと見抜いているのかもしれない。世界経済全体が製造業主導からサービス業主導に転換した中で、しゃにむに設備投資の拡大によって製造業中心の経済成長を志向するのは、「敗北が約束された」政策だ。もうあまり必要とされていないモノをせっせとつくりつづけるから製品価格は下落する。設備投資を増やせば増やすほど資本効率が下がって、ますます生産要素の投入量より低い生産高しか確保できない構造を強化してしまうからだ。

現在の商品市場では、金《ゴールド》をのぞくほとんどすべての金属資源やエネルギー資源の価格が異常な安値となっている。また株式市場でも、石油大手、鉱山株などのいわゆる資源株が、過去のトレーディングレンジに比べて異常に割安になっている。次ページのグラフが示すとおりだ。

このグラフを見て「資源株はあまりにも割安に放置されているから、かなり大幅な値戻しがあるだろう」と考えるのは早計だ。むしろ1970年代末の大天井から1990年代末の底値までの動きが、製造業主導経済からサービス業主導経済への転換をすなおに反映していると考えるべきだ。

1990年代末から2007年までの反発は、世界中が省エネ、省資源型成長へと傾斜する中で、中国1国が資源浪費型高度成長を維持しようと一手買いで保たせてきた高値に過ぎない。その中国が資源の爆買いをつづける資金に困り始めている。現在の資源安、資源株安は辛抱強

資源株指数の対ダウ平均比率推移
1937〜2017年

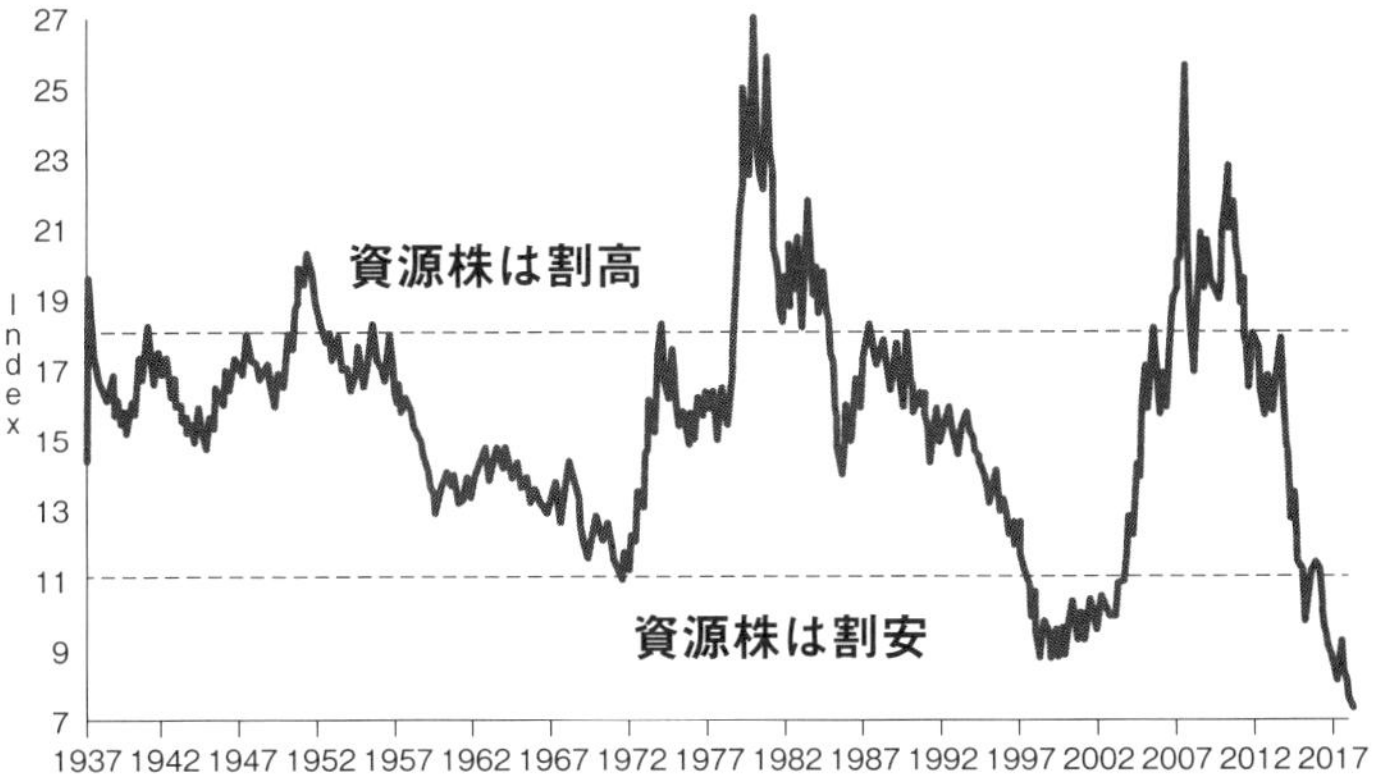

注：明示されていないが、この比率は資源株指数採用銘柄の時価総額のダウ平均採用銘柄時価総額に対するパーセンテージだと思われる。
原資料：ブルームバーグ
出所：ウェブサイト『Felder Report』、2020年8月5日のエントリーより引用

く待っていれば高値に戻る安値ではなく、これからの世界経済のあり方を示す安値なのだ。

21世紀大不況は、設備投資が回復すれば好況に転ずる不況ではない。現在の資本設備はまったく不足していない。それどころか設備稼働率を見れば過剰なくらいだ。この不況から脱出する道は、投資ではなく消費を振興することだ。その点で、日本は他の先進諸国より有利な立場にある。

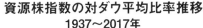

第3章

根無し草になった金融業の繁栄に迫るたそがれ

アメリカと中国の没落は避けられない

今後、世界金融市場の規模はどれくらい縮小するのだろうか。いちばん良い手がかりは、世界中でいちばん早く製造業主導経済からサービス業主導経済への転換を果たした日本の金融市場の実績だ。

東京証券取引所第1部上場企業の時価総額推移を見ると、バブル崩壊直前の1989年12月末が590兆円だった。バブル崩壊後の大底に達したのが実に14年後の2003年3月の228兆円だった。その後、国際金融危機後の長期ブル相場のピークだった2018年1月の682兆円で最高値を付け、直近では565兆円となっている。1989年から2020年まで消費者物価指数は、わずか1割強しか上がっていないので実質ベースで見ても、直近の時価総額はバブルピーク時に比べて約2割縮小しているだけだ。

アメリカの金融市場がまだ到達できていない史上最高値から大底にいたるまでにも、やはり13~14年はかかるだろう。そのとき時価総額は約6割減に収まるだろうか。とうてい、そんな生やさしい下落にはとどまらないだろう。アメリカ経済が庶民の負担をどんどん重くしながら大富豪だけが一方的に儲けるという現在の姿を確立したのは1946年、「ロビイング規制法」という名の贈収賄合法化法が成立した直後のことだ。それからもう75年近い歳月が流れている。この間、溜まりに溜まった膿《うみ》が一挙に噴出するのだ。金融市場時価総額の底値は、8割減でも9割減でもまったく不思議ではない。

そこからの回復も、5年や10年でピーク比2〜3割減に戻るなどと予想するのは夢物語だろう。企業は間違いなく衰退をつづける。ロビイストの力で自社に有利な法律制度をつくらせることに慣れきって、高収益高成長が当たり前と思っていた企業がとくに大きな打撃を受ける。

大都市のほとんどで、プアホワイト対黒人ヒスパニック連合の銃撃戦がつづき、大都市は一般庶民には怖くて立ち入ることもできないコンバットゾーンになる。さまざまな趣味や嗜好を持った消費者が売り手と直接対面して、広い選択肢の中からもっとも好ましい商品やサービスを買う場としての都市は、ほぼ崩壊する。

アメリカの巨大ガリバーたちはいっせいにヨーロッパなどの比較的平和な大都市のある先進国に拠点を移すだろうが、日本は対象に入らない。日本で稼ぎ出すことができるはずの利益率は、アメリカの巨大ガリバーにとって低すぎるからだ。

これはもう、世界3大スーパーチェーン、アメリカのウォルマート、フランスのカルフール、イギリスのテスコがほぼ同時に日本進出を試み、3社とも惨めに失敗して撤退したことで実証済みだ。ウォルマートだけは、まだ西友ストアと形式的な提携関係を維持している。だが値段で折り合える引き取り手さえ出てくれれば、いつでも全面撤退するだろう。

いわば日本経済全体が敵対的買収の対象から除外されるほど、大量のポイズンピル（毒薬、敵対的買収を防ぐために意図的に低採算企業を買収したり、低採算部門を立ち上げたりすること）を服用済みなのだ。ここでもまたアダム・スミスが遠大な射程で「平和で繁栄した経済圏ほど、金利も企業利益率も限りなくゼロに接近する」と予言したとおりの展開となるだろう。

中国はアメリカとともに没落する。あれだけ高い貯蓄率を保ち、あれだけ巨額の経常黒字を毎年稼ぎながら、中国でまっとうな事業を展開している企業の債務はほぼ全面的にユーロダラーと呼ばれる海外に滞留しっぱなしの米ドル資金に頼っている。国内の貯蓄と経常黒字の大部分が、国有大銀行経由で企業としては非効率きわまる国有企業に回されているからだ。国有企業の本業は定款に記載された営業項目ではなく、既得権益団体に利権を分配することだ。そして、この利権分配なしには中国共産党一党独裁体制は維持できない

だから中国の民間企業の大多数は業容拡大、成長のための融資を投資平台と呼ばれるノンバンクや、世界中に散らばるタックスヘイヴン経由の米ドルに頼らざるをえない。どちらも、この低金利の時代に8～10％の金利を覚悟しなければ調達できない高利金融だ。その中国民間企業のドル建て債務が無謀な過剰投資によって不履行に陥るケースが激増している。アメリカ連邦準備制度があれだけ必死にドル札を増刷しても、生鮮食料品や材木以外にはインフレ率上昇の気配も見えない。これは中国企業の不採算投資の欠損の穴を埋めるために、中国が底なし沼のようにドルを吸収しているからだろう。

三峡《さんきょう》ダムの全面決壊というような派手な事件があれば、中国経済はアメリカ経済より先に崩

壊過程に入るかもしれない。だが、そんな事態がなくてもアメリカ金融市場の急収縮とともに、中国経済が資金難で立ち往生することに疑問の余地はない。そうなると、世界経済史上空前絶後の黒字破綻として記念すべき事件になるだろう。

西欧・北欧諸国は、歴史・文化遺産の売り食いで生きていく観光立国で行こうという決断ができれば、２０３０年ごろから回復に転ずるかもしれない。だが世界経済に占める地位は大幅に低下しているはずだ。家業を何代にわたって維持できるかを重視する風土が健在なイタリア、スペイン、ギリシャといった南欧諸国のほうがイギリス、フランス、ドイツといった西欧諸国よりサービス主導経済での地位を高めるだろう。

アメリカ金融業界の地位は雇用でも付加価値額でも異常に高い

さて、これまで何度か、経済を牽引する産業が製造業からサービス業に移行する過程で金融業が経済全体に占める地位は下がっていて当然なのに、なぜかアメリカでは上がっていたという事実を指摘してきた。本来なら縮小していなければならない金融業が肥大化しつづけていることが１９９０年代以降、次々に金融危機が勃発している最大の理由なのではないだろうか。

まず次ページのグラフをご覧いただきたい。１８５０年という、まだ南北戦争も始まっていなかった時代から現代にいたるアメリカのさまざまな産業の雇用人口シェアを一望のもとに眺

アメリカの雇用構造はどう変わったか
1850年代～2015年

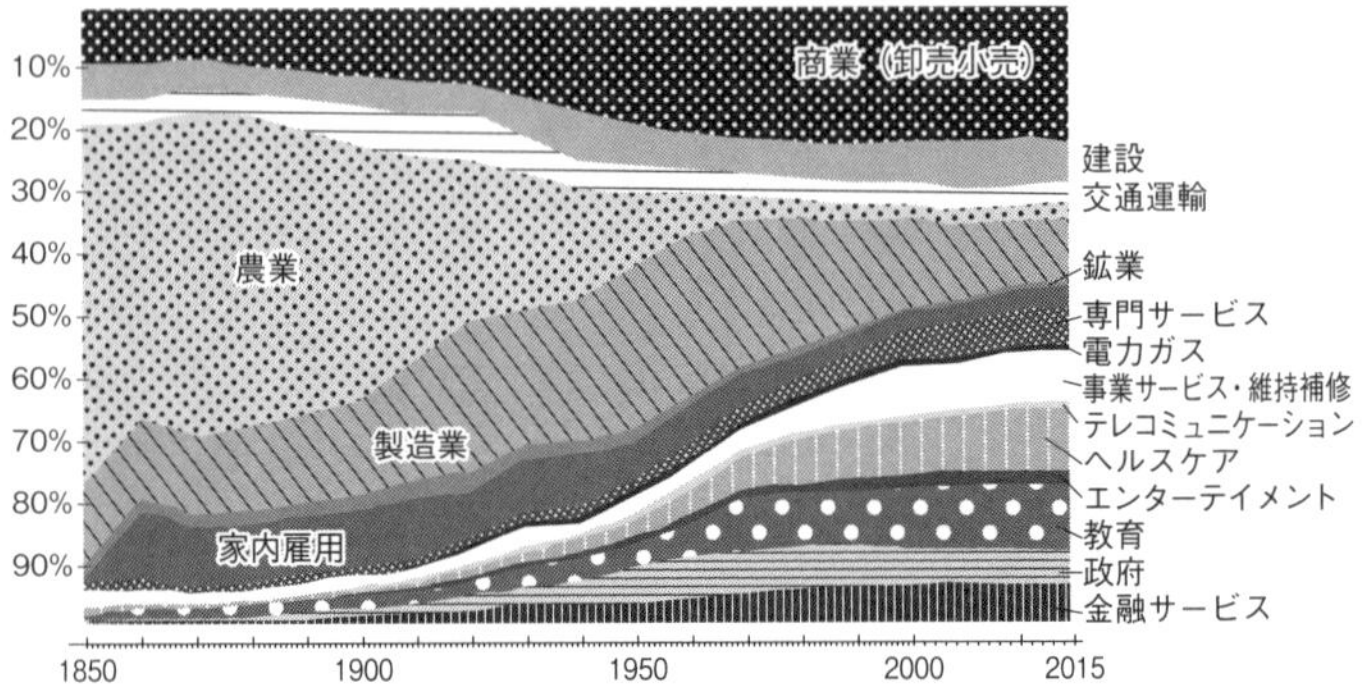

165年間の就業者シェア変化率（%）

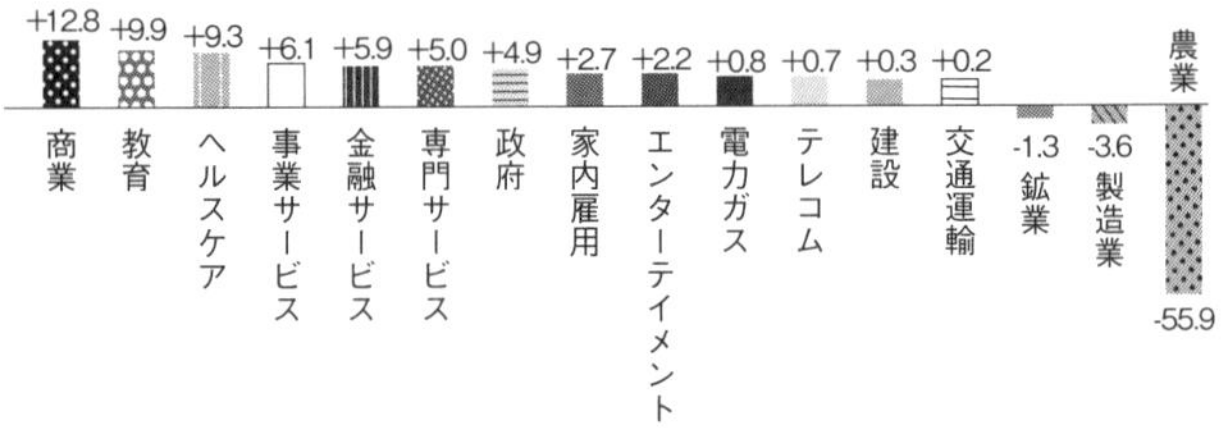

原資料：米連邦商務省国勢調査局『統合公共利用マイクロデータ・サービス』、マッケンジー・グローバル
出所：ウェブサイト『Visual Capitalist』、2019年2月22日のエントリーより引用

め渡すことのできる、おもしろいデータだ。

なんといってもいちばん視覚に訴えるインパクトが大きいのは、このグラフでは農業に代表させている農林水産業、つまり第1次産業の雇用人口の激減ぶりだろう。

1850年には全雇用人口の約6割を占めていたのに、直近の2015年では約3%に落ちていて、55・9ポイントも下がっている。次に減少幅が大きかった製造業は、一見するとわずか3・6ポイントの減少に過ぎないが、そこには壮大なドラマが秘められている。

1850年の時点ですでに雇用人口の約13%を抱えていた製造業は、アメリカで2番目に大勢の人を雇っている産業だった。その後、1930年代大不況を準備することとなった「咆哮《ほうこう》する」1920年代に農林水産業を抜いて首位に躍り出て、1980年代半ばに商業(卸売小売)にトップを譲るまでの半世紀以上にわたって、アメリカで最大の雇用人口を擁する産業だったのだ。現在では教育にもヘルスケアにも抜かれて、雇用人口第4位に転落しているはずだ。

そこで不思議なのが、いちばん下に描かれている金融サービス業の雇用人口の動向だ。金融市場最大の使命は、設備投資競争に莫大な資金を必要とする重厚長大型製造業大手各社の資金調達を円滑に行うことにある。だから製造業の地位低下とともに、金融サービス業のシェアも低下するはずなのに、むしろ製造業の地盤沈下が目立つようになった1990年代からシェアは上昇している。全期間を通じての増加幅は5・9ポイントと小幅に見えるが、1850年には目に入らないほど小さく、1900年でもまだ1%前後だったことを考えれば、大変な激増だ。

この違和感は、GDPに占める各産業の付加価値額シェアの変遷を見ると、さらに高まる。ようするに国民全体が生み出す富の中で、各産業がどのくらいの貢献をしていたかということだ。前のグラフに比べればかなり短くなるが、それでも第二次世界大戦直後から2009年までの60年あまりにわたる各産業付加価値額の対GDPシェアの変遷を描いたのが次のグラフだ。

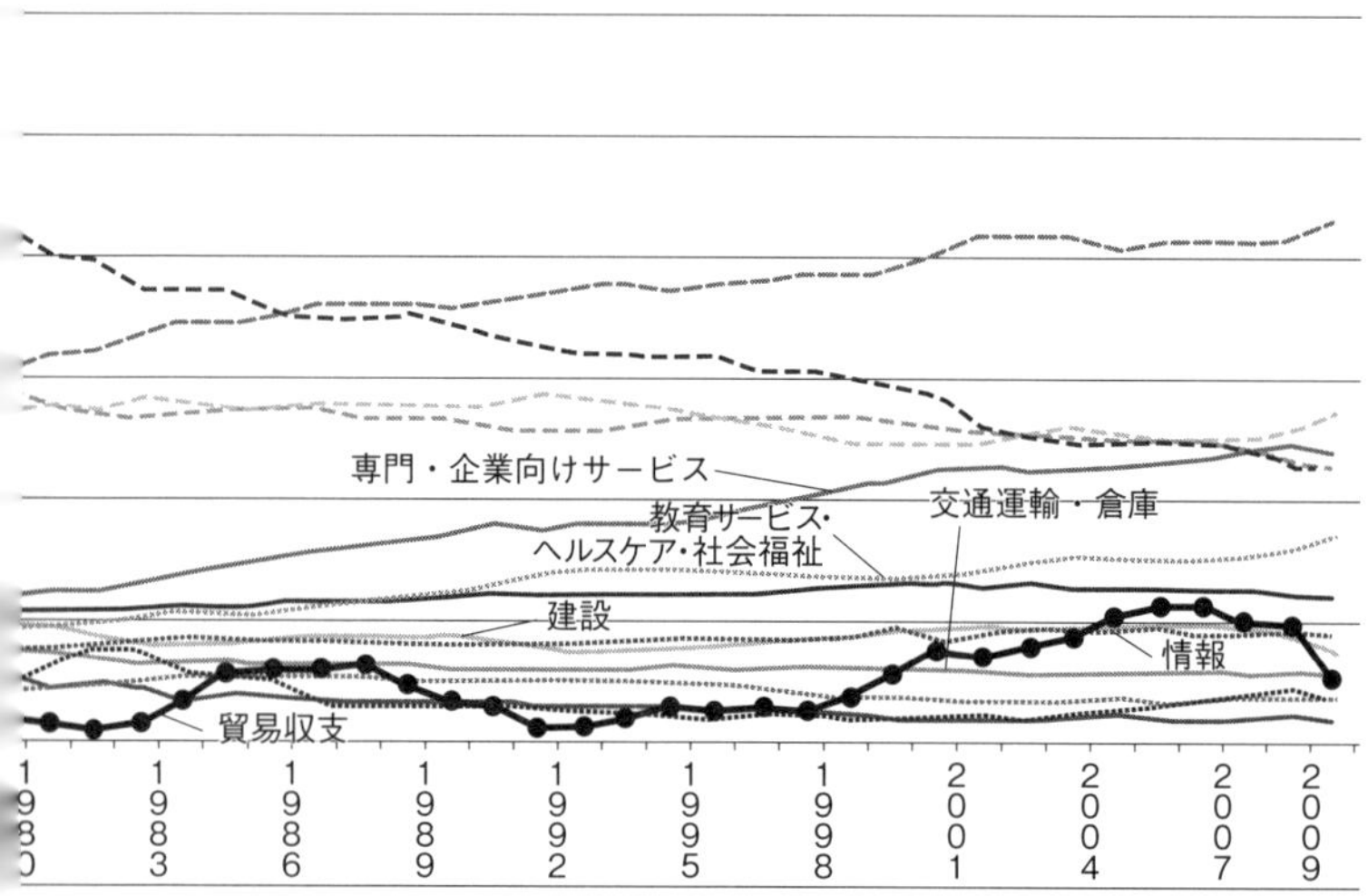

国全体で生み出す富に占めるシェアとなると、製造業の凋落は雇用人口以上に顕著になっている。１９５０年代初めには28％で断トツだったものが、直近ではわずか12％程度だ。また農林水産業（第1次産業）のシェアにいたっては、戦後すぐの8％から直近の約2％へと、たった4分の1になっている。

一方、金融業・保険業・不動産業が生み出す付加価値のシェアは、製造業が失った分をほぼ埋め合わせるほど大幅に上がっている。この3業種をまとめてFinance. Insurance. Real Estateの頭文字からＦＩＲＥと呼ばれることもあるのだが、まるで火事場泥棒でもしたのかと思わせるような伸び方だ。第

アメリカ経済各部門のGDPシェア推移 1947〜2009年

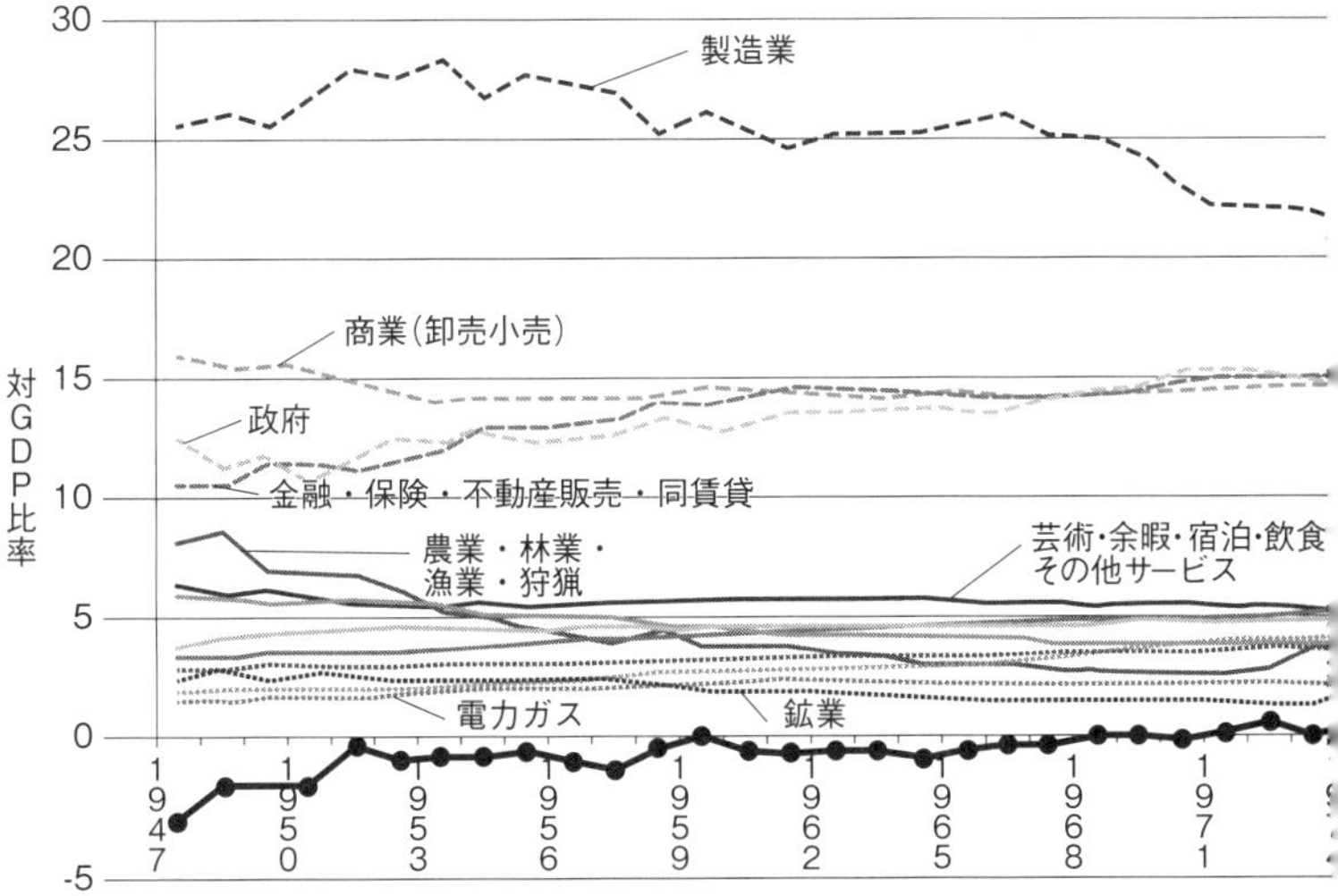

出所：Wikimedia Commons、「アメリカ経済各部門のGDPシェア推移、1947〜2009年」、2011年11月27日のエントリーより引用

二次世界大戦直後の約10・5％から２００９年の約21％へと文字どおり倍増している。

さらに伸び率が高かったのは、専門・企業向けサービスだ。この分野は弁護士、公認会計士、税理士、不動産鑑定士、司法書士、弁理士など、いわゆる「士《さむらい》」商売をしている人たちが中心だ。もうひとつのグループは経営コンサルタント、証券アナリスト、フィナンシャルプランナーといった、横文字で呼ばれることの多い職種群だ。

漢字で士を名乗れるか名乗れないかには、けっこう大きな意味がある。だいたいにおいて士を名乗れる職種は、かなり厳格な資格を要求され、そのための国家試験をパスしなければならないことになっている。そこまでは同じだが、日本では訴訟などで原告や被告を代理する資格を持つ弁護士、契約の適法性を保証する司法書士、特許・商標などの権利関係を担当する弁理士と分業が進んでいる。

だがアメリカでは企業や個人の代理をして対外折衝をしたり、法律的な権利を主張したりする業務は、大半が弁護士の領分となっている。たしか小泉内閣のころだったと思うが、何回目かの「規制改革」の目玉商品として、「日本もアメリカのように弁護士の人数を増やせば、だれでも気軽に訴訟を起こせるようになって経済全体が効率化する」というとんでもない主張に依拠して、司法試験のための受験勉強専門の法科大学院なるものの数をかなり新設したことをご記憶の方もいらっしゃるかもしれない。

日本では、依頼人の利益を代弁する資格がアメリカよりはるかに専門ごとに分化していることさえ知らない人間が言い出したことだと思う。結果は、あれだけきびしい司法試験に合格はしたものの、まったく仕事がないという高学歴就職浪人を増やしただけだった。

横文字の職種は一応、業界団体が資格らしきものを認定しているが、それでなんらかの特別な権利を獲得しているわけではない、いわゆる「なんちゃって」資格の持ち主が大部分だ。たとえば証券アナリスト資格の保有者は、公認会計士ほどくわしくはないが一応、簿記も習っているし、経済学の初歩も習っている程度のことだ。証券会社や投資顧問会社でアナリストとして仕事をするためには、こうした資格が必要不可欠だといった権威があるわけではない。

証券会社、銀行、信託銀行、投資顧問会社に勤めるフィナンシャルプランナーにいたっては、もっともらしい肩書きで自社の金融商品に箔《はく》を付けるためだけに存在すると言ってもいい。というわけで、あまり社会全体に有益な仕事をしているとも思えない人たちも相当数混じっている専門・企業向けサービスの全雇用者人口に占めるシェアが、アメリカでは戦後すぐの３％強から、２００９年の約12・５％までほぼ4倍増となっている。そしてＦＩＲＥと専門・企業向けサービスの伸びを足し合わせると、製造業と第１次産業が失ったシェアをほぼ全部この２部門で奪っていたことがわかる。

このグラフでおもしろいのは、いちばん下のほうに貿易収支を赤字がプラス、黒字はマイナスとして組み入れているところだ。農林水産業や製造業といった具体的にモノをつくっている産業が振るわなくなるにつれて貿易収支は黒字から赤字に転換し、その赤字が拡大する。だが国民経済の中でのモノづくりの地位低下と無縁に、というよりはむしろ第１次産業、第２次産業のシェアを食って伸びてきたのがＦＩＲＥ３業種であり、専門・企業向けサービスだったことがわかる。

アメリカ経済における貿易赤字体質が定着したのも１９７１年のニクソン大統領（当時）による「米ドルの金兌《だかん》換停止」宣言に始まり、１９７９年の二度目の原油価格暴騰に終わった70年代のことだった。貿易赤字を累積しながら経済成長をつづけている国は、「豊かな生活」を借金でまかなっている国だ。貸し手側の国々がおとなしく貸してくれるうちはいいが、「貴国に借りたカネを返す能力があるとは思えない。今すぐ耳をそろえて返していただきましょう」と言われたら、突然貧しくなる可能性が高い。

今までのところソ連東欧圏による共産化の脅威、イスラム圏によるジハード（聖戦）の脅威、そしてロシアの脅威といった「仮想敵国」を次々に持ち出して、「我々が世界最強の軍事力で守ってやらなかったら、いつ国ごと乗っ取られるかわからないじゃないか。我々が守ってやっているからこそ豊かな暮らしができるのだ。おとなしく貸しつづけていろ」という脅迫が通用していた。

ところが国民経済全体として金融業依存度を高めているアメリカは、本来であれば「自由主義陣営にとって最大の脅威」であるはずの中国を正面切って脅威と批判することができない。次節でくわしく説明するが、中国から借りたカネを中国に又貸しすることで金融業界がボロ儲けをしているからだ。この状態がつづくかぎり、正面切って「中国脅威論」を唱えることができないのが弱みだ。したがって、この「用心棒国家」論の説得力も激減している。

アメリカ金融業界の打ち出の小槌は資源浪費型の中国経済

1971年にニクソン大統領・キッシンジャー特別補佐官（のちに国務長官）が突然の中華人民共和国を承認し、国連常任理事国の座を台湾から中華人民共和国に譲り渡して以来、かれこれ半世紀のときが経った。この転換はアメリカ社会によって意外なほどすんなり受け入れられ、強硬な中国脅威論を唱える人たちはあっという間に少数派に転落した。

しかし中国はどう考えても、ふつうの国のように最低限の人権が守られている国ではない。国民が選挙で選んだわけでもない立法機関が宣言した中国共産党一党独裁を国是としている。ウイグル族やチベット族をはじめとする少数民族に対する民族的・宗教的弾圧、迫害をつづけている。おとなしく党の方針に従わない人間は強制的に思想改造所に送りこまれて、家族でさえ会えないなどの圧政が日常茶飯事となっている。農村で生まれた国民は一生、都市戸籍を持つことができず、何十年都市で暮らしていても民工（出稼ぎ農民）という政治的、社会的な無権利状態に置かれている。

最近では顔認証カメラで個人の言動を逐一記録して、社会信用点なるものを少なくとも主要都市在住の個人全員に付けている。その点数次第で、ありとあらゆる公共サービスを受けるときの待遇がまったく違う。中には新幹線や航空機に乗ることを拒否される人まで出てきている。

なぜ自由主義陣営の盟主を自任するアメリカが、本来なら最大の脅威と見なすべき中国に対して宥和《ゆうわ》的な姿勢を取りつづけてきたのだろうか。タネを明かせば身もふたもない話で、中国はアメリカを代表するふたつの基幹産業、エネルギー業界、金融業界にとってカモが自分でネギを背負って食卓に上ってくれるほど、おいしいお客様だったからだ。

まずエネルギー産業について言えば、１９８０～90年代を通じて低迷していた商品市況を回復に導いたのは、世界中から金属資源、エネルギー資源を爆買いして、見かけ上の高い成長率を保つという中国の経済政策に90年代後半から加速がかかったからだった。2000年代が「原油の10年代」と呼ばれるほど原油価格の高位安定がつづいたのも、2007～09年の国際金融危機をなんとか乗り切れたのも、先進諸国で資源需要が下落に転ずる中で、中国ほぼ1国で多くの金属・エネルギー資源の全世界供給量の50％以上を消費してくれたおかげと言ってもいい。

ちょっとわかりにくいのが、中国はアメリカ金融業界にとっても上得意だという事実だ。次ページのグラフをご覧いただきたい。

左側は1981～2017年という期間で、日本とアメリカの経常収支の推移を比較したグラフだ。一目瞭然と言うべきだろうが、日本は一貫して黒字で、アメリカは1～2年わずかながら黒字とか収支トントンの年があった以外はほとんど赤字、しかも往々にしてGDPの2％以上となる大赤字を計上している。経常収支とは大ざっぱに言って、貿易収支と所得収支の合計額のことだ。

貿易収支はもちろん、輸出した商品とサービスの合計額から、輸入した商品とサービスの合計額を引いた額でプラスなら黒字、マイナスなら赤字となる。所得収支とは、それまで諸外国におこなっていた投資や融資からの金利・配当収入から、諸外国から受け入れていた投資や融資への金利・配当支出を引いた額を言う。これもプラスなら黒字、マイナスなら赤字だ。

最近は日本の貿易収支もときおり赤字になるが、所得収支の黒字額が大きいので経常収支は

日米経常収支と、主要国の対外純資産ポジション

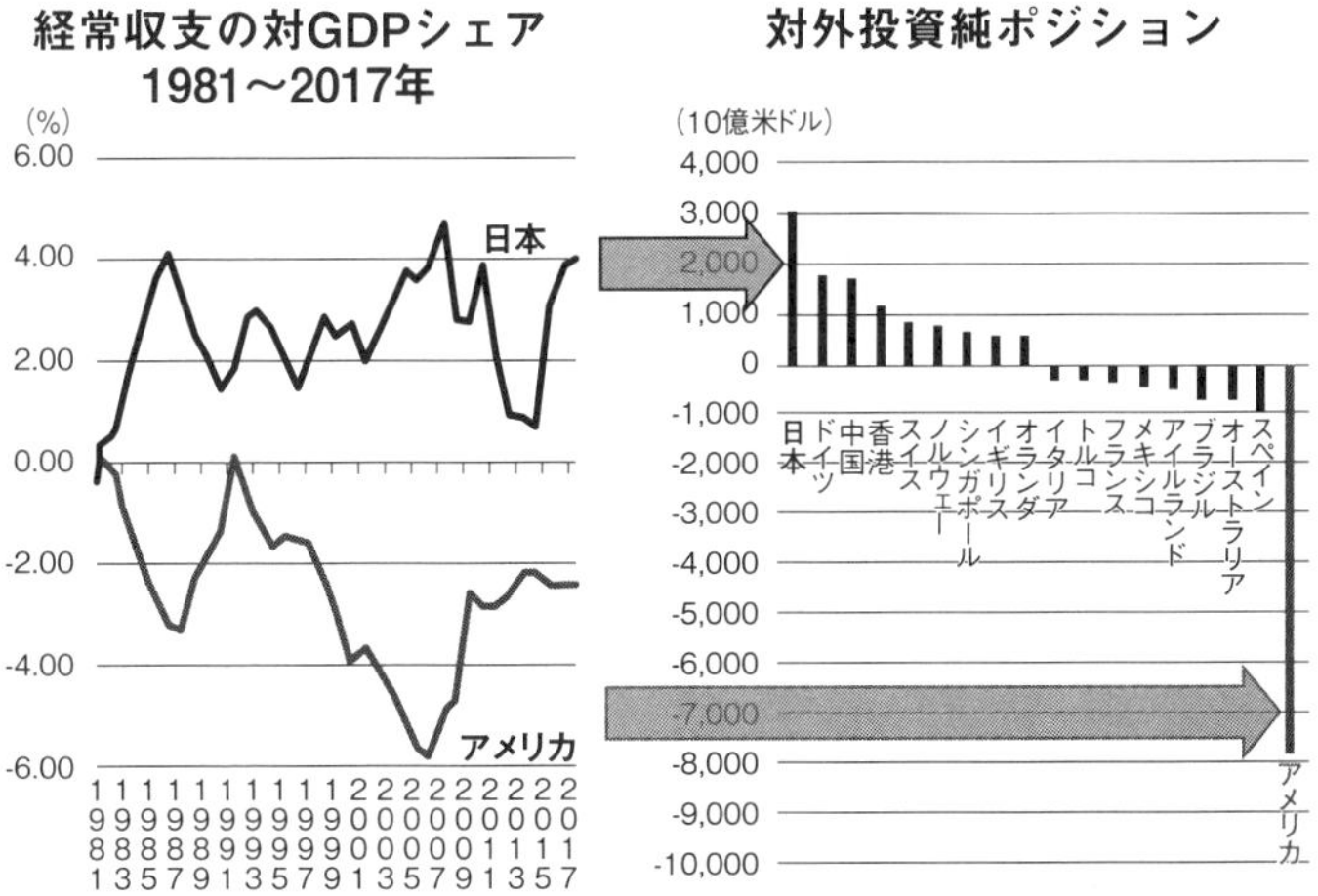

出所：ウェブサイト『Zero Hedge』、2018年7月2日のエントリーより引用

安定して黒字を維持している。戦後ほぼ一貫して稼いできた貿易黒字の一部を海外への投融資に回していたので、そこから得ている金利・配当収益が経常黒字を支える最大の柱となっている。

一般論として経常収支が黒字の国々は、海外への投融資に回すことのできる資金量も多いので、対外投融資の残高のほうが海外から受け入れている投融資の残高より大きい。この状態を対外純投資がプラスだと表現する。もし海外から受け入れている投融資のほうが大きければ、対外純投資がマイナス、あるいは対外純債務だと表現する。２０１７年の時点で、主要国の対外純投資ポジションがどうなっていたかを示すのが同じグラフの右側だ。

ご覧のとおり、日本が世界最大の純投資国となっており、アメリカが世界最大の純債務

国となっている。ちょっと奇異な感じがするのが、近年は日本やドイツよりはるかに経常収支の黒字幅が大きいはずの中国が対外純投資ポジションでは3位に過ぎず、日本の約3兆ドルに対して、1兆7000億ドル程度にとどまっていることだ。これは、たんに中国は高度経済成長を始めたのが日独よりかなり遅かったので、まだ大きな純投資ポジションをつくれていないという、タイムラグだけの問題ではない。

そのへんの事情を劇的なかたちで示しているのが次ページのグラフだ。

このグラフは、横軸に先ほどご説明した対外純投資ポジションを取り、縦軸には所得収支、つまり対外金利・配当収入マイナス対外金利・配当支出を「年間純投資収入」という呼び方でプロットしている。たとえば世界最大の純投資国日本は、このグラフの対象期間に約2兆8000億ドル程度の純投資ポジションから、約1700億ドルの金利・配当収入を稼いでいた。元本に対して約6％の利回りで、海外投資というリスクのある行動を取ることへの報酬としては順当な水準だろう。

ざっと眺め渡しただけで、「これは何かの間違いだろう」という場所にいる国が2ヵ国ある。そう、アメリカと中国だ。アメリカは世界最大の純債務国なのに、海外から受け取っている金利・配当収入のほうが海外に支払っている金利・配当支出より大きい。金額で見ても、最大の純投資国日本が稼いでいる金利・配当収入にほぼ匹敵するほど大きい。逆に中国は世界第3位の純投資国なのに、海外に支払っている金利・配当支出のほうが海外から受け取っている金利・

アメリカの法外な特権と中国の深刻な苦境

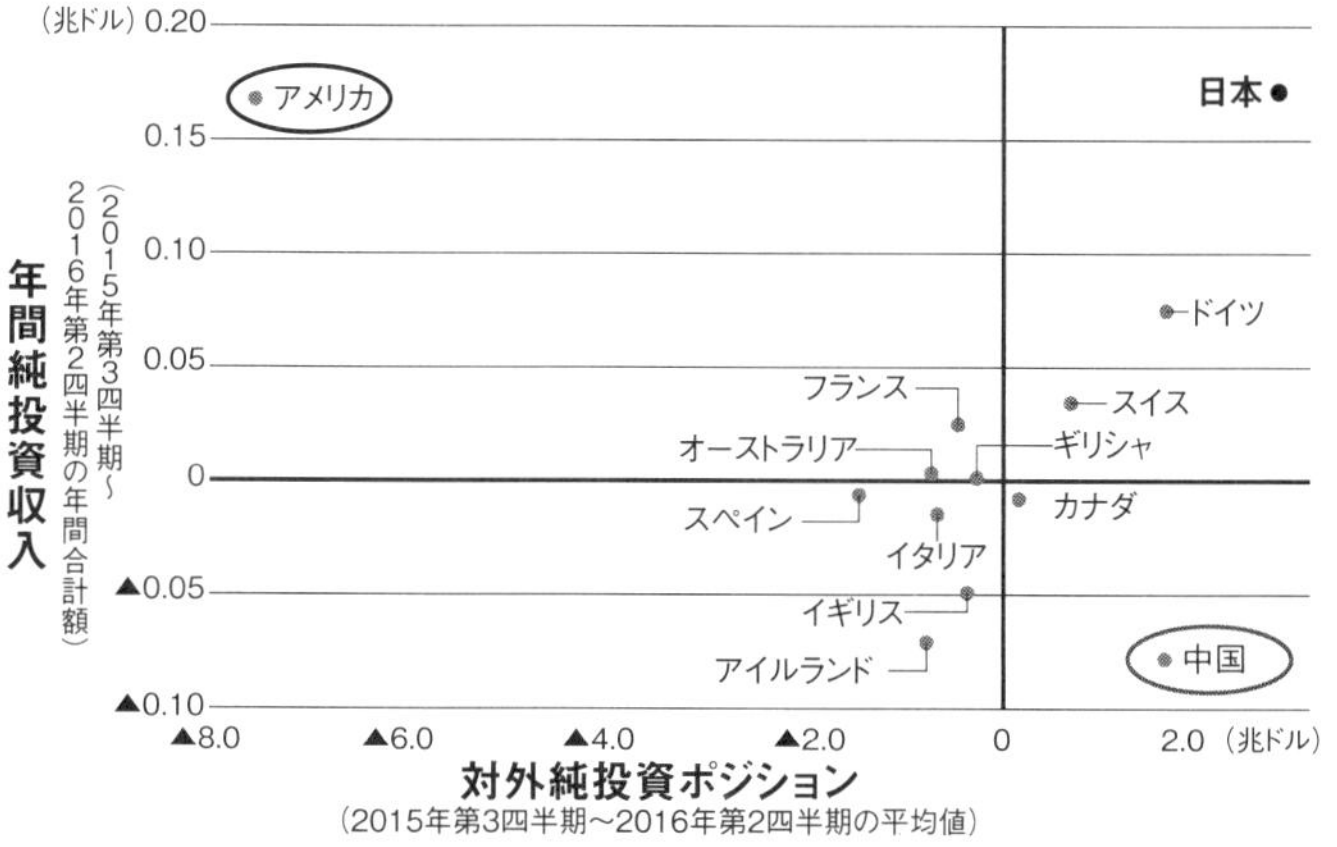

原資料：オーストラリア政府統計局、Haver Analytics、日本国財務省データをBenn SteilとEmma Smithが作図
出所：ウェブサイト『Zero Hedge』、2017年1月10日のエントリーより

配当収入より大きい。こちらは、世界中のどの純債務国より大きな金利・配当支払いをしている。

いったいどうしたら、こんなに不思議なことが起きるのだろうか。論理的に整合性のある答えはひとつしかない。それはアメリカの純債務ポジションは8兆ドルだが、実際にはもっと大きな金額、たとえば約9兆ドルを世界各国から借りている。ただし、その大半をほとんどゼロ金利の短期米国債で借りていて、金利負担もゼロに近い。一方、その借金のうちの約1兆ドルを中国などの新興国、低開発国に約17％の金利で貸している。だから8兆ドルの純債務ポジションを背負っているのに、1700億ドルの純投資収入がある。

いくらなんでも17％は高金利すぎるので、10兆ドルのゼロ金利総債務のうち、2兆ドルを8・5%の金利で又貸ししているというほうが現実的かもしれない。ただ超低金利で借りたカネのごく一部をかなりの高金利で貸している以外に、この純投資ポジションの巨額のマイナスと純投資収入のかなりのプラスという不整合は説明がつかない。

中国の場合は、その正反対だ。具体的には約1兆7000億ドルの純投資ポジションは、おそらく金利0%で貸している約2兆7000億ドルの総投資ポジションと、金利約8%で借りている1兆ドルの総債務ポジションからなっている。だから純投資ポジションが1兆7000億ドルにもなるのに、純投資収入は約800億ドルの赤字となっている。

アメリカの金融業界は対外投融資で肥大化しつづける

もちろん現実の国際金融の世界は、ここまで単純ではない。アメリカからの対外投資の大部分は、主として節税上の理由で直接受け入れ国に対してではなく、金利・配当収入に対する税率が低い国々を経由しておこなわれる。ただ、それはまたそれで、世界各国の法人税制などをきちんと研究しているタックス・コンサルタントなどには、非常にわかりやすい仕組みになっているに違いない。

次ページのグラフも、「ダッチ・アイリッシュ」とか「ダブルダッチ・アイリッシュ」とか「ダッチサンドイッチ・ウィズ・アイリッシュ」とかのスキームで企業に海外収益の節税法を助言

「中継金融取引」が意味のある論点である理由
アメリカ対外投資の入超が大きな国・小さな国
直近4四半期の累計額、2000～2018年

米対外投資の受け入れ大国

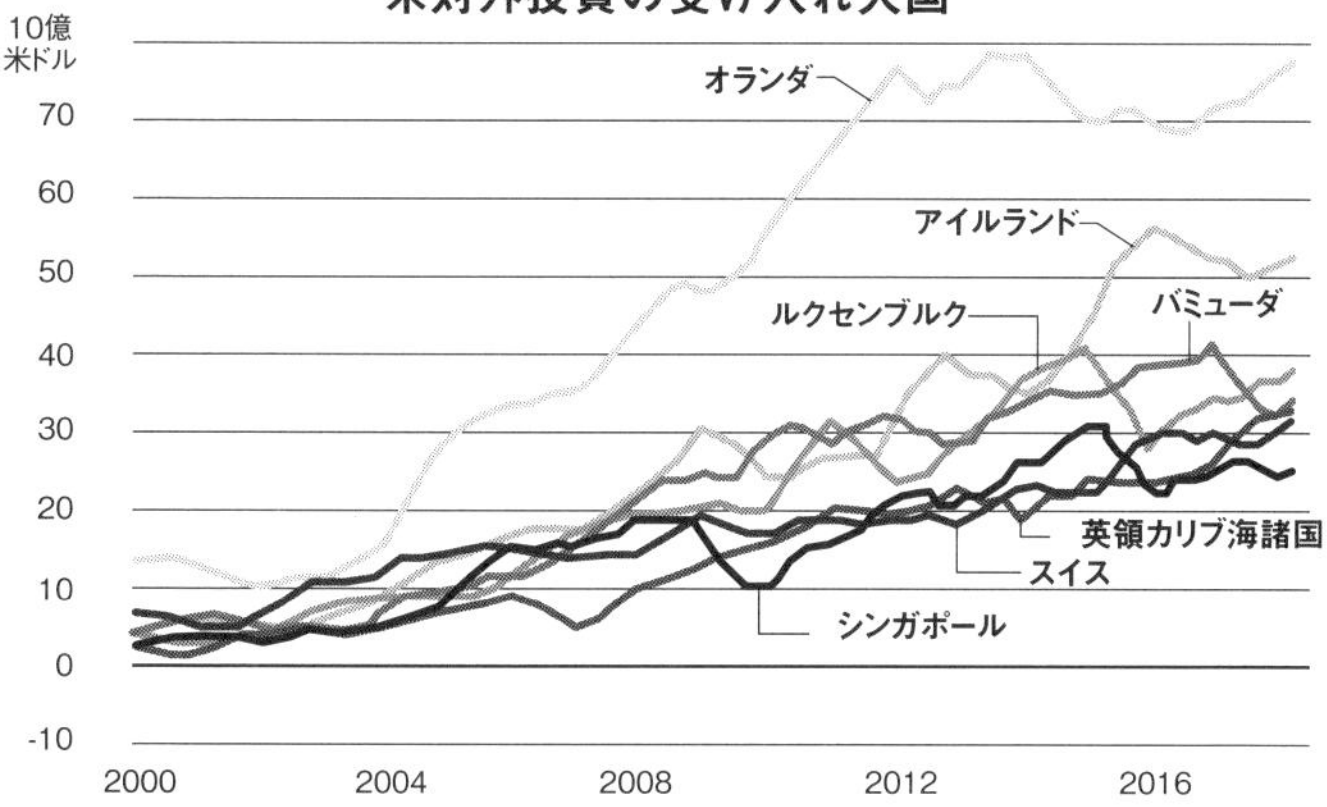

米対外投資の受け入れ小国

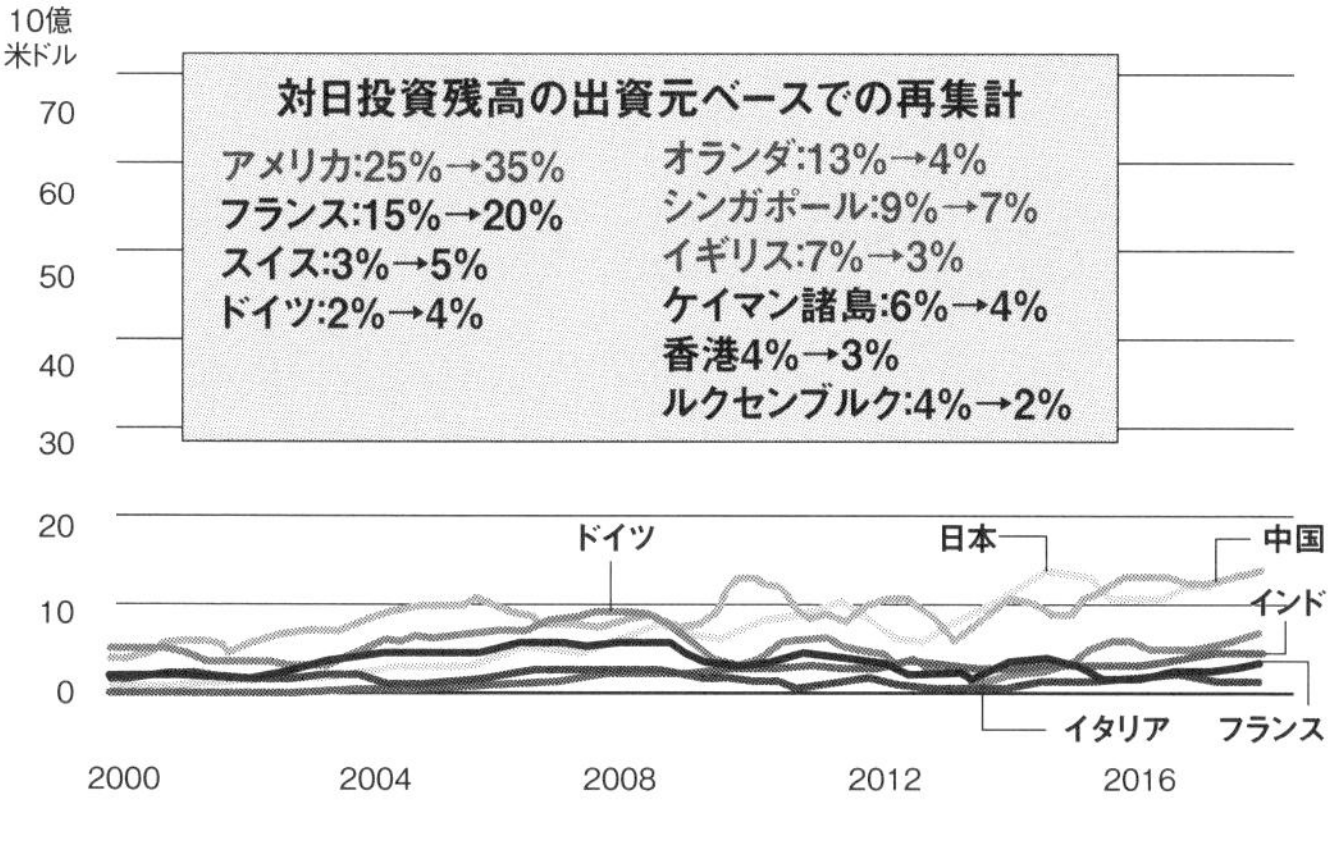

原資料：米連邦商務省経済分析局データをBrad SetserとCole Frankが作図
出所：ウェブサイト『Council on Foreign Affairs』、2018年6月29日のエントリー、下グラフ内囲み表は日本経済新聞、2018年8月18日付け記事より引用

している連中には、「当然そうなっているだろうな」と思える構図のはずだ。

上がアメリカからの対外投融資の受け入れ大国となっている経済規模の小さな国々であり、下は経済規模が大きいのに、表面的にはあまりアメリカからの資金を受け入れていない国々だ。

そして上側に列挙した諸国は、タックスヘイヴン（租税回避地）と呼ばれる国々とほぼ一致する。

もちろん、オランダに約800億ドルの投融資の受け皿になる経済活動があるわけでもなく、アイルランドに500億ドル超の資金需要があるわけでもない。これら諸国の現地法人を介して最終的な投融資先に資金を送りこめば、金利・配当収入に対する税率が低くて済むということだ。

この推定は、下のアメリカの対外投資受け入れ小国のグラフ内に書きこんだ、海外諸国からの対日投資の直接投資ベースの内訳と投資元ベースの内訳との差から、ほぼ実情に即しているとわかる。たとえばアメリカは海外からの対日投資全体の35%を担っているが、そのうち直接投資をしているのは25%だけで、残る10%はオランダ、ケイマン諸島、シンガポール、ルクセンブルクなどの租税回避地経由で投資している。

近年、各種の国際経済統計を見ていると、オランダやアイルランドの労働生産性が急上昇しているので驚くことがある。それほど強固な経済基盤があるわけでもない国々で、なぜ労働生産性が急上昇しているのか。国際金融における中継貿易のような事業を手広くやっていて、しかもそれがほとんど元手も大した労働力も要らないのに、けっこう高収益だからだ。

というわけでアメリカの金融業界は新興国や低開発国に対して、自国内での融資の3〜5倍ぐらいの利益率が生ずる対外投融資をしている。本来、製造業による巨額の資金調達を支援するのが最大の使命であるはずの金融業が、製造業の地盤沈下がこれほど進んでいるのに肥大化しつづけているのも、対外投融資の収益性が高いからだ。

一方、新興国や低開発国の中で、1〜2兆ドルの投融資を吸収するほど大規模な経済活動をしているのは中国だけだ。つまりアメリカの対外投融資の大部分は、中国が最終目的地と見ていい。これで世界最大の純債務国アメリカが、世界最大の純投資国日本とほぼ同額の金利・配当収入をしっかり得ている謎は解けた。金融業者ならだれでも飛びつくおいしい儲け話に飛びついていただけのことだ。

だが、なぜ中国はこんなに高い金利や配当を払ってまで、国内投資のかなりの部分を海外からの財源に依存しているのだろうか。こちらの謎はもう少し闇が深い。国内経済に投資の財源となる貯蓄額が不足しているわけではない。それどころか中国の貯蓄率はＧＤＰの40％台半ばというべらぼうな高率で推移している。先進諸国の大半が1ケタ後半から10％台前半だから、異常な高さだ。

しかし中国人民の異常に巨額の貯蓄は、国有銀行とその系列行が吸い上げて、大部分を採算度外視の経営をしている国有企業への融資に回してしまう。国有企業は一応、営利目的でさまざまな事業をおこなっていることになっている。だが実際には見かけ上のＧＤＰ成長率を安定して高水準に保つために、まったく不必要な「投資」を推進することと、既得権益団体に利権をばら撒くことを目的としている。

党員数たかだか8000万~9000万人の中国共産党が13~14億人の国民を支配しつづけていられる最大の理由は、自治体や国有企業を通じて巨額の利権を既得権益団体にばら撒いているからだ。半面、中国の民間企業で成長のために巨額の資金を必要とする会社は、資金需要の大半を海外からの直接投資や米ドル建ての外債発行でまかなわなければならない。

2020年夏、世界最大の債務を抱えた不動産会社と定評のあった中国恒大(Evergrande)が「外債の金利支払いができずにあわや破綻か」というニュースが出た。過去4~5年間に恒大が調達した資金の7~8割は、米ドル建てか香港ドル建ての外債発行によるものだったはずだ。成長率の高い中国の民間大企業の大半は、似たような資金構成となっている。

アメリカが本気で人民を抑圧する中国共産党一党独裁体制を打ち破ろうとするなら、軍事介入はまったく不要だ。中国への投融資を全部引き揚げればいい。すると成長性の高い民間大企業が一斉に失速し、企業破綻が激増し、人民公社=大躍進時代か文化大革命時代のような経済混迷に陥るだろう。もし中国政府があわてて従来国有企業に回していた投資を民間大企業に回すようになったら、一党独裁体制を維持するために働いてくれる手足をもがれることになって、社会秩序が崩壊するだろう。

残念ながら、現在のアメリカにそれはできない。アメリカでも「やがて中国がアメリカを抜いて世界最大の経済強国になる」というような駄ボラを吹聴する人は多い。だが、あれほど多くの人権蹂躙《じゅうりん》行為をしている中国に対するまっとうな脅威論を唱える人は少ない。ひとつの理由は、アメリカ政官界を完全に自分たちの利権の網の中に絡め取っている金融業界が、そんな批判を許さないからだろう。もうひとつは資本主義、社会主義と表看板は違うが、どちらも社会全体を利権が動かしている似たもの同士ということを、米中両国の首脳はよくご存じだからだろう。

真剣な中国脅威論は、金融業界にとって最大の金ヅルを自分で断ち切ってしまう危険がある。そんな事態を強大な権力を握っているアメリカの金融業界が黙って見ているはずがない。こうして自国産業への資金供給という役割がどんどん縮小しながらも、アメリカの金融業界は肥大化をつづけ、経済全体も表面的な繁栄を謳歌している。とは言うものの、この構造の最大の弱みは一般国民、とりわけふつうの仕事をしている勤労者にとって、ほとんどなんの恩恵も回ってこない繁栄だということだ。

少なくともオレンジ色の逆毛を立てたドナルド・トランプというドンキホーテが大統領に就任するまでは、「中国批判」をタブー視する長い閉塞状況がつづいていた。トランプは、アメリカ金融業界が中国べったりにならざるをえない経済的理由をわかっていないだろう。しかしテレビで長年リアリティショーの主役を張っていただけに勘は鋭い。この状態がアメリカ国民全体にとって損だとは見抜いている。

このへんで中締め的なまとめをさせていただきたい。本書は、まずもって日本国民、とりわけ個人世帯への忠告である。その中身は「せっかく世界に先駆けて1970年代から延々と『投資から貯蓄へ』の変化を先取りするすばらしい方針を貫いてきたのだから、この期に及んで『貯蓄から投資へ』などという時代錯誤な方針に逆戻りするのは、やめなさい」に尽きる。

本書はまた、日本国政府への勧告でもある。「そもそも効率性とか収益性とかの観念を持ち合わせない政府が直接投資をするのはおやめなさい。斜陽化した重厚長大産業の原発開発とか、核融合や再生可能エネルギーに関する研究とかのビッグプロジェクトへの巨額債務保証もおやめなさい。それだけで日本国民の財政負担も、経済成長率も見違えるほど改善するのだから」ということだ。

そしてアメリカ国民への警告でもある。「金融業界が対中投資でボロ儲けすることをいつまでも許していたら、貴国の政治・経済・社会情勢は腐敗堕落の一途をたどるでしょう。一刻も早く金融業界の対中投資をやめさせなさい」。最後の論点に関しては、企業活動の自由を盾に取った反論があるかもしれない。だが企業活動の自由には適法性の限定がついている。明らかに自国内でも、ほとんどの文明国でも違法と見なしている行為を政府が率先しておこないつづけている国を支援するのは、適法性を逸脱しているだろう。

ニクソン大統領による親中路線への突然の転換以来、ずいぶん久しぶりに中国敵視を公然と掲げるドナルド・トランプが2016年の大統領選に勝利した。この大番狂わせが起きた理由の一端に軍事・外交面でどう考えても最大の脅威であるべき中国を正面から見据えない「貿易赤字＝みかじめ料」論では説得力がなさ過ぎることだ。また経済・金融面から見れば、対中投融資でボロ儲けしているアメリカの金融業界がその利益をほとんど一般国民とわかちあっていない事実が露呈し始めたことも示すのだろう。

アメリカのふつうの勤労者の絶望的な境遇

かつてのアメリカでは、株主資本主義とか株主民主主義という言葉が誇りを持って語られていた。ようするにアメリカでは一般勤労者でもちょっと貯蓄をすれば、若く成長途上の企業の株主になれる。そうすると自分の賃金給与だけではなく、配当や持っている株の価格上昇からも収入を得ることができて資産形成が加速する。こうして勤労者の７〜８割が自分の親より高い生活水準を実現できるという株式投資賛美論だ。

だが、こうした牧歌的株主資本主義の時代は、とっくの昔に過ぎ去ってしまった。現代アメリカの株主構成は極端に一握りの大富豪に厚く、一般勤労者に薄いものとなり果てている。次ページのグラフは、アメリカの発行済み株数の大半が一握りの大富豪の手に集中していった過程を描いている。

このグラフをそのまま見ても、ちょっと意味がわかりにくい。そこでアメリカがちょうど１

資産百分位別米国株保有シェア
1989～2020年

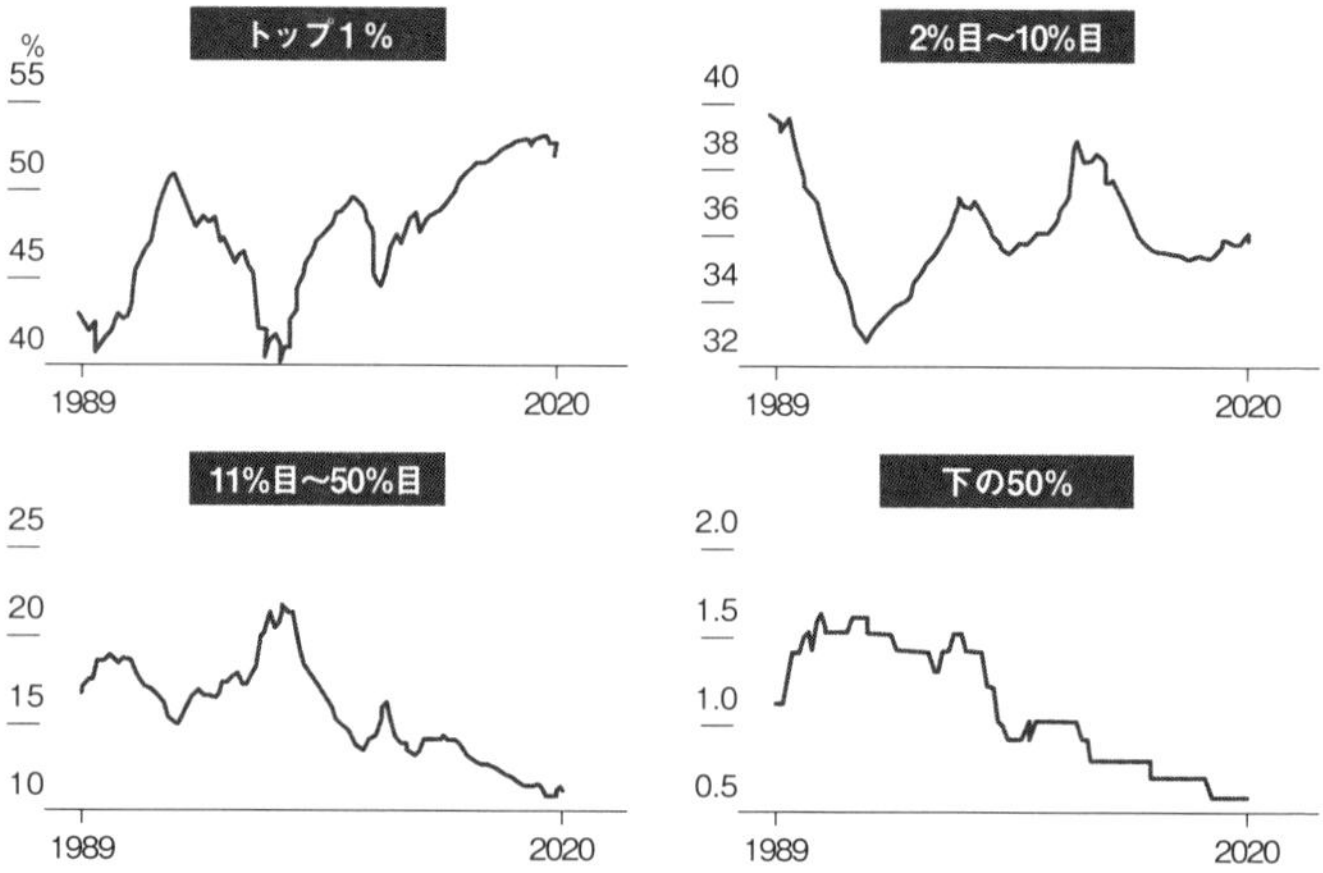

原資料：連邦準備制度データをブルームバーグが作図
出所：ウェブサイト『Zero Hedge』、2020年10月10日のエントリーより引用

万人の人口でぴったり１万株をわけあう国だったらどういうことになるのかという、おとぎ話仕立てで説明してみよう。

まず資産規模で１位から１００位までの１００人の平均持ち株数はどう変わったか。日本のバブル崩壊直前で、同時に世界経済を牽引する産業が製造業からサービス業に変わりつつあった１９８０年代末には、１人当たり約40株ずつだったものが、直近では約53株に増えている。

１０１位から１０００位までの９００人の場合はどうか。１９８０年代には約４・５株だったものが、直近では４・０株に減っている。１万人中の上位１０００人ならかなり生活水準は高いはずだが、それでもその中の上位１００人をのぞくと、平均持ち株数は減っているのだ。また最上位から１００位までと、

トップ1%の実質純資産は約300%増
1989～2018年（2019年のGDP物価指数で実質化）

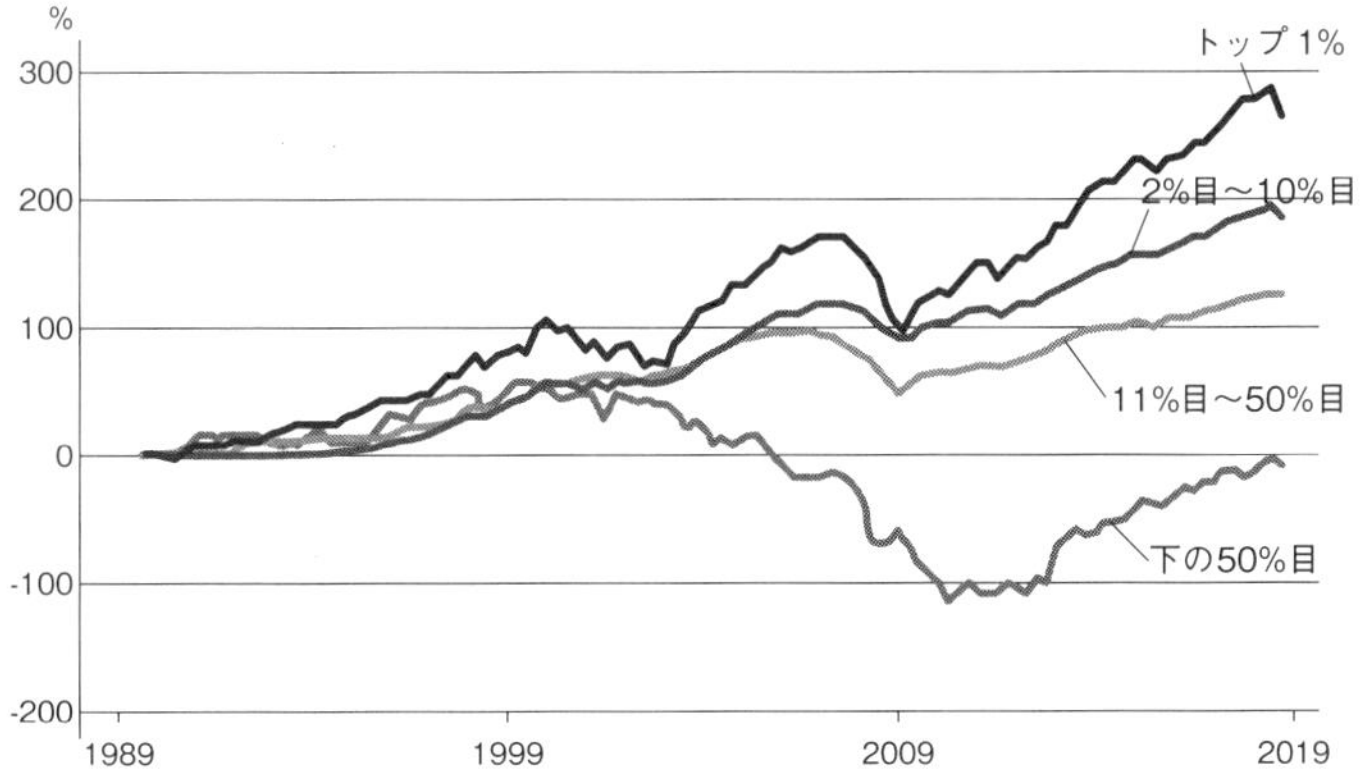

注：1990年代以降の純資産増加率は、ほぼ正確にそれぞれの資産階層のアメリカ株保有シェアに対応している。
原資料：連邦準備制度データをNPOエクィタブル・グロース（平等な成長）が作図
出所：ウェブサイト『Real Investment Advice』、2020年9月4日のエントリーより引用

101位から1000位までとの格差も約9倍から約13倍に拡大している。

1001位から5000位まで、つまり上半分に属する人たちから最上位1000人をのぞいた人たちの持ち株数はどうか。1人当たり0・4～0・5株持っていたものが、0・2株程度に下がっている。半減より大きな減少率だ。さらに5001位から1万位、つまり下半分の人たちとなると、もともと1人当たり0・02株強しか持っていなかったものがほぼ正確に0・01株に減っている。初めから微々たるものだった株の配当益や値上がり益は、今では完全に無視できるほど小さくなっているのだ。

アメリカ国民の資産規模別の純資産拡大のペースは、ほぼ正確にこの持ち株比率の推移をなぞっている。上のグラフが示すとおりだ。

アメリカの人口がぴったり1万人というおとぎ話をつづけると、上から100人の平均純資産は1989年から2020年までで、約270%伸びている。100%伸びて2倍、200%伸びて3倍だから、ほぼ3・7倍だ。上から101人目から1000人目までだと、約190%の伸びで3倍弱だ。1001人目から5000人目までになると、30年間で約130%の伸びにとどまっている。2・3倍はかなり大きな伸びに見えるが、年率にすれば3%弱に過ぎない。

下半分の5000人にいたっては、もっとひどい。2006年ごろまでのわずかな伸びが2007年からの国際金融危機で減少に転じ、2009年ごろにはほぼ全資産を失ったまま2012年ごろまで横ばい。2013年以降の伸びで、やっと1989年の水準を回復したに過ぎない。結局、アメリカ国民のうち、株をほとんど持っていない下半分の実質純資産は横ばい、ほんの少し株を持っている11%目から50%目までが年率3%の伸び、それより多くの株を持っている上から10%の人たちだけがかなり顕著な実質純資産の伸びを経験してきたわけだ。

この「株主にあらざれば人にあらず」とでもいうべき冷厳な現実は、アメリカの勤労大衆にとって何を意味するのだろうか。それを示すのが次ページのグラフだ。

まずアメリカの労働力年齢に属する人たちの半数以上が、退職資金の蓄えをまったく持っていないというデータが衝撃的だ。このデータを収集したのが2014年という、まだ国際金融危機の影響が大きかった時期ということもあるだろう。それにしても、退職以後のために蓄え

典型的な労働力年齢アメリカ人の退職資金はゼロ、
退職資金保有者のみの貯蓄額中央値でも4万ドル
2014年の『所得と年金プラン参加率調査』で判明した
2013年時点の状況

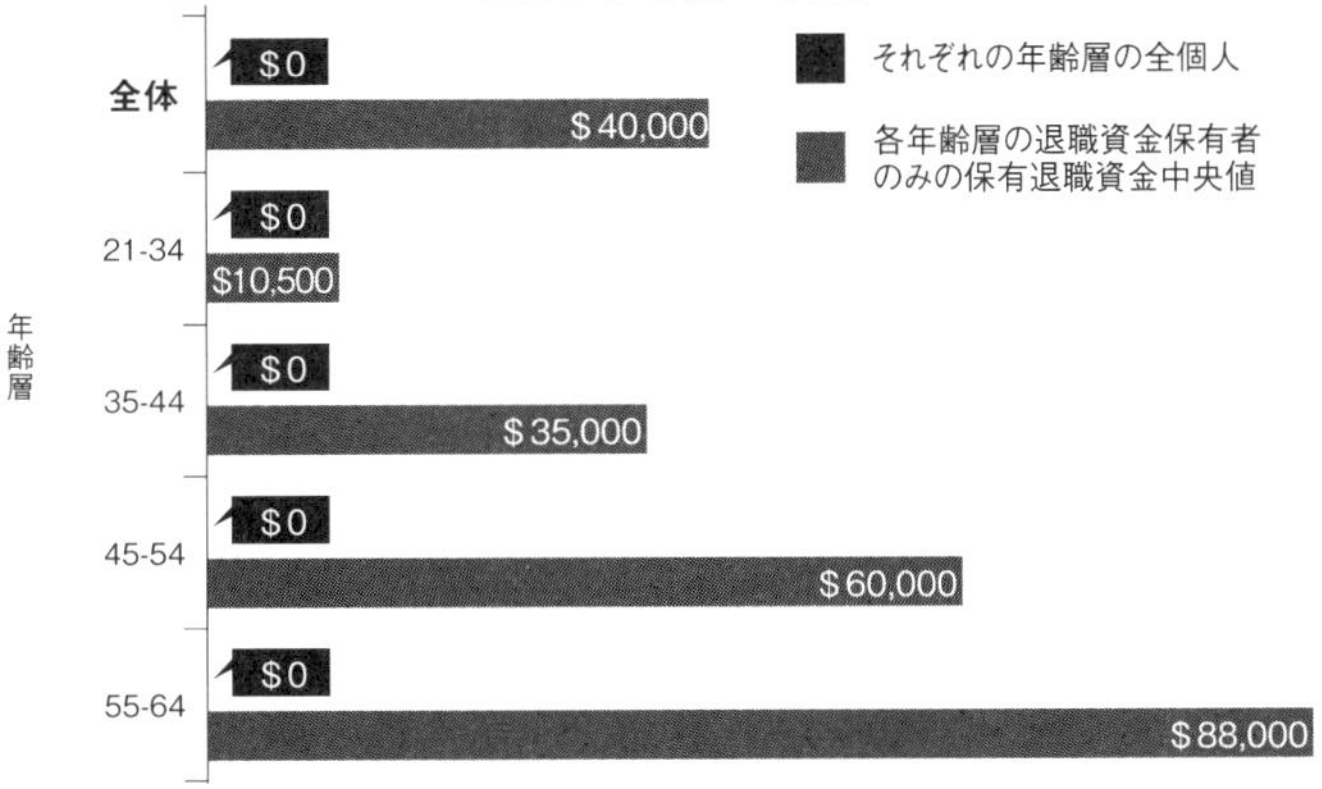

原資料：2014年の『所得と年金プラン参加率調査』に協力した21～64歳の個人全員から聴取した2013年12月末時点での退職のための保有資産額を、Real Investment Advice グループが作図
出所：ウェブサイト『Real Investment Advice』、2020年8月24日のエントリーより引用

た資金の中央値（いちばん高い額の人といちばん低い額の人のちょうどまん中に位置する人の退職資金額）がサンプル全体でも各年齢層でも全部ゼロというのは、あまりにも悲惨だ。

　このデータから金額を問わず退職資金の蓄積がある人だけを抜き出してみても、勤労世帯がかなり困難な環境に置かれているという印象は変わらない。退職資金のある人たちだけの退職資金中央値を取っても、全体で４万ドル（約４２０万円）、55～64歳層で８万８０００ドル（約９２０万円）、21～34歳層で１万５００ドル（約１１０万円）と、あらゆる年齢層でかなり低めの数字が並んでいる。

　さらに２０１３年ごろから所得水準はかなり回復してきたにしても今後、勤労世帯の下から9割の人たちが純資産を確実に積み上げていく展望はかなり暗い。なぜなら世界中の政府・中央銀行が超低金利政策を実施しているため、国債という比較的安全で安定した金利収入の見こめる投資対象が、ほとんど利殖の手段として機能しなくなっているからだ。次ページのグラフに、その問題点がはっきり浮き彫りにされている。

上段は、アメリカで10年国債を100万ドル（約1億500万円）買っておけば、年間いくらの金利収入があったかを1998年から2020年まで追跡したグラフだ。家族の人数にもよるが、アメリカで中の中程度の暮らし向きで生活するには年間約5万ドル（約525万円）かかると言われている。1990年代末にはもう、国債投資でその水準の金利収入を得るには約1億円の資金が必要だったわけだ。

その後の世界的な金利低下によって、2020年には100万ドルの国債投資から得られる金利収入が6900ドル（約72万円）に下がっている。これでは、ひとり暮らしでも最低限の生活必需品を買うにもこと欠くだろう。

そこで逆に、毎年5万ドルの金利収入を得るためには、米国10年債をいくら買っておけばよかったのかを、同じ期間にわたって描き出したのが下段のグラフだ。1998年の89万ドル（9000万円台半ば）というのも、かなりきつい数字だ。2020年の833万ドル（約8億7000万円）にいたっては、相当希少価値のある特殊技能でも持っていないと、貯めこむのは不可能と言っていい金額だろう。

米国10年債投資で100万ドルから何ドルの金利を得られたか 1998〜2020年

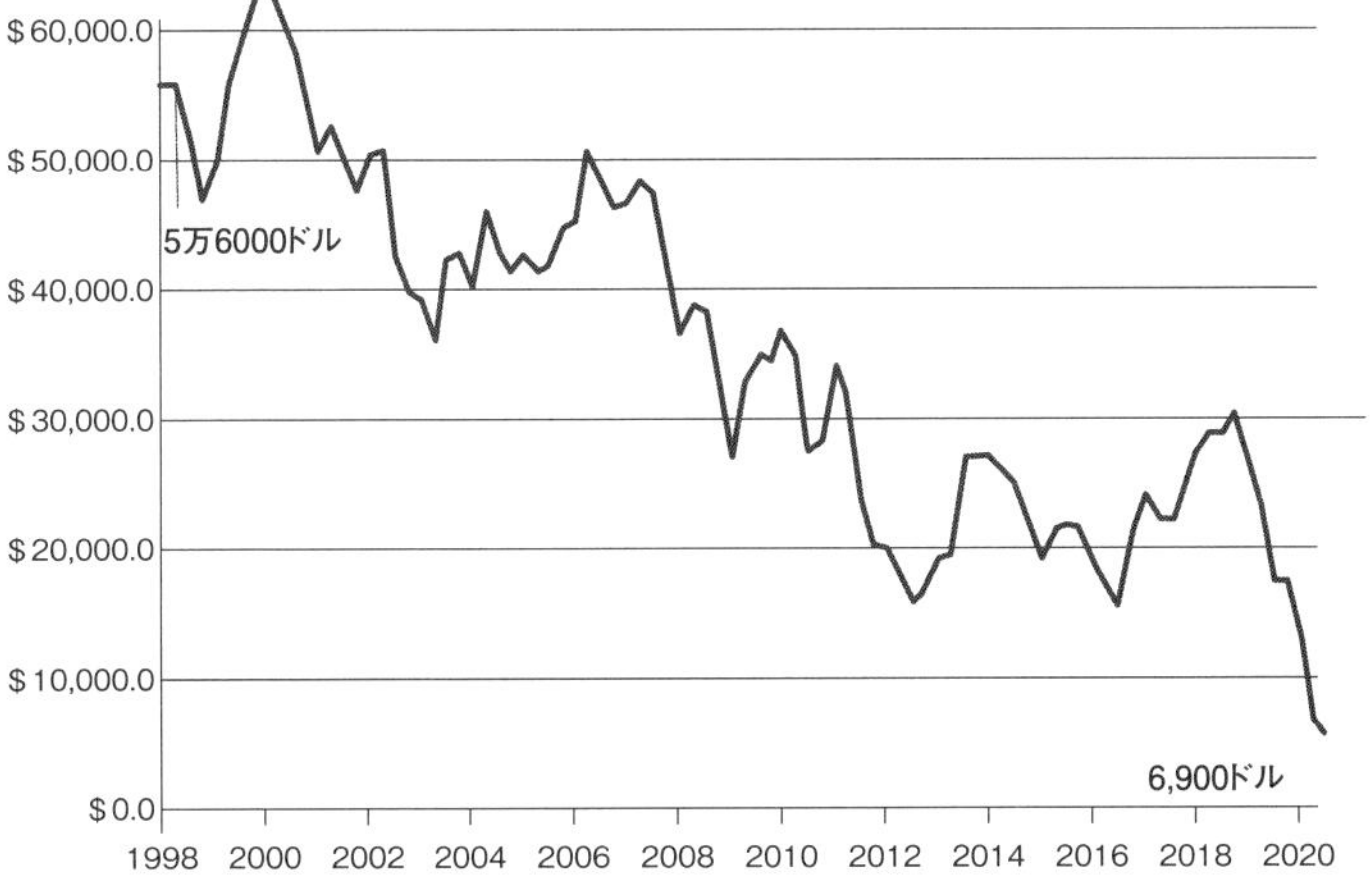

米国10年債投資で5万ドルの年収を得るには何ドル必要か 1998〜2020年

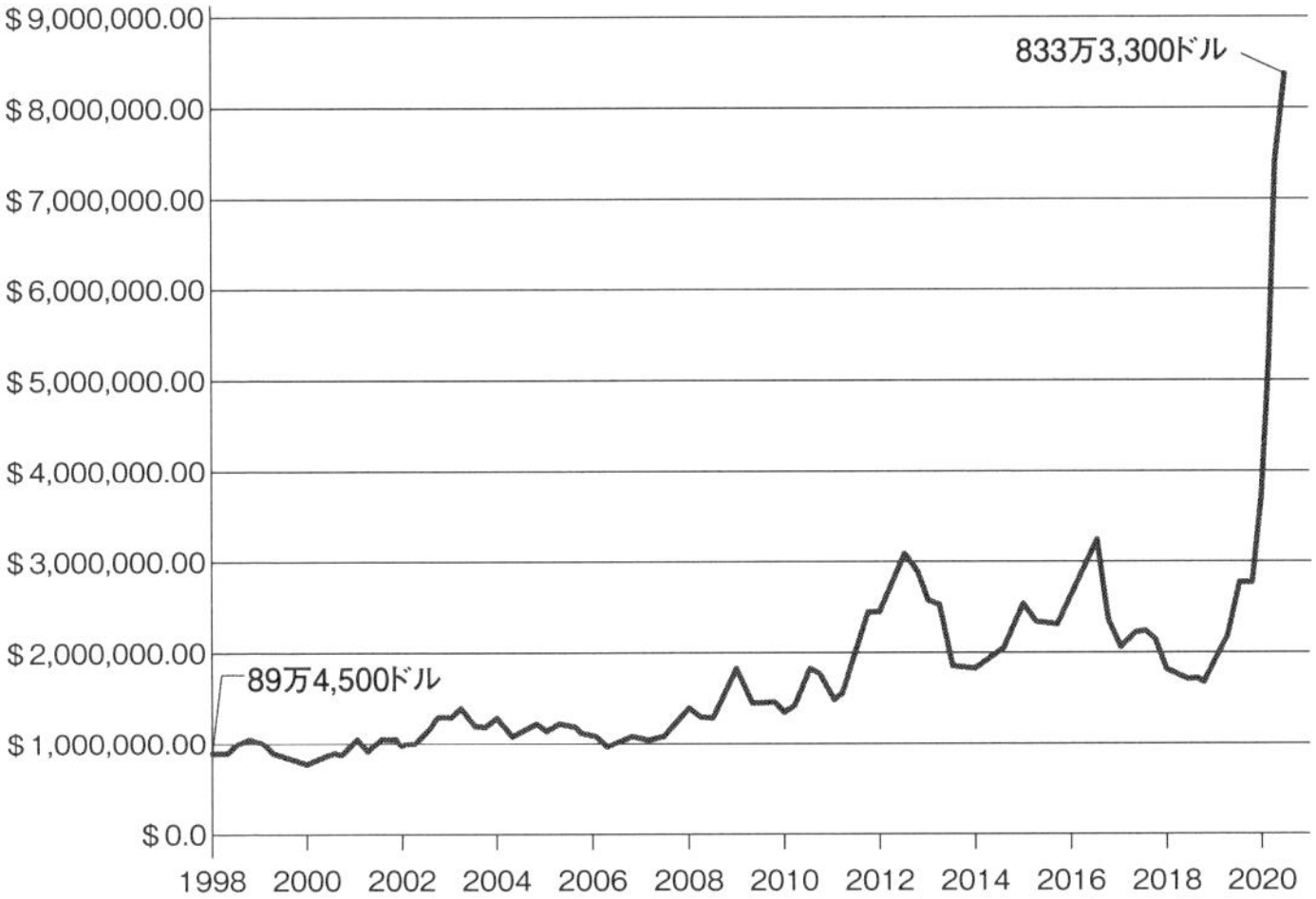

注：償還年限をコンスタントに保った米国10年債に投資することを想定した。
出所：ウェブサイト『Real Investment Advice』、2020年8月24日のエントリーより引用

アメリカでは、こうした勤労世帯の苦境を食いものにする企業が続々出現し、その中から急成長を遂げる企業が出てくる。これもアメリカ経済のダイナミックと言えばダイナミック、えげつないと言えばえげつないところだ。

勤労世帯の苦境を食いものにする金融業者が大増殖

アメリカでふつうの所得水準に属する勤労世帯は、過去約30年間にわたって純資産をまったく増やせなかったことは、すでに見てきたとおりだ。それだけでも深刻な事態なのに、アメリカやヨーロッパ諸国では今年の春から新型コロナウイルス対策として、ロックダウン（都市封鎖、外出禁止令、商店・オフィスの閉鎖命令等々）が実施された。多くの事業所、とりわけ中小零細サービス業の事業所が甚大な被害を受けた。

コヴィッド-19と呼ばれる今回のウイルスは、過去のさまざまな疫病と比べて致死率は明らかに低めであり、伝染性もとくに高いわけではない。だが世界各国の政治指導者の中に、サービス業主導経済のもとでは、継続的に事業拠点が開いていることがいかに大事かを理解している人たちがほとんどいなかった。そのため、「金融バブル崩壊不況」と呼ぶべきか「コロナ不況」と呼ぶべきかまだ定説がない今回の不況の特徴として、完全失業率の上昇スピードが異常に速くなっている。次ページのグラフが示すとおりだ。

完全失業者が急速に増えている
2000～01年、2008～09年と比較した今回の景気悪化の特徴
民間労働力総人口に占める完全失業者率のピーク時からの上昇幅

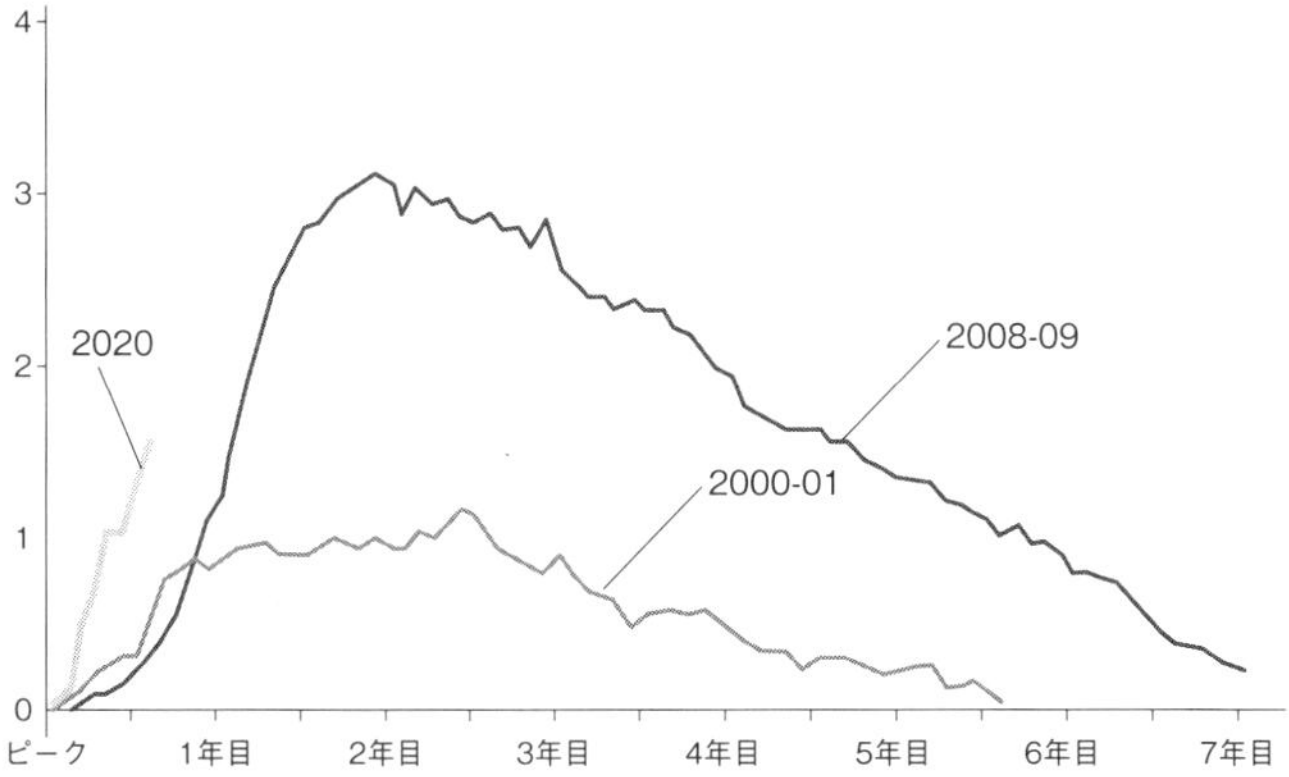

原資料：米連邦労働省労働統計局、オクスフォード・エコノミクス、ヘイヴァー・アナリティクス
出所：ウェブサイト『UPFINA』、2020年10月5日のエントリーより引用

ご覧のとおり、２０００～01年のハイテク・バブル崩壊不況でも、２００８～09年の国際金融危機でも、完全失業率が１ポイント上昇するには約１年の期間を要した。ところが今回はたった４ヵ月で完全失業率が１ポイント上がってしまった。また現在レイオフ（一時帰休）と呼ばれる状態で待機していて、完全失業率には算入されていない状態の勤労者中でも６～７割は結局完全失業者となることが懸念されている。今回の不況の大底では、完全失業率が３ポイント以上高まることはほぼ確実だろう。

　コロナ騒動以前から、アメリカの多くの勤労者がかなりの低賃金で働いていた。完全失業、一時帰休が増え、失業保険を支給されたり、一時給付金を受け取ったりした人たちが増えたので、社会保障費調整後の国内総所得

個人向け仲介業者口座のすさまじいオプション取引回転率
2020年第1四半期実績

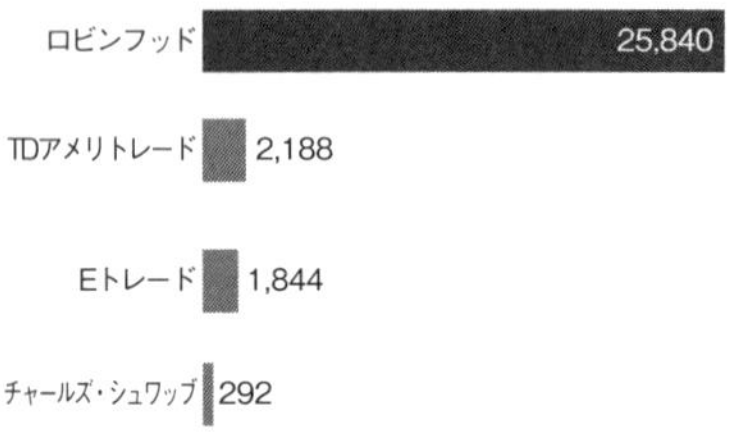

注：各社のオプション取引執行数は、それぞれの顧客が保有する口座に入っていた資金の2020年第1四半期平均額1ドル当たりのオプション取引合計数を示す。

ロビンフッドは顧客1口座当たりの平均保有額を開示していないが、顧客1人当たりの現金所有額にもとづき、平均約4800ドルを保有しているものと仮定して算出した。

ロビンフッド顧客のS&P500採用銘柄ポジション数
2019年7月～2020年6月

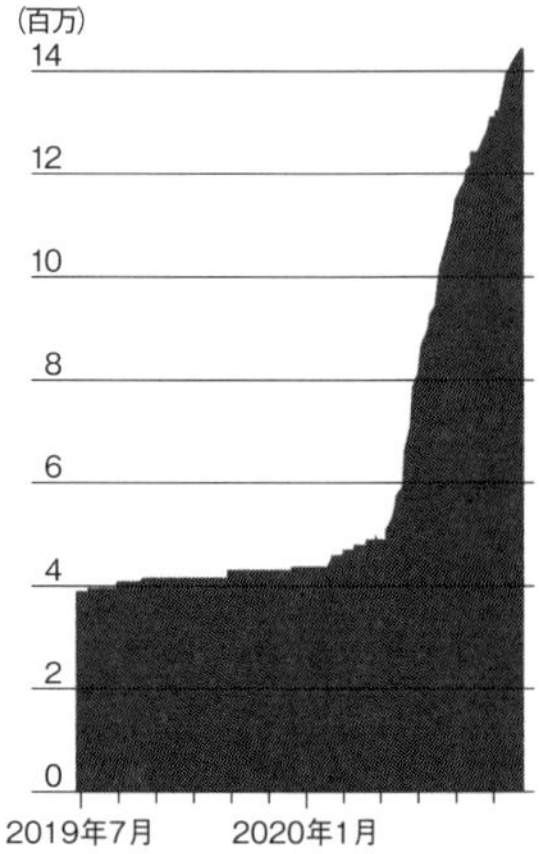

原資料：会社側開示資料にもとづき、アルファキューション・リサーチ・コンサヴァトリーが算出した数値をニューヨーク・タイムズが作図
出所：ウェブサイト『Zero Hedge』、（左）2020年7月9日、（右）同年7月25日のエントリーより引用

が上昇したことからも、それがわかる。そして、することもなく自宅で待機しているが、失業保険や一時給付金を自由に使える資金が増えたとしている人たちのあいだで、ゲーム感覚で株式投資を始める個人投資家が激増した。

この個人投資家たちの売買注文をさばくのは、ほとんどが「取引手数料ゼロ」をセールスポイントにして、インターネット経由の売買仲介に特化した業者群だった。その中の最大手にのし上がったのが、「弱きを助け、強きをくじく」経営理念を持つと自称しているロビンフッドだ。上のグラフは、まず右側からご覧いただきたい。

ロビンフッドに口座を開設した顧客たちが、S&P500採用銘柄について買いなり売りなりのポジションをつくっていた数は、今年2月までは約４００万からじりじり上昇傾向を示す程度だった。それが3月以降激増し、１４００万ポジションとなっている。

つづいて左側を見ると、ロビンフッドは顧客が開設した口座数で他社を圧倒しているだけではなく、顧客が注文を出す頻度で見ても、べらぼうに他社より高いことがわかる。ロビンフッドの顧客は、口座に入れてある金額1ドル当たりで、３ヵ月のあいだになんと2万６０００回のオプション取引をしていたのだ。

ロビンフッドは顧客が開設した1口座当たりの資金額を開示していない。だが、このデータを作成した調査会社では約４８００ドルと見ている。日本円にして50万円前後だ。大した金額ではないと思いこみがちだが、３ヵ月で2万６０００回転しているのだから、じつに四半期だけで1億２４８０万ドルの取引があったことになる。単純に4倍して年間総額を求めれば5億ドル弱だ。まだまだ口座開設数は伸びているので、実際には２０２０年の合計額は5億ドルを軽く突破するだろう。

しかもこれは、ロビンフッド経由のオプション取引だけの数字なのだ。株の現物を現金で売り買いしているだけなら、相場を読み違えたときの損失は、買った株がタダの紙くずとなるだけで購入額以内にとどまる。しかし先物売り、信用買い（証券金融会社を通じて借りたカネを元手に足して、手ガネより大きな金額で勝負する）、あるいはオプション取引では、損失額は投下した資金よりはるかに大きくなることが多い。

2020年8月20日までは大筋で上昇基調がつづいていたので、買い先行型の個人投資家が多いロビンフッド顧客には、あまり巨額損失の話は出ていない。それでも信用買いやあまり内容のわからないオプションを買って想像以上に大きな損失を出した顧客は、けっこういるだろう。

どうやら10月末から本格的な下げ相場になった気配も漂っている。下げ相場でのロビンフッド顧客の立場は、非常につらいものとなるだろう。ところで顧客から仲介手数料収入を取らないロビンフッドが、いったいどうやって収益を稼いでいるかとお考えだろうか。自社が顧客から受けた売買注文を丸ごと「情報」として別の仲介業者に売り渡して、その業者に取引を代行させているのだ。これはロビンフッドにとって取引代行に関わるリスクを全部他社に押しつけて、自社は情報料として安全確実な収益を得られるおいしい商売だ。

そしてロビンフッドにかなり巨額の情報料を払って売買執行を代行している仲介業者にとっても、非常に効率のいい取引となっている。その証拠が次ページのグラフだ。

上段がロビンフッドから売買注文「情報」を買っている売買執行業者の仲介手数料純収入額と、その業者ごとの内訳だ。純収入の意味は、機関投資家から受け取る手数料収入から、個人投資家の注文をとりまとめてくれたロビンフッドなどのネット証券会社に支払う情報料を差し引いた額という意味だ。

シタデル証券の売買執行子会社からウォルヴァリン証券までの上位3社のシェアが90%とな

仲介手数料タダのロビンフッドはどこで稼いでいるのか
2020年上半期のロビンフッド経由の仲介手数料収入

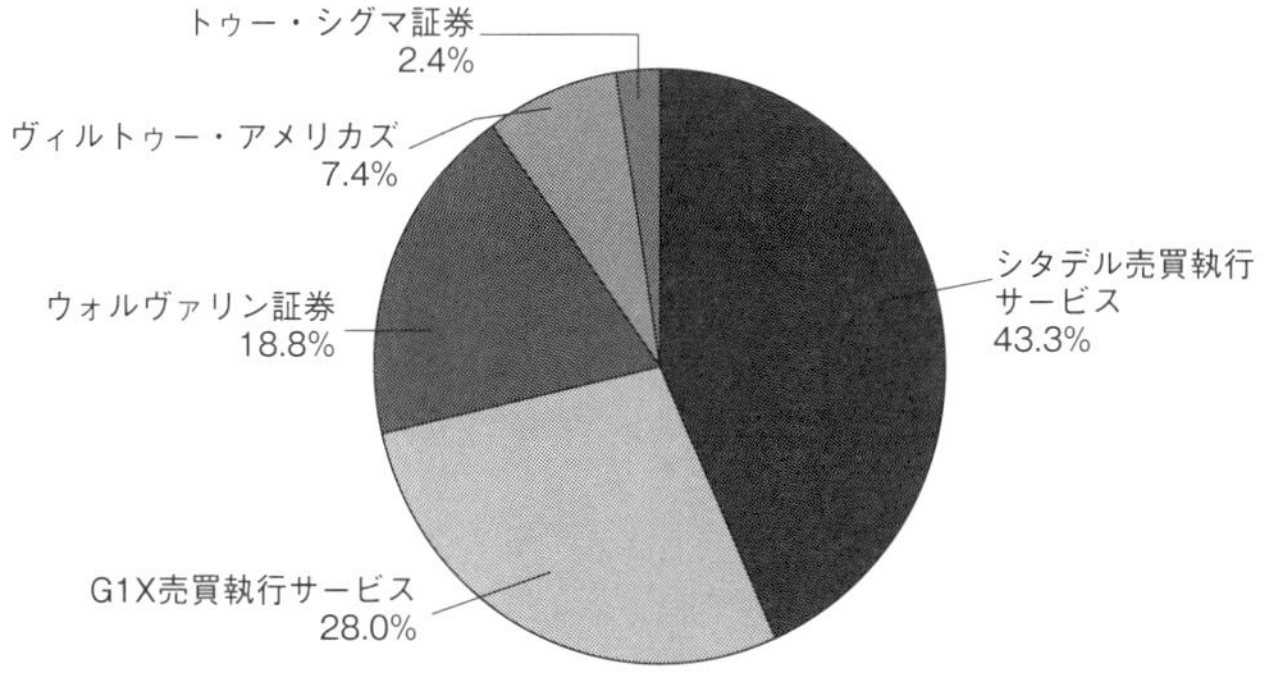

ロックダウンで大躍進：シタデル証券の仲介手数料収入推移
2014〜19年各通年と、2020年上半期手数料収入

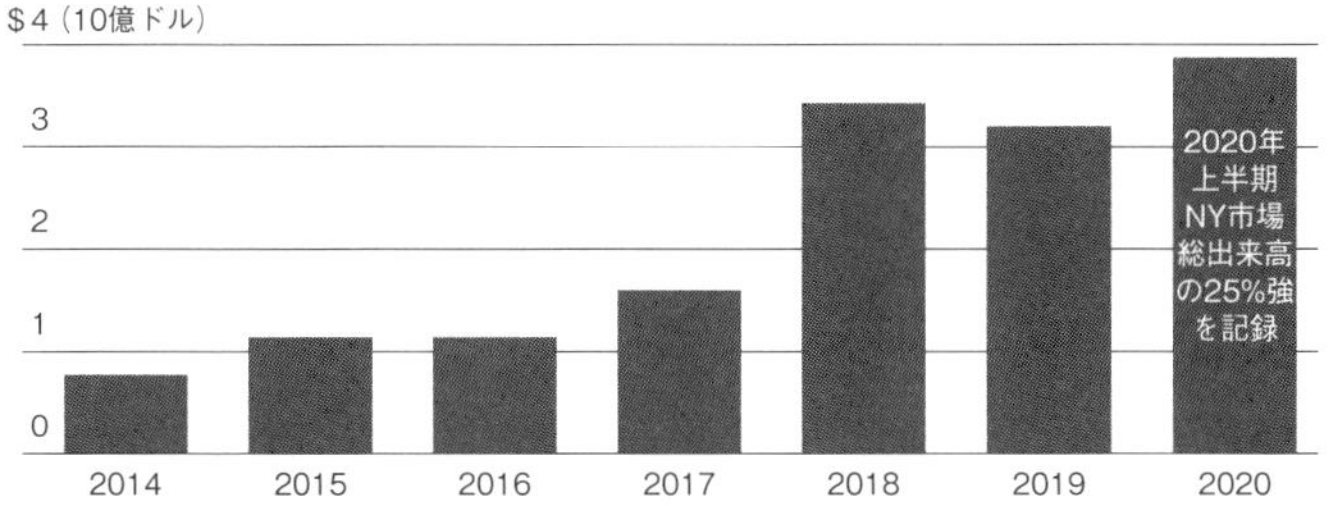

原資料：（上）The Block社、（下）会社側開示資料をブルームバーグが作図
出所：（上）ウェブサイト『Real Investment Advice』、2020年6月22日、（下）『Zero Hedge』、同年9月25日のエントリーより引用

っている。そして最大手のシタデルは、広範な個人投資家について正確な売買情報を得ていることを強みに、ついに２０２０年上半期にはニューヨーク証券取引所でおこなわれた売買全体の４分の１を執行するまでに成長した。下段の棒グラフが示すとおりだ。

なにしろ個人投資家の売買注文自体をつかんでいるので、毎日の寄り付き（取引開始）前に取引手数料を払ってくれる機関投資家などに、どの銘柄に買いが集中しているか、どの銘柄に売りが集中しているかを知らせることができる。そして機関投資家の注文を先に執行し、情報料を払って買っている個人投資家の注文をそのあとで執行すれば、機関投資家は安全にサヤを抜くことができるし、自社は情報料を差し引いたあとでも莫大な手数料収入を得られる。

もちろん仲介業者が手ガネを張って、客の買い注文より早く買っておいて、買い値より高く売りつけるとか、客の売り注文より先に自社が買い持ちしていたポジションを売っておいて、客に本来の売り値より安く売らせるという行為は、フロントランニングといって法律で禁じられている。だが、たまたま同じ銘柄についての注文が多いときに、ロットが大きいので相手側に立ってくれる注文をぶつけるのがむずかしい機関投資家の注文を優先し、相手の見つけやすい個人投資家の注文の執行が遅くなっただけだと言い張れば、違法性を立証するのは困難だろう。

取引手数料ゼロに惹かれてロビンフッドに注文を出している個人投資家も、相場全体が上げ基調のときには、あまり深刻な苦情を言うことはないだろう。なんと言っても上がる株の買い値が想定していたよりちょっと高めだったとしても、利幅が多少縮まるだけで大きな被害が出るわけではない。

しかし相場が下げ基調になると、話は違ってくる。機関投資家が大きなポジションを持っている株に個人投資家の売り注文が殺到していることがわかったら、機関投資家は大口の売り注文を先に執行しろと要求するだろう。そうなると、個人投資家は大暴落のあとでやっと売り注文を執行してもらえることになる可能性が高い。

グーグルやビングなどでロビンフッド証券を検索すると、「手数料タダで株取引ができるすばらしいネット証券会社だ。早く日本にもこういう革新的な証券会社が出てこないものか」などというスレッドが続々出てくる。つくづく、タダより高いものはないと感じさせられる。

金融業・専門サービス業の肥大化はサービス主導型経済本来の姿ではない

ＦＩＲＥ３業態と専門・企業向けサービスには共通の特徴がある。それは雇用人口に比べて付加価値額のシェアが大きい、つまり１人当たり付加価値額が高いということだ。１０２～１０３ページのグラフの最終年次である２００９年を例に取れば、ＦＩＲＥは約６％の雇用人口で約21％の付加価値を生み出していた。１人当たり付加価値額は平均値の２・５倍だ。専門・企業向けサービスも雇用人口は約６％だったが、こちらは約12・５％の付加価値を生み出していた。１人当たりにすると２倍強となる。

たんに１人当たり付加価値額が高いだけではなく、業界内の賃金給与格差も大きい。そして高給取りの大部分は、大学・大学院で高等教育を受けていたころから、エリートト養成コースに乗っていた人たちだ。もちろん、こうした業種でも特別な資格や能力を授けられたわけではないが、業界に入ってから高給取りにのし上がった人たちもいないわけではない。それにしても、ごく少数派にとどまる。

その他のサービス業となると雇用人口は増えるが、その割にGDPに占める付加価値は増えない。つまり賃金給与はGDP成長率以下に押しとどめられてしまう。製造業全盛期に現場で作業をしていた工場労働者たちの中には、あまり高い教育を受けなくても職場で経験を積むうちに技倆《ぎりょう》が高まって、工場内での地位も賃金給与も上がるという人たちがかなり大勢いた。だがサービス業では、そういうチャンスも少ない。

社会全体として貧富の格差は拡大し、殺伐とした世相になる。一生低賃金にとどまることが予想される人たちの中から、失業しても次の職を真剣に探さずに労働力人口から脱落し、生活保護やフードスタンプに頼って生活していく人が増える。1980年代にやや回復し、90年代以降は先進諸国でもっとも高い成長を達成したとされるアメリカ経済の実態はこんなものだ。

だが経済を牽引する産業が製造業からサービス業に移ると、こんなに惨めな成長経路しか描けなくなるものだろうか。そもそも製造業による巨額の資金需要をまかなうために発展した金融業が、製造業のピークアウト後も肥大化をつづけていること自体がおかしいのではないだろうか。アメリカ型ではないサービス業主導経済のあり方を、身をもって実践している先進国がある。それが日本だ。

まず日本でも欧米諸国同様、製造業の地位が低下し、第3次産業（広義のサービス業）の地位が上昇していることを確認しておこう。次ページのグラフは、上段が第3次産業活動の水準を示し、下段が製造業（工業）活動の前月比変化率を示している。

第3次産業は多少のでこぼこを示しながらも、2019年半ばごろまでほぼ順調に活動を拡大してきた。このグラフが対象としている期間は、日本と世界がバブル崩壊の直前から阪神淡路大震災、ハイテク・バブルの崩壊、国際金融危機、東日本大震災、ユーロ圏ソブリン危機とたてつづけの激震に見舞われた時期だった。それを考えると、この成長軌道は非常に堅固なものだったことがわかる。また日本の第3次産業活動が急落に転じたのは、コロナ騒動のあとではなく、その直前の2019年後半だったことにも注意しておきたい。

一方、下段の工業生産高の前月比変化率は製造業の減速がバブル崩壊よりはるかに早く、1960年前後に始まっていたことを示している。そして1990年代には減速が停滞に転じ、2000年前後には時おりの大きなマイナスをその後の反発でも取り戻せなくなっていたことがわかる。全体として日本経済もまた、製造業主導からサービス業主導に変わってきたのだ。

大筋では、第3次産業の地位向上という共通点を持ちながらも、日本はアメリカとは大きく異なる成長経路をたどってきた。最大の差は金融業が国民経済全体に占めるシェアだ。

138ページに掲載したのは、2005~18年の日本のさまざまな産業分野の生み出す付加価値がGDP全体の何パーセントを占めていたかを示す表だ。102~103ページでご覧い

日本の第3次産業活動指数
1988～2020年

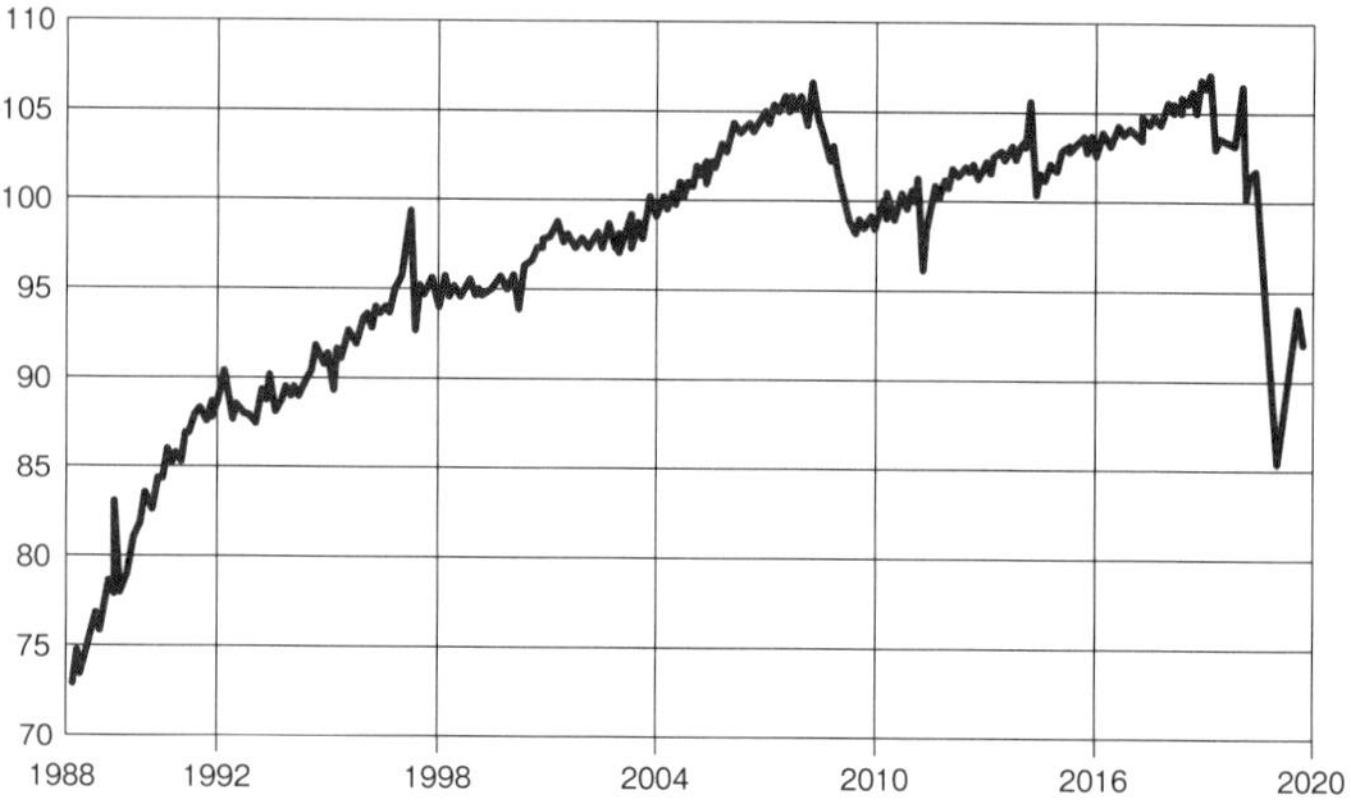

日本の工業生産指数（前月比変化率）
1953～2020年

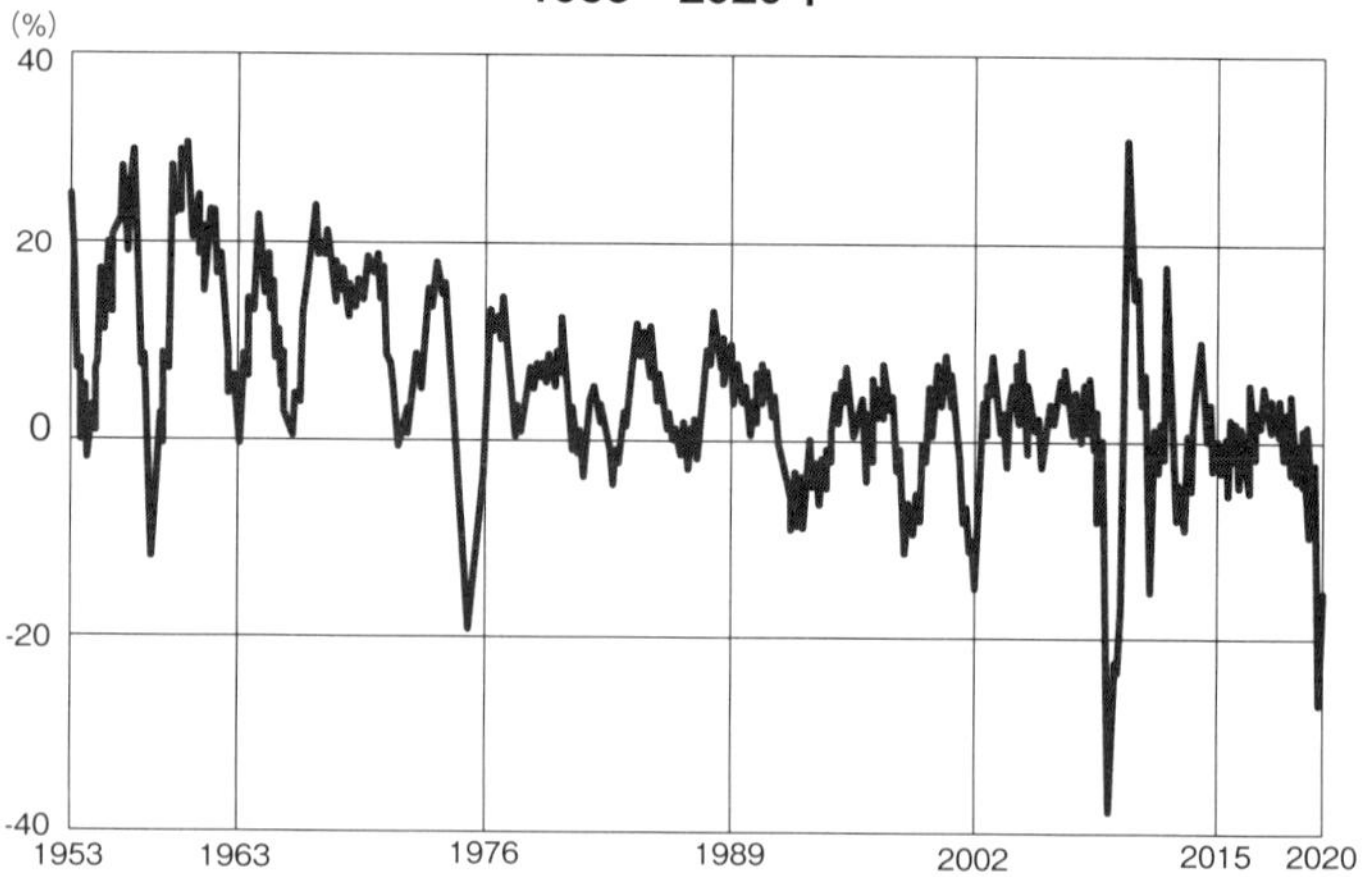

原資料：日本国経済産業省データをトレーディング・エコノミクスが作図
出所：ウェブサイト『Trading Economics』、2009年9月18日時点のエントリーより引用

ただいたアメリカの同じテーマのグラフと比べて、だいぶ対象期間は短い。だが重要なポイントは浮かび上がってくる。

日本でも製造業付加価値額のＧＤＰに占めるシェアは低下している。だがアメリカが12〜13％に落ちているのに比べて、しぶとく20％台を維持している。最大の理由は、日米両国のエネルギー消費量の差だろう。アメリカの製造業は同じ生産高を達成するのに必要なエネルギー資源消費量が多いので、製品の国際競争力が弱い。一方、日本は製品１ドル分に対するエネルギー消費量がいまだにアメリカの半分程度で済んでいるので、製品の国際競争力も強いわけだ。

もっとおもしろいのが、日米両国の金融業のシェア推移だ。双方とも１９８０年代を通じて、かなり金融保険業のシェアが伸びていた。日本がバブルの頂点に立っていた１９８９〜90年の統計では、日本とアメリカの金融・保険業のＧＤＰシェアはともに12％程度だったはずだ。ただ１０２〜１０３ページでご紹介したアメリカ経済における産業部門別付加価値シェアのグラフでは、金融保険だけではなく不動産業が込みになっていたので、金融保険だけを数えた場合に比べて５〜６ポイント高く出ていた。

ところが日本でバブルが崩壊した１９９０年代以降は、両国の金融業が国民経済に占めるシェアは正反対の動きとなった。アメリカの金融保険業はどんどん伸びつづけたのに対し、日本の金融保険業は縮小しつづけたのだ。その結果、日本の金融保険業の付加価値シェアは２００５年の５・９％から、２０１８年には４・２％にまで下がっていた。

日本経済各産業の対総付加価値シェア推移
2005～2018年

(%)

	平成 17暦年	18暦年	19暦年	20暦年	21暦年	22暦年	23暦年	24暦年	25暦年	26暦年	27暦年	28暦年	29暦年	30暦年
	2005	2006	2007	2008	2009	2010	2011	2012	2013	2014	2015	2016	2017	2018
1. 農林水産業	1.1	1.1	1.1	1.1	1.1	1.1	1.1	1.1	1.1	1.1	1.1	1.2	1.2	1.2
2. 鉱業	0.1	0.1	0.1	0.1	0.1	0.1	0.1	0.1	0.1	0.1	0.1	0.1	0.1	0.1
3. 製造業	21.6	21.6	22.1	21.5	19.2	20.9	19,8	19,8	19.6	19.9	20.9	20.8	20.8	20.8
4. 電気・ガス・水道・廃棄物処理業	2.9	2.8	2.5	2.4	2.9	2.8	2.3	2.0	2.1	2.4	2.6	2.6	2.6	2.6
5. 建設業	5.6	5.5	5.2	5.1	5.2	4.8	4.9	5.0	5.4	5.6	5.6	5.6	5.7	5.7
6. 卸売・小売業	14.3	13.8	13.5	13.9	13.7	13.8	14.4	14.8	14.9	14.4	14.1	13.9	14.0	13.7
7. 運輸・郵便業	5.1	5.2	5.4	5.3	5.1	5.1	5.0	5.1	5.1	5.2	5.1	5.1	5.1	5.2
8. 宿泊・飲食サービス業	2.7	2.7	2.7	2.7	2.7	2.6	2.5	2.4	2.5	2.5	2.3	2.6	2.6	2.5
9. 情報通信業	4.9	4.9	5.0	5.1	5.3	5.1	5.2	5.1	5.1	5.1	5.1	5.0	4.9	5.0
10. 金融・保険業	5.9	5.8	5.7	4.9	5.0	4.8	4.7	4.6	4.6	4.5	4.4	4.2	4.2	4.2
11. 不動産業	10.4	10.7	10.7	11.2	12.1	11.9	12.2	12.1	12.0	11.8	11.5	11.5	11.4	11.4
12. 専門・科学技術・業務支援サービス業	6.4	6.7	7.0	7.4	7.3	7.0	7.3	7.2	7.3	7.3	7.3	7.5	7.4	7.6
13. 公務	5.1	5.1	5.2	5.3	5.5	5.3	5.4	5.3	5.2	5.2	5.0	5.0	4.9	5.0
14. 教育	3.5	3.6	3.5	3.6	3.8	3.7	3.8	3.8	3.7	3.7	3.6	3.6	3.6	3.6
15. 保健衛生・社会事業	5.5	5.5	5.6	5.7	6.3	6.4	6.6	6.9	7.0	6.8	6.9	7.1	7.0	7.2
16. その他のサービス	4.9	4.9	4.8	4.8	4.8	4.7	4.7	4.7	4.6	4.6	4.4	4.3	4.3	4.2
合　計	100.0	100.0	100.0	100.0	100.0	100.0	100.0	100.0	100.0	100.0	100.0	100.0	100.0	100.0
第１次産業（農林水産業）	1.1	1.1	1.1	1.1	1.1	1.1	1.1	1.1	1.1	1.1	1.1	1.2	1.2	1.2
第2次産業（鉱業、製造業、建設業）	27.2	27.2	27.3	26.6	24.4	25.7	24.8	24.9	25.0	25.5	26.6	26.5	26.7	26.6
第３次産業（その他）	71.7	71.7	71.6	72.3	74.5	73.1	74.2	74.0	73.9	73.4	72.3	72.3	72.1	72.2
市場生産者	88.7	88.6	88.7	88.5	88.1	88.6	88.2	88.3	88.6	88.6	88.8	88.9	88.9	88.9
一般政府	9.3	9.3	9.2	9.5	9.8	9.3	9.6	9.4	9.2	9.2	9.0	8.9	8.8	8.8
対家計民間非営利団体	2.0	2.1	2.0	2.0	2.1	2.1	2.2	2.3	2.2	2.2	2.2	2.2	2.3	2.3

（注１）各経済活動には市場生産者のほか、一般政府、対家計民間非営利団体からなる非市場生産者を含む。
（注２）上記は、経済活動別付加価値の合計（国内総生産（GDP）とは異なる）に対する構成比。
（注３）不動産業の生産額には、持ち家の帰属家賃（持ち家を賃貸と同様のサービス生産と考えること）を含む。
出所：内閣府経済社会総合研究所『平成30（2018）年度国民経済計算年次推計（フロー編）』、2019年12月26日刊より引用

バブル崩壊後の日本経済の成長率が低迷している一因が、金融保険業の縮小であることは間違いなさそうだ。しかし、それは日本国民全体にとってほんとうにマイナスなのだろうか。先進国が共通して立ち向かわなければならない試練に先に直面したというだけのことなのではないだろうか。

金融業片肺飛行の英米にも銀行不要の経済が迫りつつある

それでもやはり、勝ち組業界にもぐりこんで経済成長の成果を吸い上げるほうに回りたいという人もいるかもしれない。だがアメリカでも、アメリカ以上に金融業だけの片肺飛行化が進んでいるイギリスでも、どうやら金融業界と大手企業の経営陣だけが経済成長の成果を独占する仕組みがもたなくなってきている。

この観察にはかなり自信を持っている。確固たる証拠があるからだ。欧米諸国の大手銀各行は、「経済の金融化・グローバル化」の時流に乗って順調に業績を伸ばしてきた。ところが株価を見ると、金融化が進展していた最中からほぼ一貫して、国を代表する株価指数に占める金融株の時価総額の比重が下がりつづけているのだ。まず次ページの上下２段組グラフをご覧いただきたい。

上段がアメリカを代表する株価指数、Ｓ＆Ｐ５００の時価総額に占める金融株のシェアだ。

S&P500採用銘柄中の金融株のシェア推移
1940〜2020年

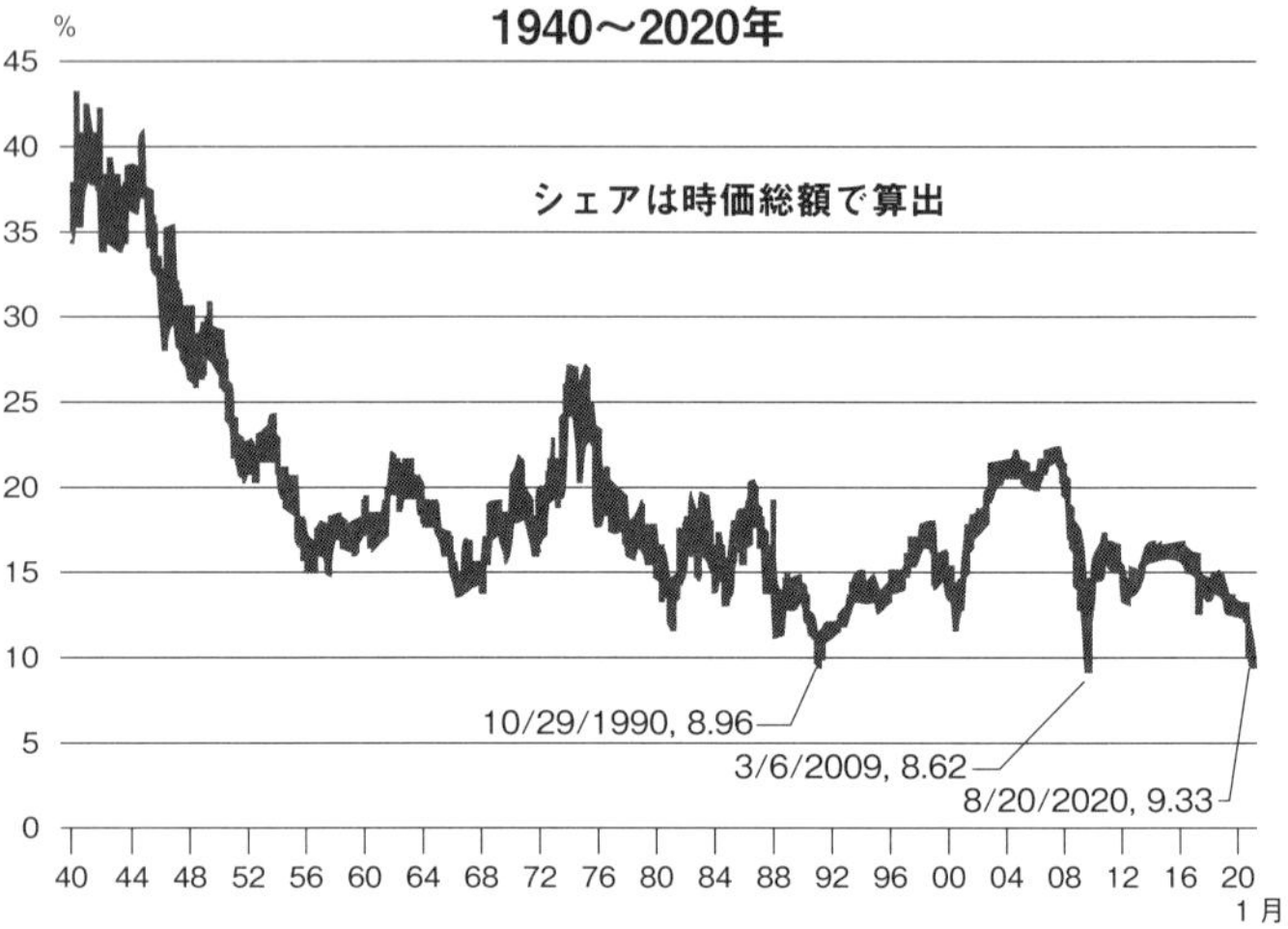

米非金融企業総債務中の事業向け銀行融資比率
1980〜2020年

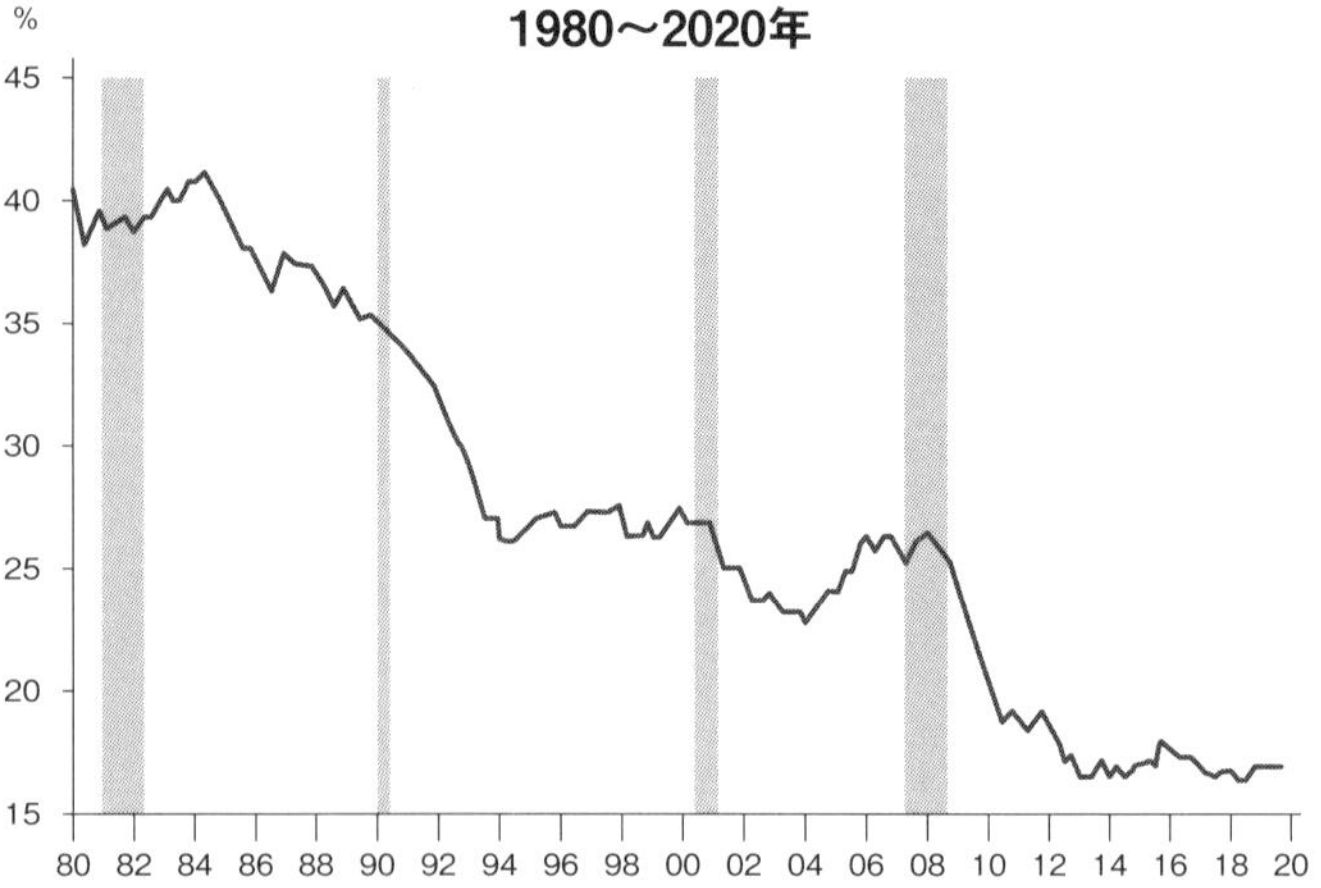

銀行融資額は、有担保・無担保を問わず銀行からの借り入れ、総債務は債務証券と銀行融資の総額を示す。
原資料：Bespoke Investment Group、連邦準備制度、ヘイヴァー・アナリティクス、ドイチェバンク　グローバルリサーチ
出所：（上）ウェブサイト『UPFINA』、2020年8月30日、（下）Torsten Slok、Deutsche Bank NY、『Global Macro Outlook』、同年6月30日のエントリーより引用

私も確認してみて驚いたのだが、史上最高のピークは、なんと第二次世界大戦中の約43％だった。そして第2のピークは、「株の死」が語られた１９７０年代後半の約25％だった。皮肉にもアメリカ経済全体の金融化が進んだ１９８０年代以降は、どんなに頑張ってもかろうじて20％台に乗せるのが精いっぱいとなっている。

逆に金融業シェアの底値を見ると、２０２０年８月までで計3回、10％台を割りこんでいる。最初が日本の株価・不動産バブル崩壊の影響が長期化すると判明した１９９０年10月、２回目が国際金融危機の大底となった２００９年3月、そして3回目が今年の８月に「コロナショックの影響は軽くて済みそうだ」という楽観論が優勢になった時期だった。この景況感が明るくなり始めた時期に金融株のシェアが下がったのは、意味深長だ。株式市場が「経済が平常運転に戻ったときに金融業界が果たす役割はそれだけ低くなっているはずだ」と読んでいるのだろう。

その理由は下段にはっきり出ている。金融業以外のあらゆる業種の企業が銀行融資に頼る度合いが世間的には金融経済化が進んでいた１９８０年代以降、劇的に減少しているのだ。もともとアメリカの非金融企業は借金をするとき、銀行融資より債券やコマーシャルペーパーといった、市場で直接投資家に売ることのできる金融商品に頼る傾向が強かった。それでも80年代前半は銀行融資依存度が40％台を維持していた。それが80年代後半には35％を割りこむまで下がり、その後も延々と下がりつづけて、直近8年間はほぼ一貫して16～17％で推移している。

金融業界は、いろいろ新商品を開発しては派手にマスメディア総動員で宣伝して、いかにもイノベーションの活発な業界だというふりをする。だが金融業界にとっていちばん安定した収益基盤は、零細企業から個人世帯にいたるまで手広く預金を集めて、預金金利より高い金利で融資することから生ずるサヤ抜き商売だ。これはもう大昔から現在にいたるまで、まったく変わっていない。そのもっとも安定した収益基盤がどんどんやせ細っているからこそ、アメリカの金融業界は世界一「革新的」でありつづけなければならないのだ。

金融業界全体が積極的に新商品を開発しているアメリカですら、株価指数に占める金融業界のシェアがどんどん下がっているのだから、業界全体がそれほど革新的ではないヨーロッパ諸国の金融株、とくに銀行株の下げ方はもっと強烈だ。アメリカの金融株のように上昇基調の株価指数の中でのシェアが低下しているどころではなく、銀行株が軒並み大暴落した国際金融危機のころから何度立ち直ろうとしてもへたりつづけている。その惨状は次ページのグラフのとおりだ。

上段は2007〜20年のユーロSTOXX600銀行株指数の月足だ。ユーロSTOXX600銀行株指数とは、ユーロ圏を代表する大企業600銘柄で構成されたユーロSTOXX600株価指数に採用されている、銀行株だけの指数のことだ。ご覧のとおり、国際金融危機直前には540まで上がっていた指数が直近では70寸前まで下がって、史上最高値の8分の1近くになっている。この水準は、ユーロ圏が創設される10年も前の1988年以来ということ

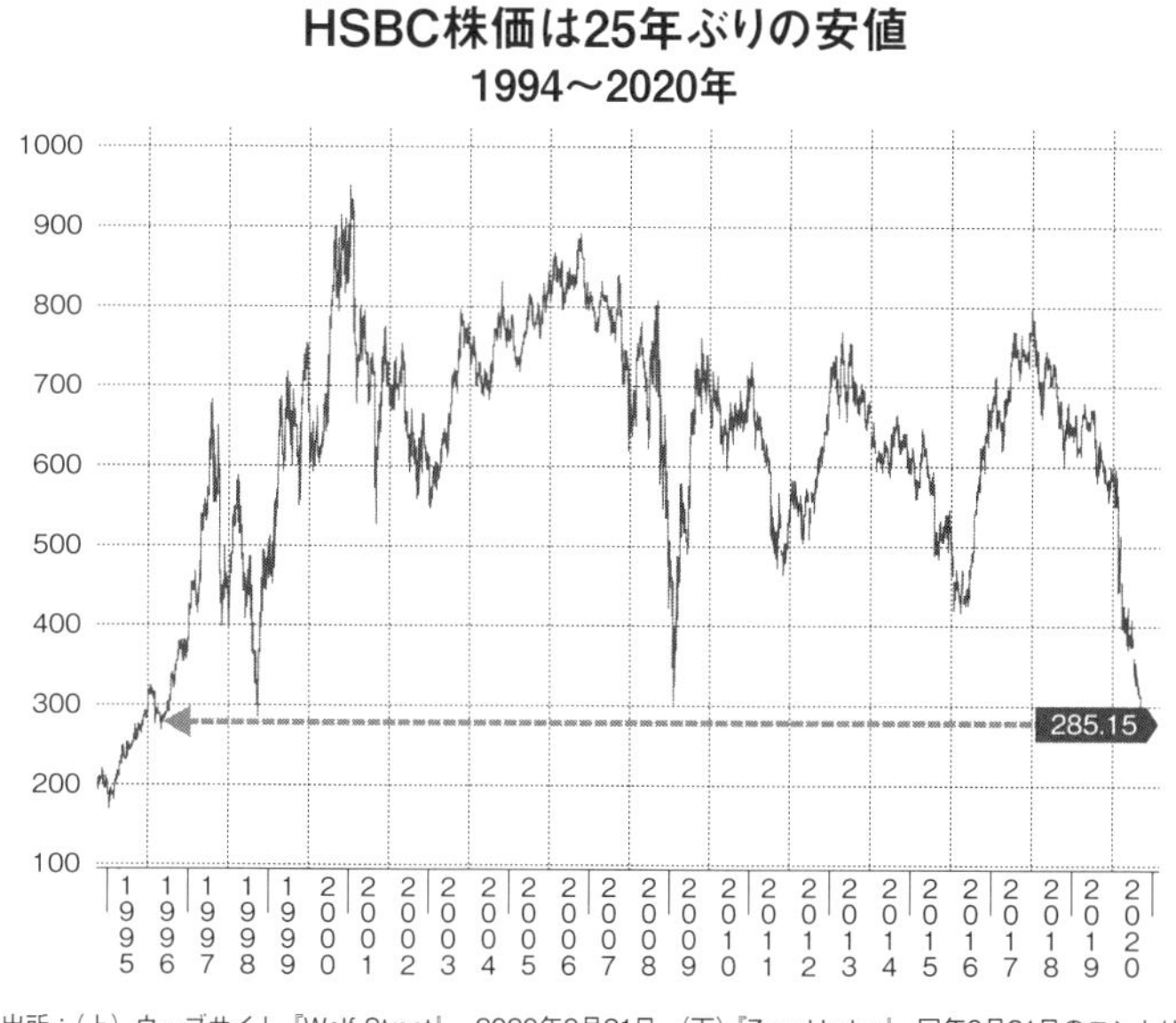

出所：（上）ウェブサイト『Wolf Street』、2020年9月21日、（下）『Zero Hedge』、同年9月21日のエントリーより引用

なので、これだけで「ユーロ圏創設によってヨーロッパ諸国が経済覇権を握る」という夢はあとかたもなく消え去ったことがわかる。

ちなみに日足とか、週足とか、月足というグラフはいったいどういうものなのか、ここで説明しておこう。ここに出ている月足を例に取れば、毎月その月の始値、高値、安値、終値（合わせて四本値と呼ぶ）を太い棒の上下に2本のひげが生えたかたちで示す。

始値と終値のあいだが太い棒で、高値が上ひげのてっぺん、安値が下ひげの底だ。始値より終値が高ければ陽線と言って白抜きにする。始値より終値が低ければ陰線と言って黒く塗りつぶす。太線の上下にひげが生えたかたちがロウソクに似ているので、ロウソク足とも言う。江戸時代に大坂堂島の米相場分析のために開発された手法だが、今では世界中の投資家が使っている。

このグラフを眺め渡しただけでも、はっきり白抜きとわかる陽線が両手で数えられるほど少なく、黒く塗りつぶした陰線が圧倒的に多い。つまり月初より月末のほうが株価は低かったという月ばかりなのだ。2016年以降、はっきり確認できる陽線は1本もない。

下段はなんとかユーロ圏にもぐりこもうと画策したが、結局は入れなかったイギリスの銀行業界最大手HSBC（旧香港上海銀行）の1994~2020年の株価チャートだ。こちらの下げ幅はユーロSTOXX銀行株指数ほどひどくはないが、それでもぴったり25年ぶりの安値を今年の9月に記録している。ちなみにロンドン証券取引所の株価は、なぜかポンドではなくペンス（1ペンスは1ポンドの100分の1）で表示されるので、2000〜01年の大天井では9ポンド台半ばまで上げていた株価が、直近では3ポンド前後に低迷しているわけだ。

もちろん株価が低迷して当然という個別要因は、山ほど抱えている。創業以来一貫して最大の収益源だった香港金融市場が、どうやら「一国二制度」から「本土並み」に変更されそうだという大陸政府の意向、世界的に見てシステミックに重要な約30の大手銀行中でも、ひときわマネーロンダリング（不正に取得した資金の公然化）への関与度が高かったらしいこと、イギリスのEU離脱交渉が暗礁に乗り上げっぱなしで宙ぶらりん状態であることなどがある。

とは言うものの、1990〜2000年には約9ポンド50ペンスの高値を付けていたものが、25年前と同水準の2ポンド85ペンス（ほぼ正確に史上最高値の3割）まで下がってしまったのだ。個別HSBCだけの問題ではなく、ヨーロッパ諸国ではアメリカ以上に大手銀行の存在理由が薄弱になっていることを示すと考えるべきだろう。

アメリカの銀行業界に話を戻そう。ウェルス・ファーゴ銀行は、かのウォーレン・バフェットが一生持ちつづけたい銘柄のひとつと言うほどの「堅実経営」をしていたはずだった。そのウェルス・ファーゴが、全行挙げて不正口座づくりに励んでいたことが2016年に発覚して以来、JPモルガンは全米でいちばん経営状態もよく、勢いのある銀行と目されていた。

だが、そのJPモルガンは銀行経営でもっとも重要な指標のひとつ、預貸率が2011年以来ずっと健全とは言えない水準にあり、直近では50%を割りこんでしまったという衝撃的なニュースが報道された。次ページのグラフをご覧いただきたい。

預貸率とは、預金総額のうち何パーセントを融資できているかを示す指標だ。この2枚組グラフでは上段が預金総額と融資総額を示し、下段が融資総額の預金総額に対する比率である預貸率を示している。大ざっぱな目安として、預貸率が70%を割りこんだら要注意と言われている。ＪＰモルガンの場合、２０１０年まではハイテク・バブル崩壊後とか、国際金融危機直後とかに一時的に70%を割りこんだことがあるが、すぐ70%台を回復していた。

ところが２０１１年以降は一貫して70%を超えたことがないのだ。

金融業界全体が、「あのＪＰモルガンの預貸率が２０２０年9月にとうとう50%を切ってしまった」というセンセーショナルな報道にうろたえた。だが２０１１年以降、一度として70%を超えたことがないという事実のほうが、よほど深刻だと思う。コロナ禍はどんなに大げさに騒がれようと、比較的被害の少ない軽量級の疫病で、その影響も一時的にとどまるだろう。だが２０１０年以来、もう丸10年近く一度として預貸率が70%を超えていない。これは欧米諸国の株式市場の規模が半減するだけではなく、銀行としての本業が不要になる世界が近づいたことを示唆している。

JPモルガン総預金額・総融資額推移
1999～2020年

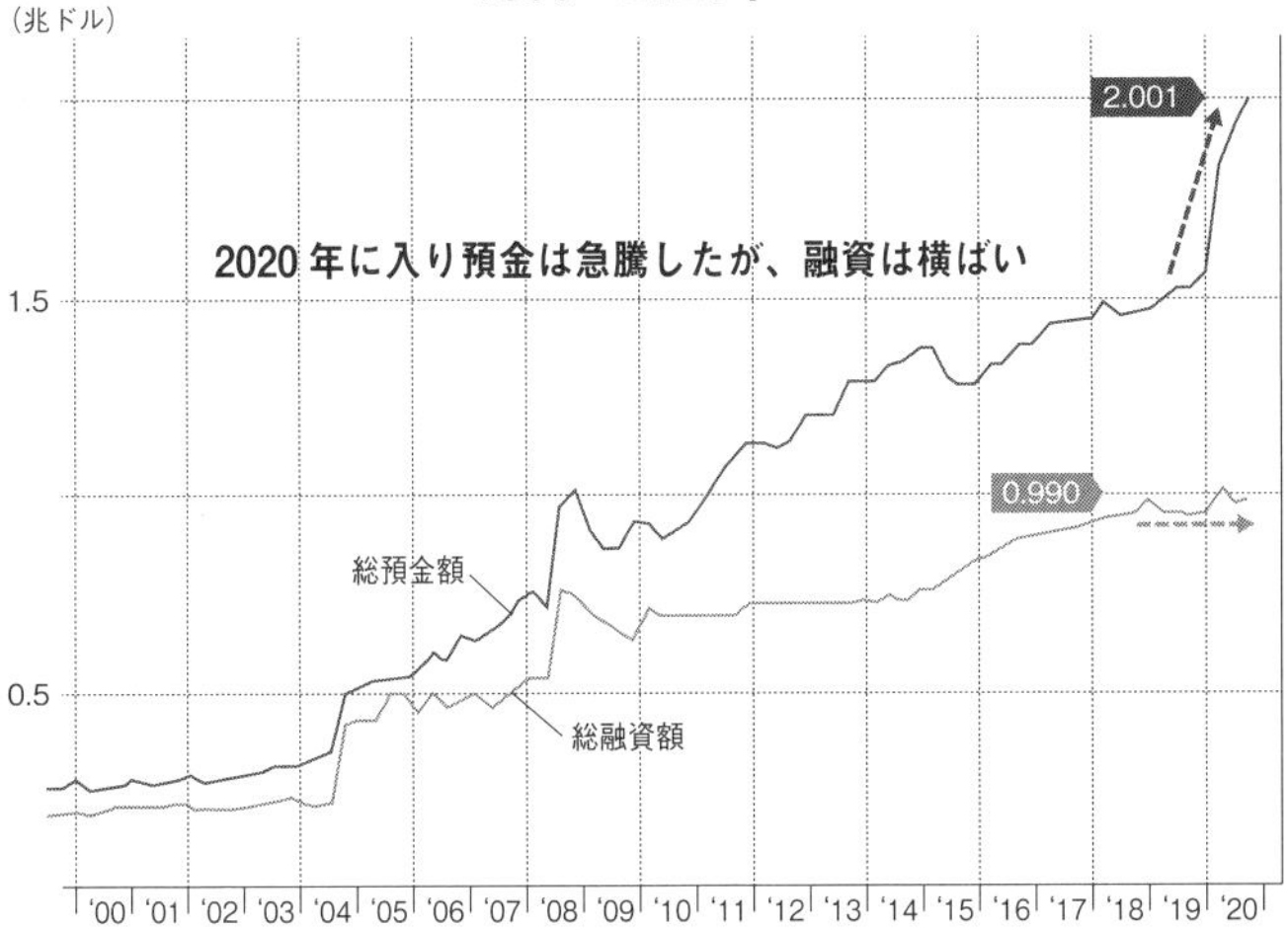

JPモルガン預貸率推移
2000～20年

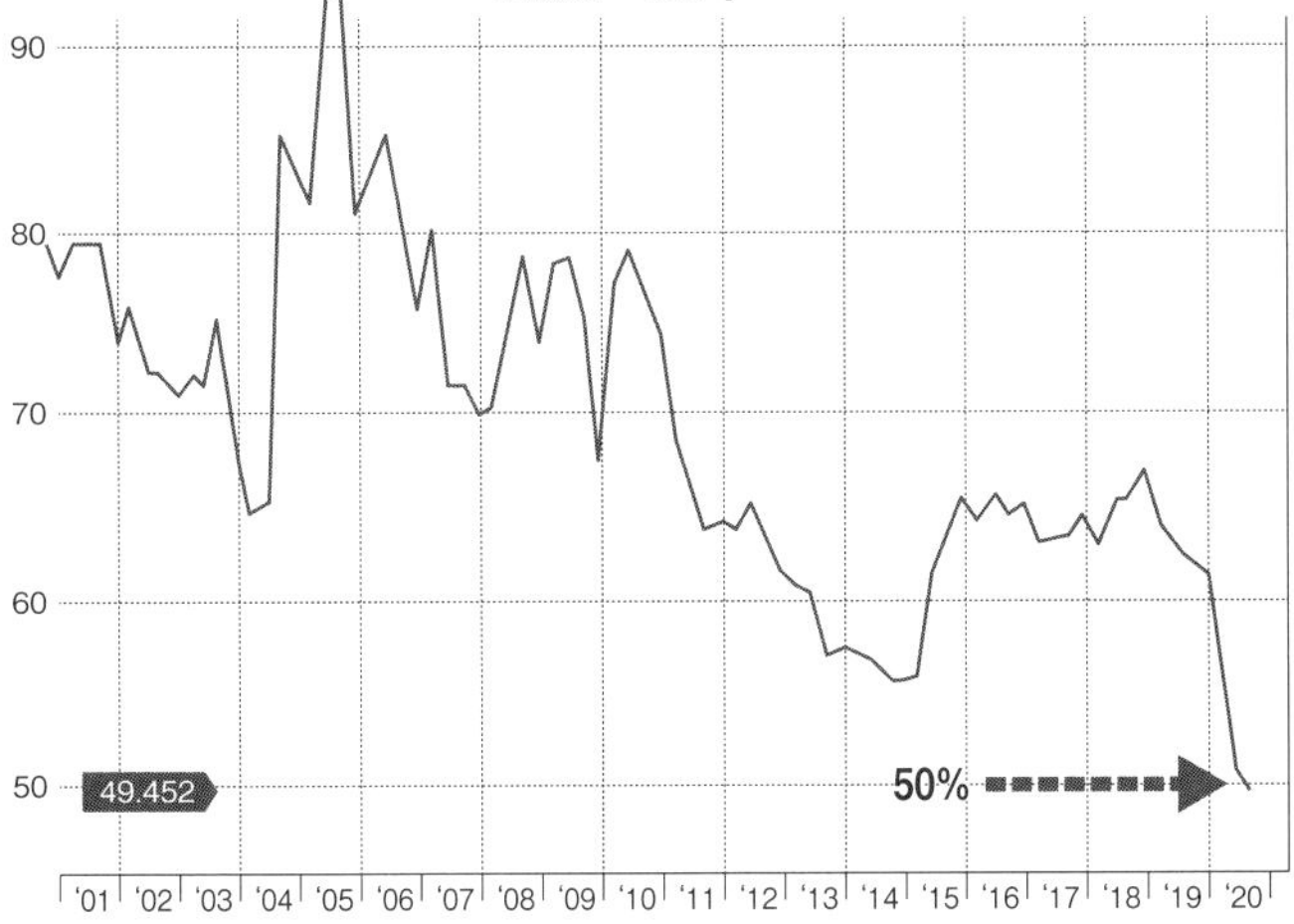

出所：ウェブサイト『Zero Hedge』、2020年10月13日のエントリーより引用

第4章

劣等生にしか見えなかった日本が、意外にも激変する世界にいちばん柔軟に適応していた

カネを働かせる時代の終わり

戦後日本経済史、とくに金融市場の歴史を見ていると、一般大衆の健全性、知的能力の高さに感銘を受けることが多い。世界中から「あんな資源小国は三流の農業国に転落するしかない」と思われていた第二次世界大戦直後、日本の個人世帯は日本企業の発行済み株式総数の約7割を保有していた。ろくに食事もできないほどの極貧状態に追いこまれても、日本経済の復興に身銭を切って賭けていたのだ。

そんな気配は毛頭なかったが、もしアメリカ政財界の大物たちが「今後の日本経済を金融支配してやろう」と思ったとしても、日本国民はその余地を与えなかった。今でも日本企業で米国の株主や米ドル建て債務に経営を依存しているような会社は、ごく少数にとどまる。

その後、75年にわたって日本の個人世帯の株式投資スタンスは一貫していた。「日本経済再建のための資金拠出はした。あとはもう、特定企業の株が吹き値をしたら高値で売り抜け、割安にとどまっているうちは持ちつづける」という見事な退却戦方針だ。個人世帯がこの方針から逸脱したのはたった2回だけ。1970年代半ばの列島改造論ブームのときと、バブル崩壊直前の1987~89年だった。そのころの株や不動産の高値づかみで一生を狂わせてしまった人たちもいた。しかし、個人世帯の大部分は借金をしてまで投資で儲けようとは思わず、バブル崩壊の損失も微少に食い止めた。

その後も、アメリカを中心とする外国人投資家が、まず安値で日本株を仕込んでおいてから、派手な買い注文を入れて日本の機関投資家に高値づかみと捨て値での損切り売りをさせても、追従するのは機関投資家だけ。個人投資家は外国人が買い始めたころから一貫して売り向かっていた。だからこそ失われた10年が20年になろうと30年になろうと、日本の個人世帯の金融資産は貯蓄を中心に堅実に伸びつづけているのだ。

世界中の国民経済が、製造業主導で投資が牽引するかたちからサービス業主導で消費が牽引するかたちに移行することによって、何がいちばん大きく変わるだろうか。経済状態の良し悪しを決める判断主体が一握りのエリート集団から、大勢の一般大衆に変わるということだ。この変化を未来に起きることのように書いたのは、正確な表現ではない。じつは日本では、そして世界中で日本だけでは、１９８０年代末から１９９０年代初頭に経験済みのことなのだ。

それから30年、日本株市場で高収益企業は狭いニッチに封じ込められ、高成長産業は低収益を甘受するという、株式投資家にとって悪夢のような状態がつづいていた。だが、そもそも高収益高成長企業が次々に登場して、そういう企業を早めに発見できれば株の運用だけで大きな資産が形成できるという状態が延々とつづく米中経済のほうが異常なのだ。ヨーロッパは、日本ほど劇的なかたちではないが、徐々に高収益低成長と低収益高成長の２パターンに企業が分化していく気配を見せている。技術開発力が劇的に低下しているので、高収益低成長も低収益高成長も、ほんの一握りずつしか残らないだろうが。

日本ではかなり多くの高収益低成長企業と、そこそこの数の低収益高成長企業が生き残るだろう。それでもやはり株式投資家にとっては流動性のもたらす安全と、高成長のもたらす高収益の双方を満たす運用は非常にむずかしい環境がつづく。「ムダな抵抗はやめろ」とまでは言わないが、そろそろカネに働かせて自分は悠々自適で資産を拡大しつづける時代は過ぎ去ったことを悟るべきではないだろうか。

日本の現状は金融業主導のサービス経済化が行き詰まる欧米よりひどいのか？

S&P500株価指数は、2020年8月20日に初の3500ドル台乗せを達成している。ユーロSTOXX600でさえ、2000年の高値に何度も挑戦し、2019年12月にはついに415ユーロの新高値を付けている。それに比べて、すでに1989年に3万9000円目前で大天井を打ってから30年以上経っているのに、やっと大底から半値戻しにこぎ着けたあとは横ばいに終始している日経平均は、いかにも鈍重だ。

もし株価が経済を正しく反映したり、予見したりするものなら、日本は先進諸国で最弱の経済小国に転落してしまったという嘆きが出てくるのも無理はない。次ページの2枚組グラフを

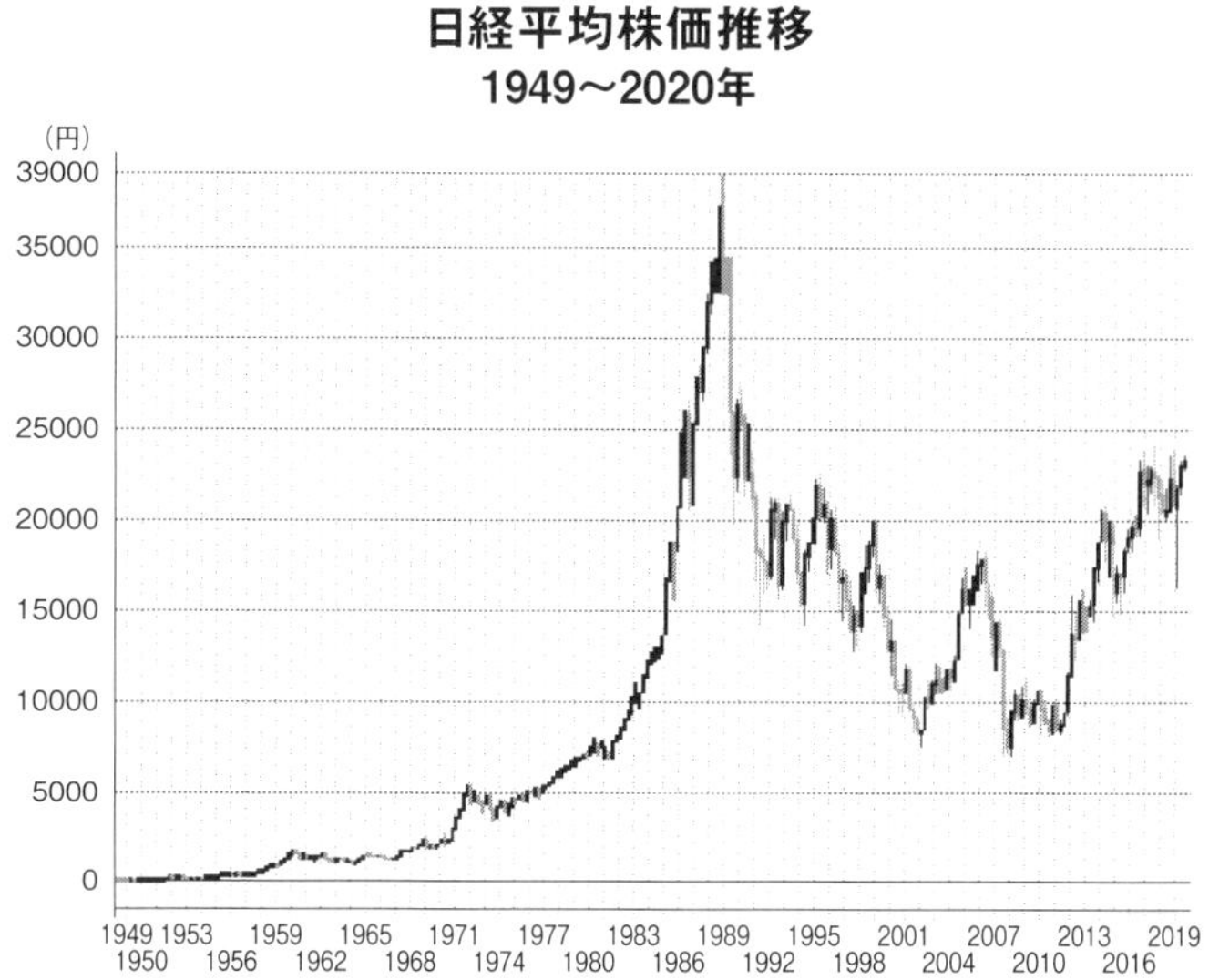

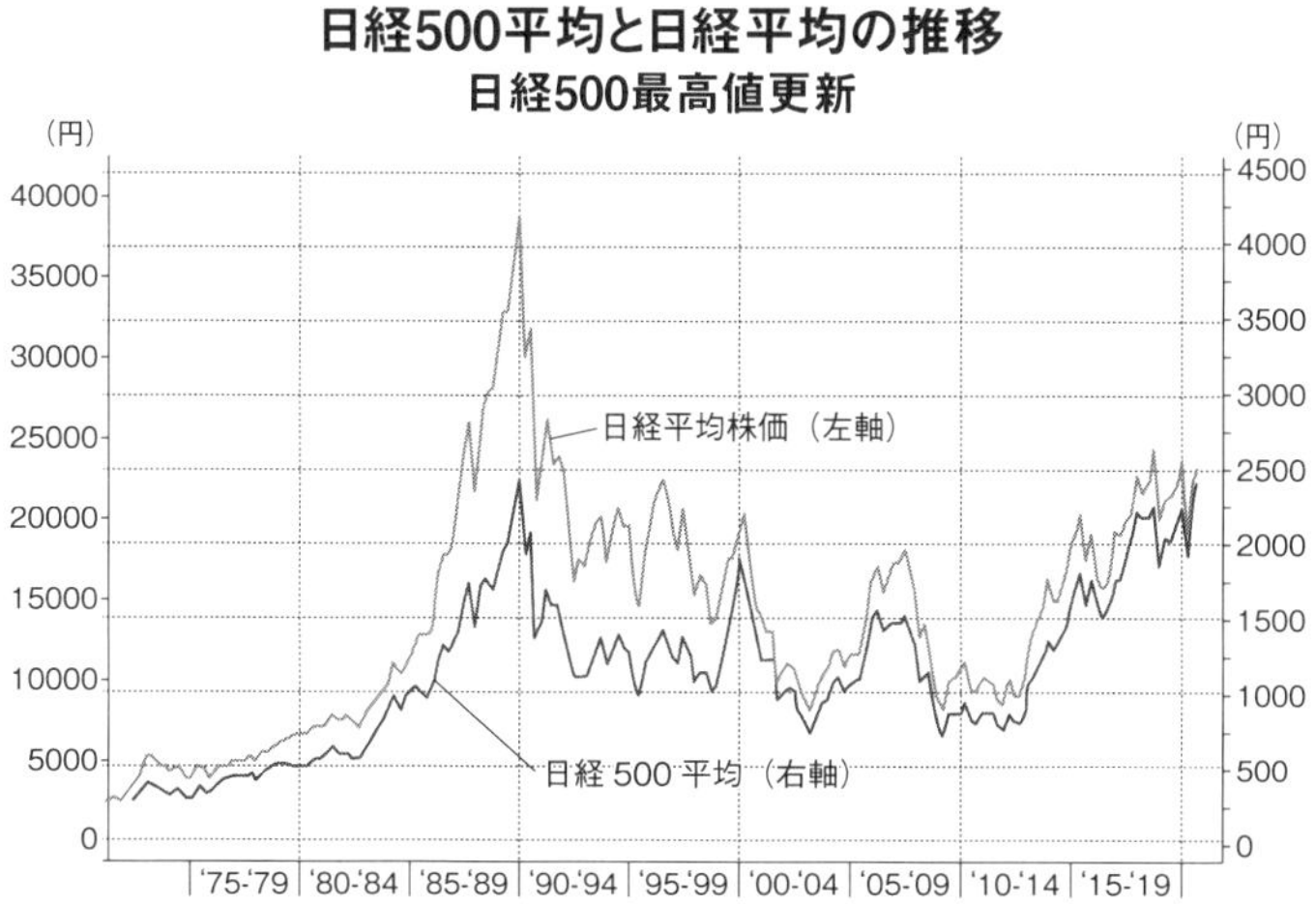

出所：（上）ウェブサイト『かぶれん』、「日経平均株価の推移（長期チャート）」2020年9月19日現在、（下）『ブルームバーグ・ニュース』、同年9月28日のエントリーより引用

ご覧いただきたい。

上段は、第二次世界大戦直後の1949年から直近までの日経平均の四半期足、つまり3ヵ月を1単位とする四本値で示したものだ。このグラフでは陽線を黒、陰線を灰色に塗り分けている。一目瞭然と言うべきだろうが、1989年まではほとんど陰線が見当たらないほど一本調子に上げつづけ、1990年以降はたんに陰線のほうが多いだけではなく、一般的に陰線のほうが長めになっている。3ヵ月のうちにはかなり大幅な値動きがあるものだが、90年以降の大きな値動きはほとんど下落で起きていたのだ。

こうした長期のチャートを見てはため息をつくことが多かった日本株の投資家に、2020年9月末に意外なところから朗報がもたらされた。それが下段に掲載した「日経500という株価指数がついに1989年末に記録していた史上最高値を更新した」というニュースだ。日経500は機関投資家も、外国人投資家も、個人投資家もほとんど見向きもしない株価指数だが、日本の株価指数には珍しくひんぱんに銘柄を入れ替えている。

この報道のあと、日本の株価指数にはあまり生存者バイアスがかかっていないから、欧米の株価指数に比べてパフォーマンスが極度に悪いのではないかという指摘もあった。生存者バイアスとは、生き残ったもの、大きく育ったものの比重が高まり、消え去ったもの、小さなままでとどまっているものの比重は下がるので、市場全体の動きを見ようとする指数には、どうしても生存し、大規模化した成功者重視の傾向が出ることを言う。

たしかに欧米の株価指数はひんぱんに落ち目の企業を外して、上り坂の企業を入れている。とくに長期にわたってわずか30銘柄で構成されたダウ平均が国を代表するほぼ唯一の株価指数だったアメリカでは、代表的な株価指数はひんぱんに落ち目の株を外し、上昇基調の銘柄に入れ替えている。つい最近もＳ＆Ｐ５００が１９７０年代から２０００年代まで時価総額トップ５の常連だったエクソンモービルを外して、営業支援コンサルとソフトウェア開発に特化したセールス・フォースに入れ替えると発表した。

ところが日経平均を構成する２２５銘柄はめったに入れ替えない。公式の理由は「指数の存続性を重視する」ということだが、実際には市場のバックオフィス機能がそろばんと電卓で遂行されていた時代の入れ替えにともなう実務処理の煩雑さがいや気されて、そのまま入れ替えを避ける伝統ができてしまったというだけのことだった可能性も高い。まあ、日本株の場合、銘柄入替の有無にかかわらず、１９５０年代から80年代までほとんどの銘柄が上げつづけるという夢のような環境だったわけだから、惰性を引きずるのも無理もないとも言えるが。

サッカーにたとえれば、欧米のA代表は10代末から20代、30代のピークパフォーマンスが期待できる選手を選んでいるのに、日本だけが40代、50代の選手をずっとA代表に選びつづけているようなものだ。つまり国際試合の公式戦に、いまだに三浦知良、中村俊輔、遠藤保仁が現役で先発しているわけだ。サッカーにご興味のない方々には、あまりピンとこないたとえかもしれないが、ご容赦いただきたい。

「それにしちゃあ日経平均はよく頑張ってるな」とさえ言えるのではないだろうか。ただ欧米諸国が現役の名選手を送りこんでくる中で、日本だけが往年の名選手を先発させている影響はどのくらい深刻だろうか。その度合いを示しているのが、まさに下段のグラフだ。ご覧のとおり惰性で往年の名選手を先発させつづけた日経平均が、30年を費やして半値戻しにとどまっているのに対して、ひんぱんに銘柄を入れ替えている日経500は立派に全値戻しを達成した。

とは言え欧米を代表する株価指数のように1990年代初めに比べれば、4倍とか6倍とかの水準で新高値を付けたわけではない。日本の株式市場の長期低迷は、代表的株価指数に生存者バイアスが反映されていないという理由だけでは説明できないほど重く、大きい。だからこそ株価がいつまでも低迷する日本は、欧米に比べて経済全体として劣っているという言説が広く受け入れられているのだろう。

「株価低迷は経済不振の証拠」という主張の根底には、株式市場が経済全体に果たす役割は未来永劫にわたって変わらないという思いこみがある。だが、さまざまな産業が経済に占める地位は時代の変遷とともに変わっていく。かつて全労働力の約8割を雇用し、全付加価値の6~7割を生み出していた農林水産業は今では雇用で2~3%、付加価値で1~2%の小さな産業になっている。

長く全労働力の4分の1以上を雇い、全付加価値の3分の1以上を生み出していた製造業は、今や雇用で8~15%、付加価値で12~20%程度の産業に縮小している。製造業の設備投資のための資金調達を最大の使命としている金融業界のシェアも製造業の地位低下とともに、縮小に向かっていて当然なのだ。

先進諸国の経済で、その避けることのできない縮小をすでに終えているのは日本だけだ。日本を代表する株価指数である日経平均は大底でバブル絶頂期の約2割まで縮小し、その後の回復でもやっとピークの半値に到達したに過ぎない。結局のところ、金融業界は製造業主導の時代に果たした役割の半分ぐらいの重要性しかない産業になったといえる。この事実を、いちばんすなおに受け入れた姿を示しているのが、世界の金融業界の中で日本の金融業界だとも考えられるのだ。

それに比べて欧米の金融業界は、今まさにドラスティックな縮小が不可避の局面に差しかかっている。どうせ一度は経験しなければならない試練なら先に済ませておいたほうが、絶対に得だと私は思っている。

だれかアベノミクス好況を見たか？

ただ日経平均を見ても日経５００を見ても、日本株は２０１３年まで20年以上にわたる長期低落傾向がつづいた。それが２０１４年から回復に転じて、現状では日経平均でバブル前安値から最高値までの値幅の半値戻しを達成し、日経５００では史上最高値の奪回に成功している。

世間的には、この回復は2012年に発足した第二次安倍晋三内閣の功績ということになっている。たとえば次ページの2枚組グラフを使って、「安倍内閣は円安誘導によって輸出産業を回復させ、その結果株価が上昇した」といった解説をするわけだ。

たしかに上段の米ドルの円レートは、安倍首相就任直後の96円から102円へと約6％円安に振れている。一方、日経平均はこれも就任直後の1万円割れから直近の2万3000円台へと150％以上の値上がりを示している。ただ、これが円安誘導政策のおかげという議論はまったく間違っている。日本の輸出産業の中でも、製品の品質が高い企業は円高・円安にかかわらず業績を伸ばし、製品に特徴のない企業は2割や3割円安に振れても低賃金の新興国企業にシェアを奪われつづけている。

そもそもエネルギー資源や金属資源をほぼ全量輸入しなければならない日本では、円安は確実に国民全体の生活の質と落とす。一方、日本経済の輸出依存度は先進国の中ではアメリカに次いで低く、円安で有利になる企業の経済全体に占める比率も低い。なぜ円安と日本株高が並行して起きていたかというと、円安になって輸出企業の業績が良くなって、その結果株価が高くなったのではない。因果関係は反対だ。

外国人投資家が日本株を買う際に懸念するのは、売るときに円安になってしまって為替差損で売却益が圧縮されることだ。この事態に備えてドルを円に換えずに、円を借りて株を買う。この手法を円キャリーという。なぜ円を買わずに借りることが、株式売却益を守る手段となる

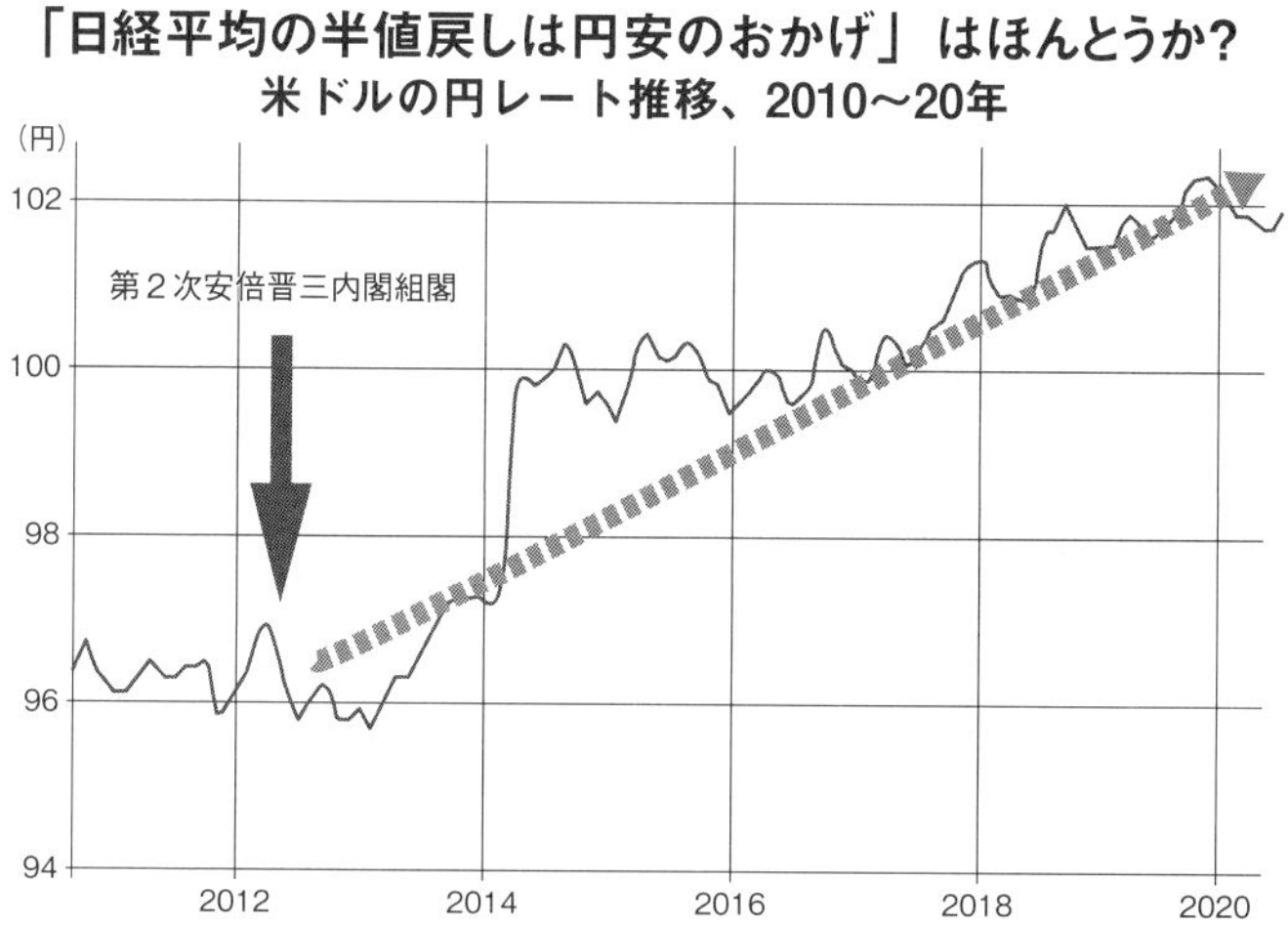

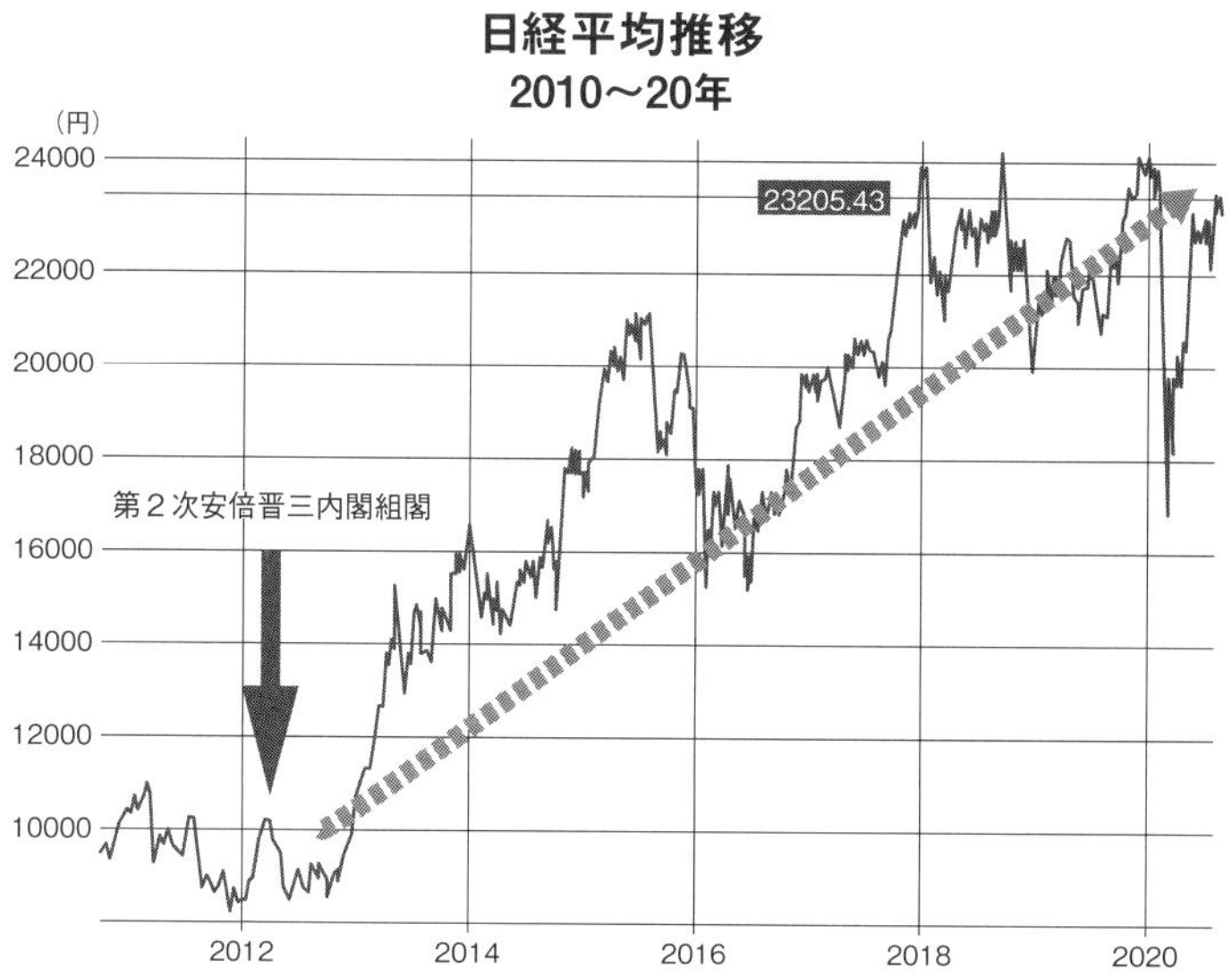

出所：ウェブサイト『Zero Hedge』、2020年9月27日のエントリーより引用

のかを具体的な数字でご説明しよう。

アメリカの投資家が1万ドルを日本株で運用するとしよう。運用を始めた時点で米ドルの円レートが１００円だったとしたら、１００万円分の日本株を買うことになる。この株が１２０万円に値上がりしたところで売ったら、円ベースでは20万円の売却益が出ている。しかし運用を始めるとき米ドルを円に換えてしまったとすると、もし米ドルの円レート１２０円（ドル高・円安）に振れていたら、１２０万円を米ドルに換えても1万ドルにしかならない。売却益を為替損が帳消しにしてしまうわけだ。

だが米ドルを円に交換せず、１００万円を借りていたとしたら、株を売って得た１２０万円のうち１００万円と金利を貸し手に返せば、残額は手元に残る。米ドルに換えて回収してもいいし、引きつづき日本で運用することもできる。もちろん1ドル１２０円のときに20万円をドルに換えれば、１６６7ドルになってしまうが、為替損で利益が消えてしまうよりはずっといい。ようするに米ドルを円に交換せずに円を借りることによって、円安リスクをヘッジできたわけだ。また円キャリーによる日本株の運用は、円高に振れても損にはならない。

前の例で言えば、１２０万円から１００万円プラス金利を返済するところまでは同じだが、もしドルの円レートが80円に振れていたら、残金20万円弱を米ドルに換えて手元に残る金額はもっと大きくなるわけだ。20万円は２５００ドルということになる。

円キャリーで日本株を運用する投資家がいると、借りた円が流通する分だけ円の総供給量が上がるので、円安に振れる。逆に日本株を売って手仕舞いしたら、借りていた円を返す。そうすると、円の総供給量が下がるので円高に振れる。

外国人投資家がいっせいに日本株を売れば株価は下がる。と同時に株を売って得た円の中から借金の元本プラス金利分を返すので、その分だけ円の総供給量が減って円高に転ずる。

一般商品でも金融商品でも大口の取引をすると、自分の買いで価格を上げ、自分の売りで売り値を下げてしまう傾向がある。だが、円キャリーで日本株を買えば、自分の買いで円安にしながら買い、売るときには自分の売りで円高方向にしながら売るので、ますます効率よく収益をあげることができる。

政策誘導によって円安になったから株高に転じたわけではないし、政策誘導が効かなくなって円高に振れたから株安に転じたわけでもない。そもそも通貨は政策で誘導できるものではない。弱い通貨を政策で高くすることも、強い通貨を政策で安くすることもできない。

国際的な経済危機が発生するたびに、円高に振れる。そうすると経済紙に決まり文句のように「安全通貨とされている円が上昇した」と書かれる。「とされている」のではなく、実際に安全通貨なのだ。日本円は金に次ぐ安全通貨で、米ドルよりはるかに価値が安定している。つい最近まではスイスフランも円同様の安全通貨と見られていた。しかし今年か来年のうちに、6～7年かけて世界中の株式市場の規模を半減させるまでは収束しない金融危機が勃発すれば、スイスフランはまったく安全ではなかったと判明するだろう。

スイスの中央銀行であるスイス国立銀行は潤沢な資金を外国株の運用で回して、高い収益性を誇ってきた。ところが、そのポートフォリオは、純然たるモメンタム（値動きのいい銘柄）投資で、アマゾン、グーグル、アップル、マイクロソフトに極端に集中した構成になっている。もう少し規模が小さければ、こっそり売り抜けることも可能だろう。だが、もう世界中の投資家たちがスイス国立銀の一挙手一投足に注目しているので、それも不可能だ。アメリカ株バブル膨張とともに運用資産がふくれ上がり、その崩壊とともに壊滅的な打撃を受けるしかないだろう。

私は、安倍内閣は国際経済や為替市場についてまったく無策に終始したが、その無策が幸いして株式市場も本来回復すべきところまでは回復したのだと思っている。すなわち意図的な政策の成功ではなく、無策だったが故の怪我の功名だ。

もちろん政治家の業績は政策意図ではなく、結果で判断されるものだ。日経平均の半値戻しも定着したし、今後、世界中で株式市場の規模が半減することになれば、枯れきった日本株市場も一時的ではあれ、相当下げる局面があるだろう。それを見越して、2020年9月半ばに辞任した引き際はみごとだったと思う。

1989年末に天井を打った日本株バブルとはなんだったのか

日経平均は1989年の大納会（その年最後の営業日）の終値で3万9000円にあと一歩ま

で迫ったが、１９９０年以降、延々と下げつづけた。２００９年3月の国際金融危機の最終局面では、終値ベースでの最安値でかろうじて７０００円台を維持したが、ピーク時の2割にも満たないほど下がっていた。この日本株バブルのスケールを、のちにアメリカで起きた２大株価バブルと比較したのが、次ページのグラフの上段だ。

上段では、日本の株式市場全体を代表する日経平均のバブルと、その後アメリカの株式市場で発生した2大バブル、ハイテク株バブルと住宅株バブルを比較している。ここでは機械的にバブルの頂点より5年前からの株価の推移を示しているので、ピークまでの上昇率は３・４倍と比較的おとなしい数字になっている。ただバブル前の大底だった１９８２年の約７０００円からの倍率で言えば、約5・6倍となる。

しかしアメリカのハイテク株バブルのときのナスダック１００指数は5年間で10・9倍になっており、サブプライムローン・バブル時の住宅株指数は5年間で9・7倍になっている。こうした派手な急騰に比べれば、日本株バブルは小さなバブルだったという印象は否めない。

日本の株価と地価が連動したバブルの膨張と、その後の延々とつづくベア（下げ）相場を当事者として経験した私は、その印象は間違っていると感じる。アメリカの2大株価バブルでは、大暴騰したのは比較的狭い分野の株だけだった。ところが日本の株価バブルは、好調な部門だけではなく、斜陽化した産業まで全部ひっくるめて大底から5・6倍に上がっていたし、それと連動して首都圏・近畿圏の地価も急上昇していたのだ。

日本株・米ハイテク株・米住宅株3大バブル
1984～2006年（バブル大天井5年前を100とする指数表示）

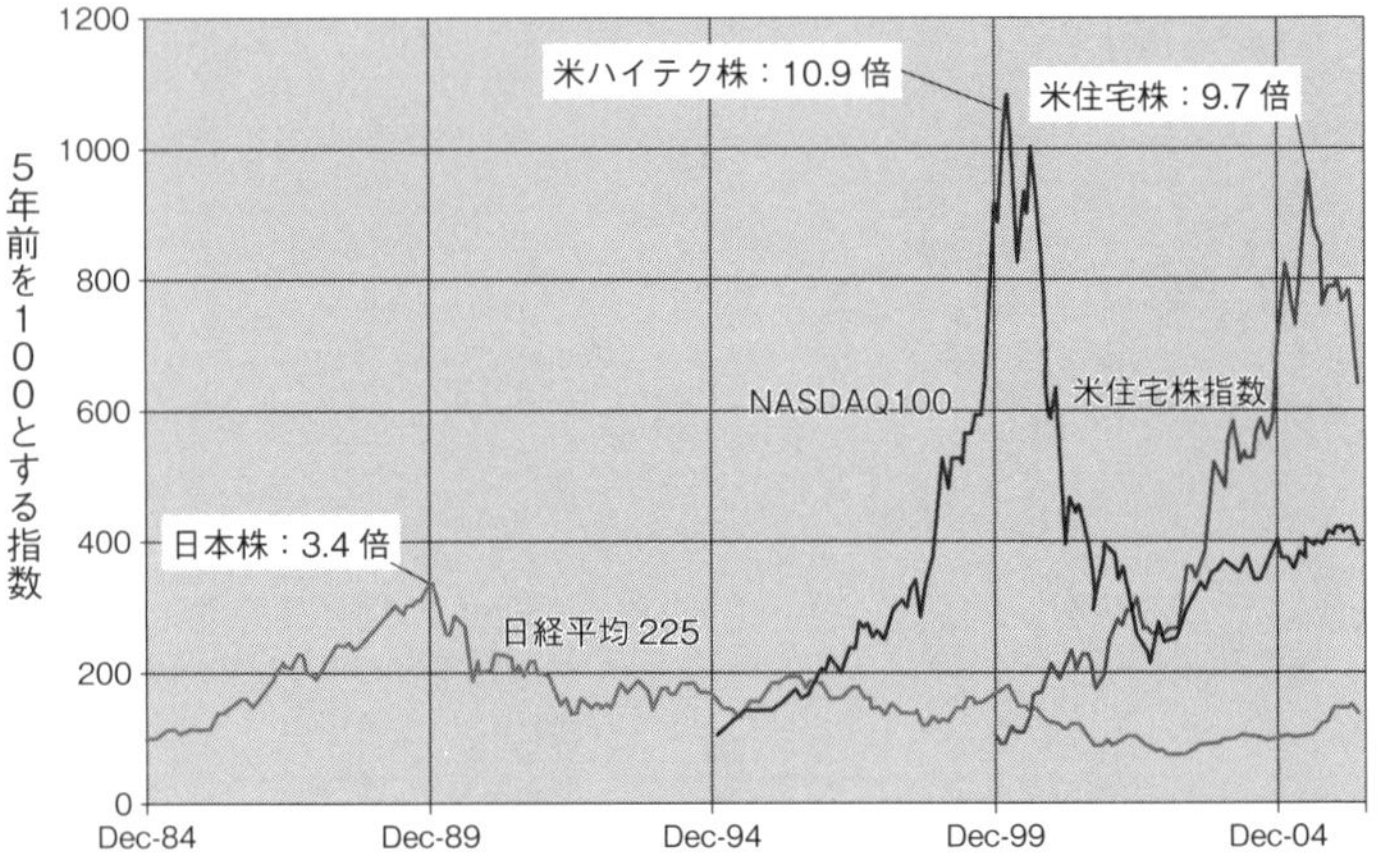

世界の国債利回り低下を先導した日本
1999～2020年

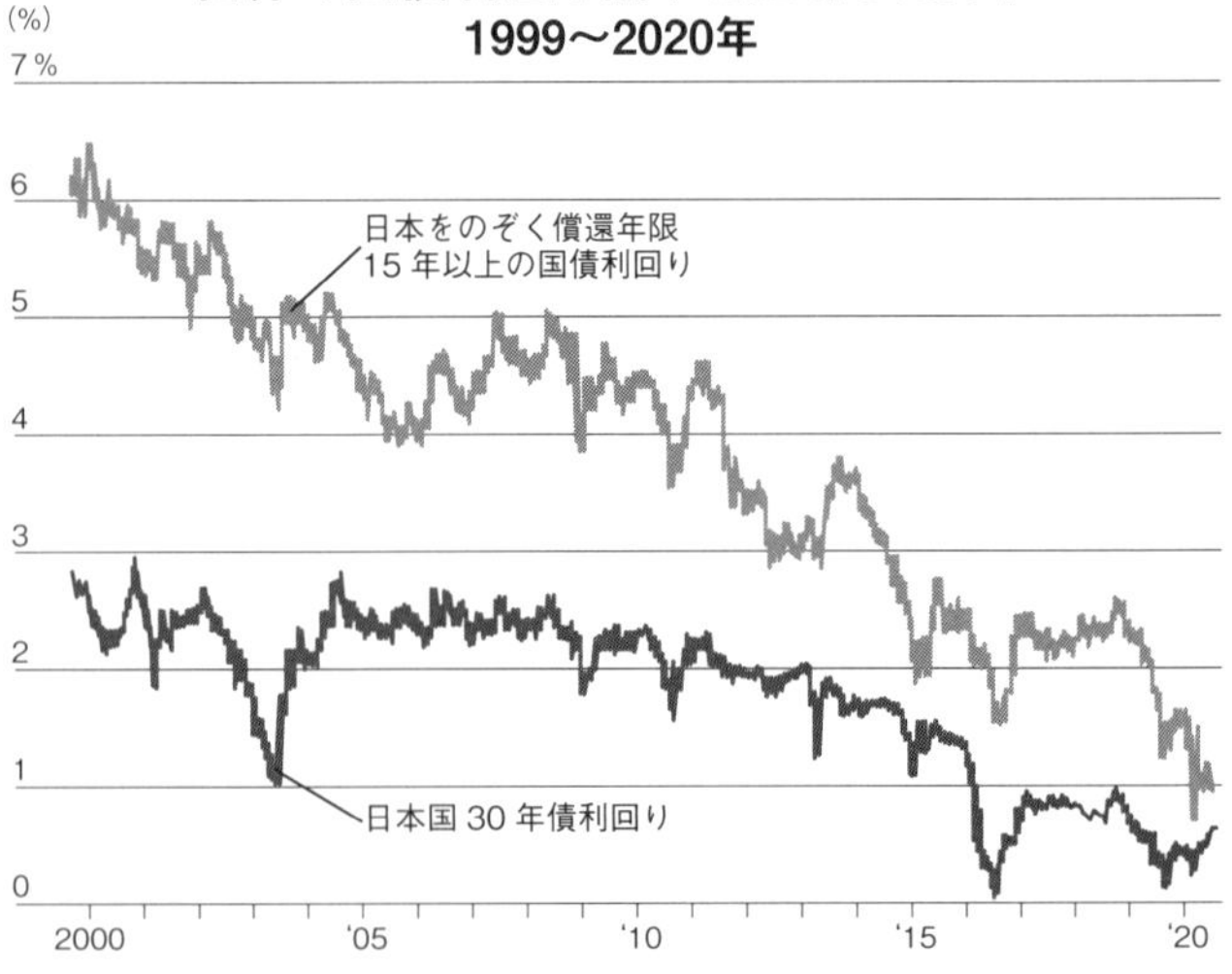

出所：（上）Bearingアセットマネジメント『マーケット氏、マシュマロのように優しいテストにも落第』、2015年3月15日のプレゼン資料、（下）『Zero Hedge』、2020年7月6日のエントリーより引用

結局、日本の株価・地価バブルの本質は、物価インフレから資産インフレへの世界的な転換点だったのではないだろうか。投資に回せる資金はどんどん増えているのに実体経済で有望な投資先が枯渇し始めた。株とか土地とかを取りあえず金融商品として買っておいて、実体経済に有望な投資対象が出現するのを待つという投資スタンスが、このころ一般化し始めた。そして待っていてもなかなか実体経済に有望な投資対象は現れず、金融資産価格はどんどん流入する資金に押し上げられて暴騰しつづける。

その背景にあったのは、もうすでに製造業主導経済からサービス業主導経済への転換はかなり進んでいたという事実だ。実体経済の中での投資需要が冷えこんでいたが、市場参加者はまだ実体経済側からの投資意欲の減少を過去に体験したことがなかった。だからイケイケどんどんで株や債券のような純然たる金融商品や、実需商品でもあり、金融商品でもあるヌエ的な大都市圏の商業地に資金を投下しつづけた。

この見方には、実証的な根拠がふたつある。ひとつは日本国債がバブル崩壊直後の混乱期をのぞけば１９８０年代以降、ほぼ一貫して世界中の国債金利の低下を先導してきた事実だ。もうひとつはバブルの最中でさえ、消費者物価の上昇率はせいぜい3％程度で、卸売物価にいたっては下落していたことだ。実需はあるのに供給が阻害されていたために投資需要が減少していたのではなく、実体経済では商品の卸売価格が下落するほどモノはあまっていたのだ。

前ページの2枚組グラフの下段は、１９９９年に発行が始まった日本国債30年物は、日本をのぞく世界中の15年物以上の国債全部の平均値より金利が低かったことを示している。次章でご説明する予定だが、国債の金利が低いということは、即金融商品としての国債価格が高いことを意味する。つまりバブル崩壊後も一貫して、日本は確定金利を受け取ることのできる金融商品の価格がつねに高水準で推移してきた国である。資金を借りたり、起債したりする側にとっては安く大量の資金が調達できる国でありつづけたのだ。

それでもなお、実体経済での投資意欲は低迷しつづけていた。たしかにこれは、人類が初めて遭遇した事態だった。ただ、この事態を論理的に予測していた人はいた。近代経済学の始祖とも言うべきアダム・スミスだ。『国富論』とも『諸国民の富』とも訳される主著でスミスはこう言っている。

平和で豊かな国ほど、企業利益率も一般利子率も低い。高収益が得られる事業にはどんどん新規参入があり、競争の激化によって企業利益率は低下する。債務を背負って経営規模を拡大する企業経営者にとって、借金の元利返済の原資は企業利益しかないので、利益率が低下すれば、利子率一般も低下する。あらゆる商品は安く潤沢に供給されるようになるので、物価も下がる。だからオランダはイギリスより金利が低く、イギリスはスペインより金利が低いと喝破したのだ。

日本はアダム・スミスが遠い将来の理想社会と考えた、企業利益率も、一般利子率も、インフレ率もかぎりなくゼロに近づく経済に向かって、世界で最初の一歩を踏み出した国なのだ。

慢性的過剰設備と投資低迷の中で株式投資家はどう生きるのか

今後の世界経済も設備稼働率は高くて70％、低ければ60％割れという状態がつづく。当然新規投資も盛り上がらない。そうなると、企業にとって自社の株が高くなることの最大の利点である、より良い条件で起債や借り入れによる資金調達の魅力も減少する。アメリカの投資家たちがいっせいに「もう設備投資や研究開発に無駄ガネを使わず、なるべく早くすでに蓄積した解散価値を先払いしてくれ」と要求しているのも、背景に慢性的な投資の低迷があるからだ。

解散価値とは、企業が保有している資産総額から、返さなければいけない借金の総額を引いたものだ。ようするに、今すぐ事業活動をやめて負債を消し終わったら、いくら資産が残るかを示す概念で、自己資本とほぼ一致する。株主が自社株買いを歓迎するのは、「安全確実に売り抜けられる」ことをふくめて、将来の成長展望より、現に存在している蓄積をなるべく目減りしないうちに金銭化したいからだ。

株式市場がここまで未来志向を捨てた中で、株式投資家はどんなスタンスで臨むべきだろうか。これはもう、売り一辺倒に尽きる。まだ評価益が出ているうちに売って、実現益にする。もう買値より下がっていても、なるべく実現損が小さくて済むうちに売り切る。辛抱強く待っていれば回復するだろうという幻想を抱かない。

なんとも味気ないスタンスで、こんな夢のない「投資」戦略を長年にわたって維持できる投資家などひとりもいるはずがなさそうに思える。ところが、この戦略を1970年代以降の約半世紀にわたって貫いた投資家グループがいる。それが日本の個人投資家たちだ。

戦後の復興期、まだ大都市中心部の大部分が焼夷弾《しょういだん》で焼き尽くされた焼け跡で、そこに出現する闇市だけが復興の気配を感じさせる明るい兆しだった。前述したとおり、そのころ日本株の約3割は銀行を中心とする旧財閥グループの相互持ち合いで、残る7割は個人投資家が持っていた。欧米人の大半が「資源のない日本は二流、三流の農業国に転落する」と確信していて、わずかに残された産業基盤や企業を安く買いたたくことさえしなかった時代だ。日本経済の復興を信じていたからこそ、なけなしの持ちガネをはたいて日本株を買ったのだろう。

その後、日本株がじり高基調に転じた1970年代初頭にはもう、基本的に売りのスタンスに転じていた。日本列島改造論ブームのときと、株価・地価バブルのときには、やや買いに傾いて手ひどい打撃を受けた人もいたが、それでも個人投資家の中では少数派だった。バブル崩壊以後は、ほぼ一貫して売りに徹している。とくに外国人投資家が買い始めると必ず売り向かって、確実に実現益を出している。この退却戦のみごとさは、次ページのグラフによく表れている。

2012年を境にグラフがふたつに分かれているのは、この年から日銀が日経平均連動型上場投資信託（ETF）を大量に買うようになって、従来どおりの投資主体分類では実情に合わ

日本株の投資主体別売買動向
1990～2012年と2012～18年度

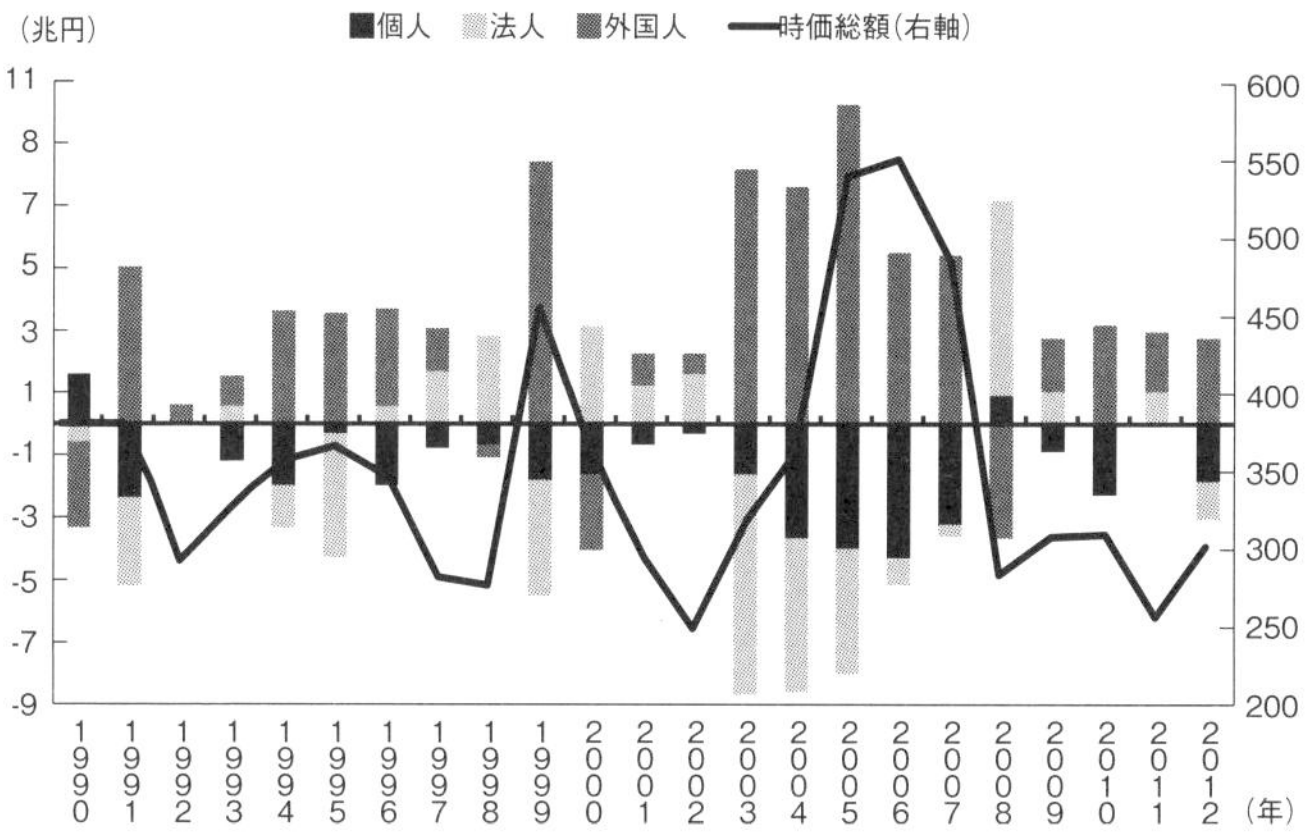

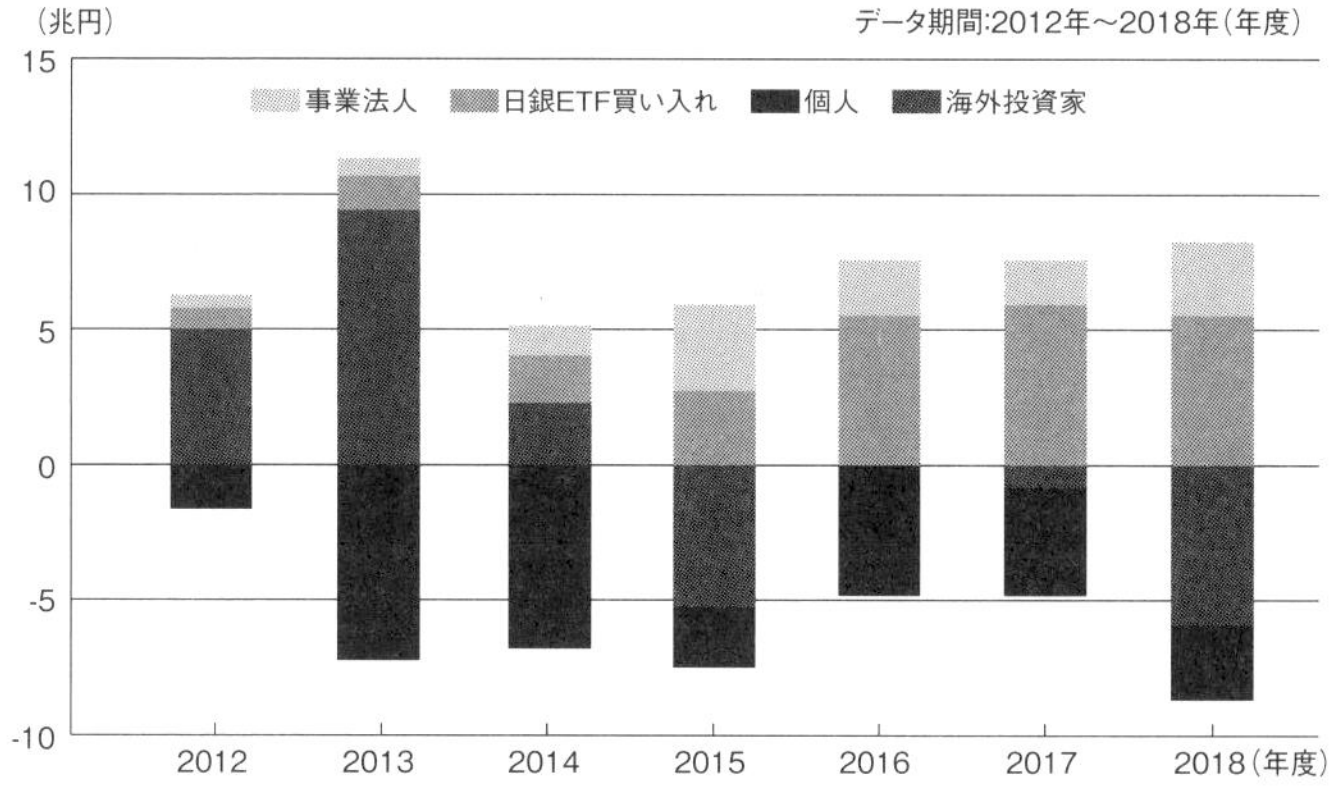

出所：（上）日本取引所グループ『投資部門別売買状況』より著者作成、（下）ニッセイアセットマネジメント『金融市場NOW　日本株の投資部門別売買動向』、2019年4月17日のエントリーより引用

なくなってきたからだ。上から見ていくと、外国人投資家が買うと日経平均も日本株市場の時価総額も上がり、売ると下がるというパターンが確立されていることがおわかりいただけるだろう。1991年だけは、まだ日本の株価・地価バブル崩壊の深刻さを読み切っていなかったので、日本の個人投資家もまだまだ下がるタイミングで買い出動してしまったが。

その後の日本株は日経平均が1万円を割りこんだら底値圏、2万円を超えたら高値圏という、じつにわかりやすいレンジ内で動いている。外国人投資家による円キャリーでの日本株買いの仕組みをご紹介したとき、「売り買いのタイミングを間違えたら、ヘッジの有無にかかわらず損をするのではないか」と思われた方もおいでだろう。

だが、これだけわかりやすいレンジで動いているので、少なくとも4〜5年日本株を扱っている投資家が買いに入ったり、売り抜けたりするタイミングを間違うことはほとんどない。底値圏にさしかかったころから少しずつ買いを入れておいて、底値を確認したころわざとらしく大口の買い注文を出す。そうすると判で押したように日本の機関投資家が追随して買い上がってくれるので、安心して高値で売り抜けることができる。高値づかみをした日本の機関投資家は、その後の暴落時に安値での損切りを迫られる。

ご注目いただきたいのは、こうして日本の機関投資家が外国人投資家のカモにされているあいだ、日本の個人投資家は昔から持っていた株を売って着実に実現益を出していることだ。下段に目を転じると2012年以降は、相場が崩れかけると日銀が日経連動型ETFを大量に買って支えてくれるので、日本の機関投資家が安値で損切りを迫られることはなくなったことがわかる。

それでも外国人投資家は安値で買って高値で売り抜け、個人投資家は確実に利益の出る売り方をし、機関投資家は外国人投資家のカモにされつづけるという日本株市場の基本構造は変わっていない。このパターンが約30年間つづくと、どんなことが起きるだろうか。それを鮮明に浮かび上がらせてくれるのが次ページのグラフだ。

この上下２段組グラフは、先ほどの個人投資家はほぼ毎年売り越しつづきで、外国人投資家は安く買って高く売っていて、日本の機関投資家は高く買って安く売っている構図との関連でご覧いただくとわかりやすい。まず目立つのは、上段で個人投資家の保有総額シェアが、あれだけ毎年のように売り越してきたにもかかわらず、約20％から約18％へと微減しただけだということだ。

次に機関投資家と一般事業法人をふくめた法人のシェアは、信託銀行をのぞいて軒並み下がっている。信託銀行が約10％から約18％へと伸びているのも、自己勘定で買っているのではなく、年金事業法人や日銀が大量購入するようになった株を信託財産として預かっているだけだ。

生損保のシェアが約16％から約６％へと下がっているのは、下段を見ると20世紀末ごろにはほとんどあきらめの境地に達してしまって売買をしなくなっていたので、持ち株の価格が下がるにつれてじりじりシェアも下がっていたのだと言える。都銀・地銀については、生損保とほ

投資主体別日本株保有比率推移
1990〜2014年度

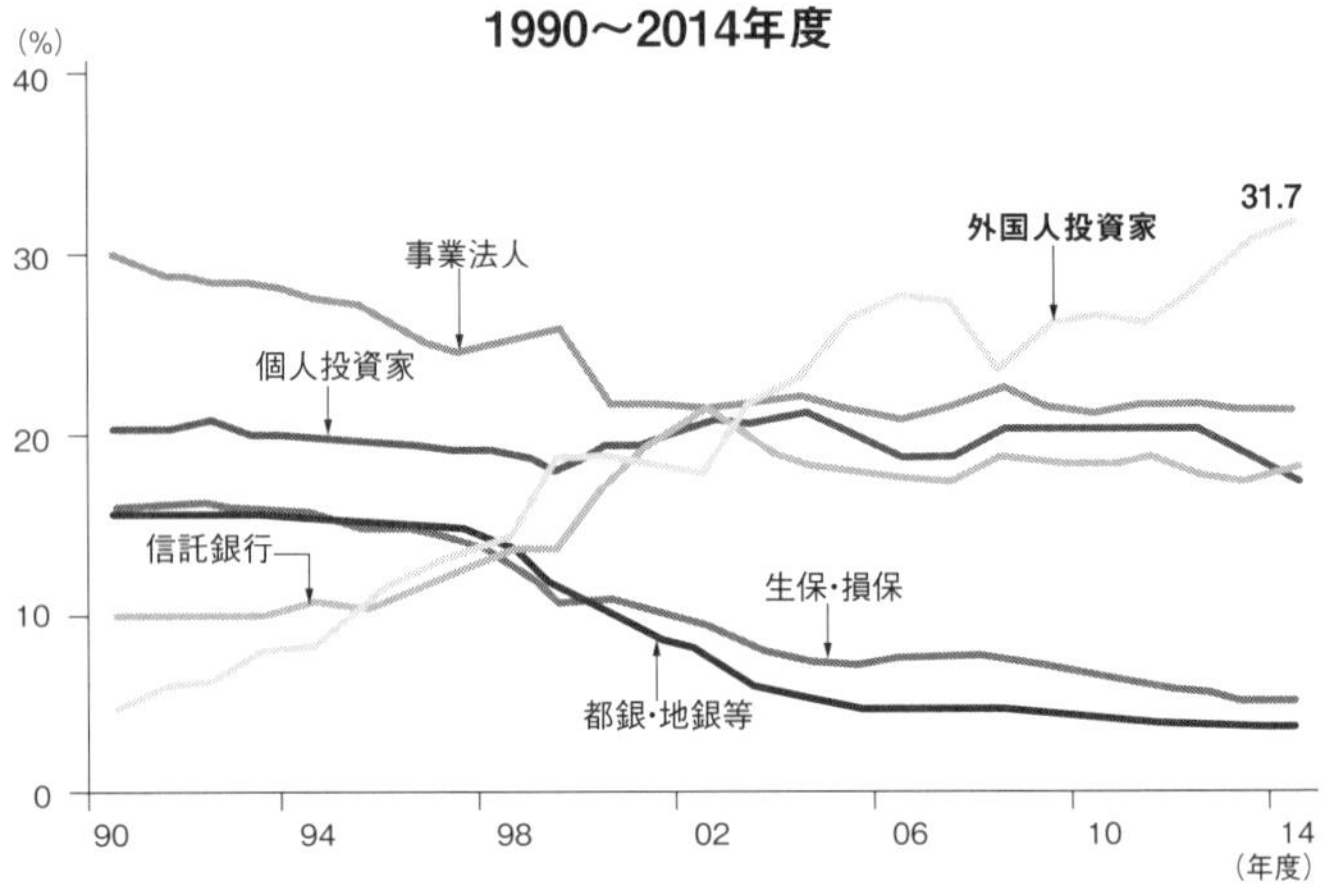

投資主体別売買代金シェア推移
1990〜2014年

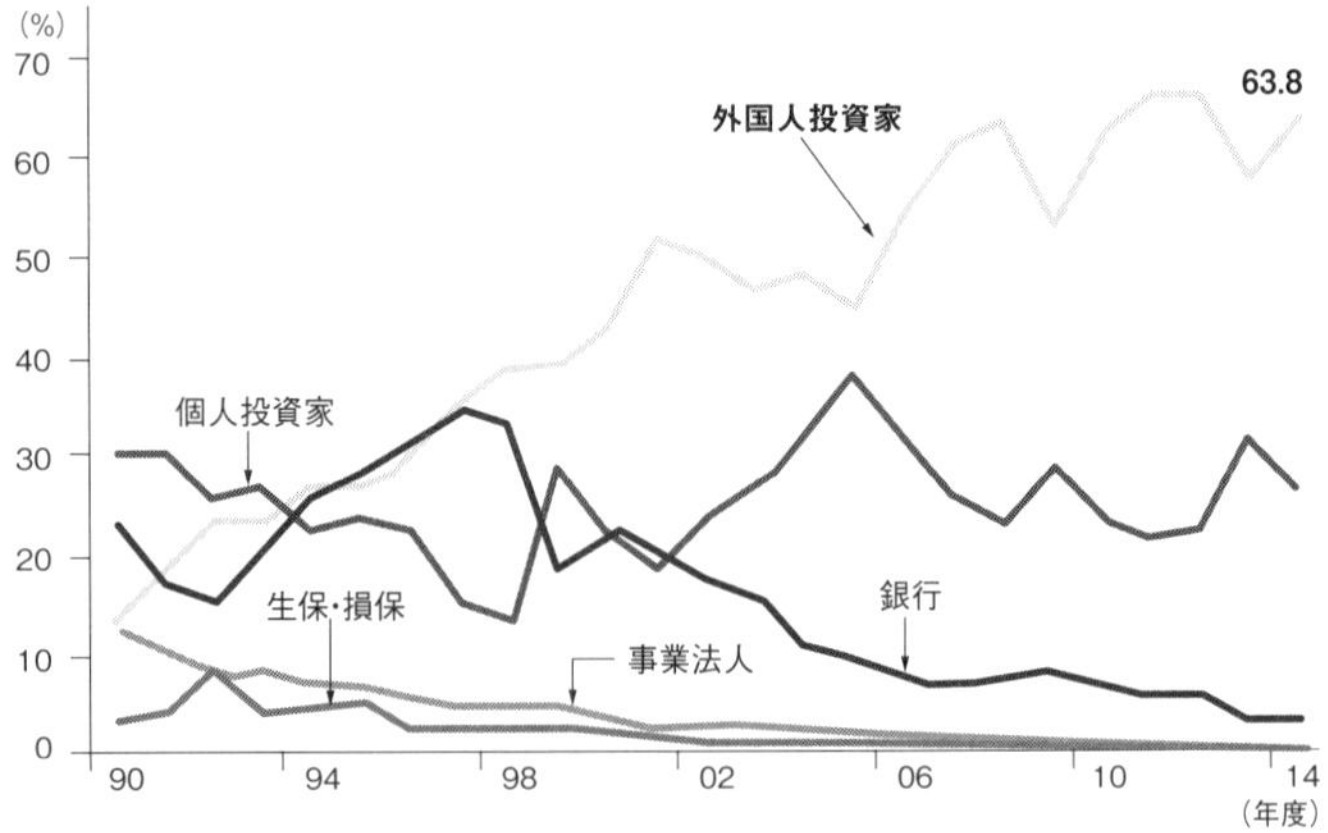

注：銀行は、都銀・地銀等と信託銀行の合計
出所：日本生命ホームページ『3分でわかる新社会人のための経済学コラム　第69回』、2015年11月1日のエントリーより引用

ぼ同じ16％くらいから約4％までシェアが下がっている。こちらは1998年ごろには取引総額の30％ぐらいを売買していたし、その後もそこそこ取引にかかわっているので、ひたすら相場が下手だったとしか形容のしようがない。

なお日本の銀行にとって株や債券の運用がいかに魅力のないものかについて、おもしろいエピソードがある。2015年の上場直後には人気が殺到したゆうちょ銀行（旧郵便貯金）は、昔は企業への融資が全面的に禁止されていたし、今でもいろいろ制約が多い。そこで全社収益の約7割を株や債券の運用で得ている。一方、メガバンク各社は、運用益の全社収益に占める比率を1割前後に抑えている。その結果、メガバンクは自己資本利益率が4％台後半に達しているのにゆうちょ銀行の自己資本利益率は2％台半ばに過ぎない。

一般に広く預貯金を集めることが許されている金融機関は預貯金額が膨大になるので、自己資本比率が低くなる傾向がある。その中でゆうちょ銀は自己資本比率が約15％と、他行に比べて高いほうだ。それでも、ほとんど金利負担ゼロで預かっている貯金などで8倍のギアリングをかけて運用している。それでも自己資本比率が2％台半ばというのは、総資産利益率にすれば零コンマ何パーセントという水準なのだろう。

ここまで低収益体質のしみついた旧国有金融機関を、今さら上場しようとするのは、なぜなのだろうか。いずれは露見する巨額損失を国だけで背負いこんだのでは荷が重すぎるから、なるべく大勢の株主に負担してもらおうという魂胆ではないかと勘繰りたくなる。

大衆が賢く、知的エリートが愚鈍な国のありがたさ

こうして今や外国人投資家は投資主体別で最大の日本株時価総額の32％近いシェアを保有し、売買代金のシェアではじつに64％弱に達することになってしまった。日本の機関投資家がもうちょっと賢ければ、ここまでやすやすと同じ手口で何度も儲けさせてやらずに済んだのではないかという気もする。

とは言うもののアメリカの機関投資家ほどずる賢くなって、成熟した自国の実体経済はそっちのけで、中国への投融資でボロ儲けするようになっていたら、日本社会もアメリカのように殺伐としていたかもしれない。そういう意味で日本の機関投資家がお人好しで愚鈍なのは、日本社会全体を平和に保つために払っている、価値のあるコストだとも言える。

次ページのグラフを見ると、個人投資家は売りつづけ、外国人投資家は安いうちに買い、機関投資家は高くなってから買うという日本株市場の構図は、直近でもまったく変わっていないことがわかる。

外国人投資家が売りに回ってからは、買い方には年金事業団や日銀の株を預かっている信託銀行と、個人の信用買いだけだというのは、ちょっと気がかりだ。個人投資家の中でも、「自分は経済金融情勢もわかっているし、借金をテコにして、効率よく儲けることもできる」と思

投資部門別売買動向と日経平均株価推移
2013年5月〜2020年8月（買い越し/売り越し額は累計）

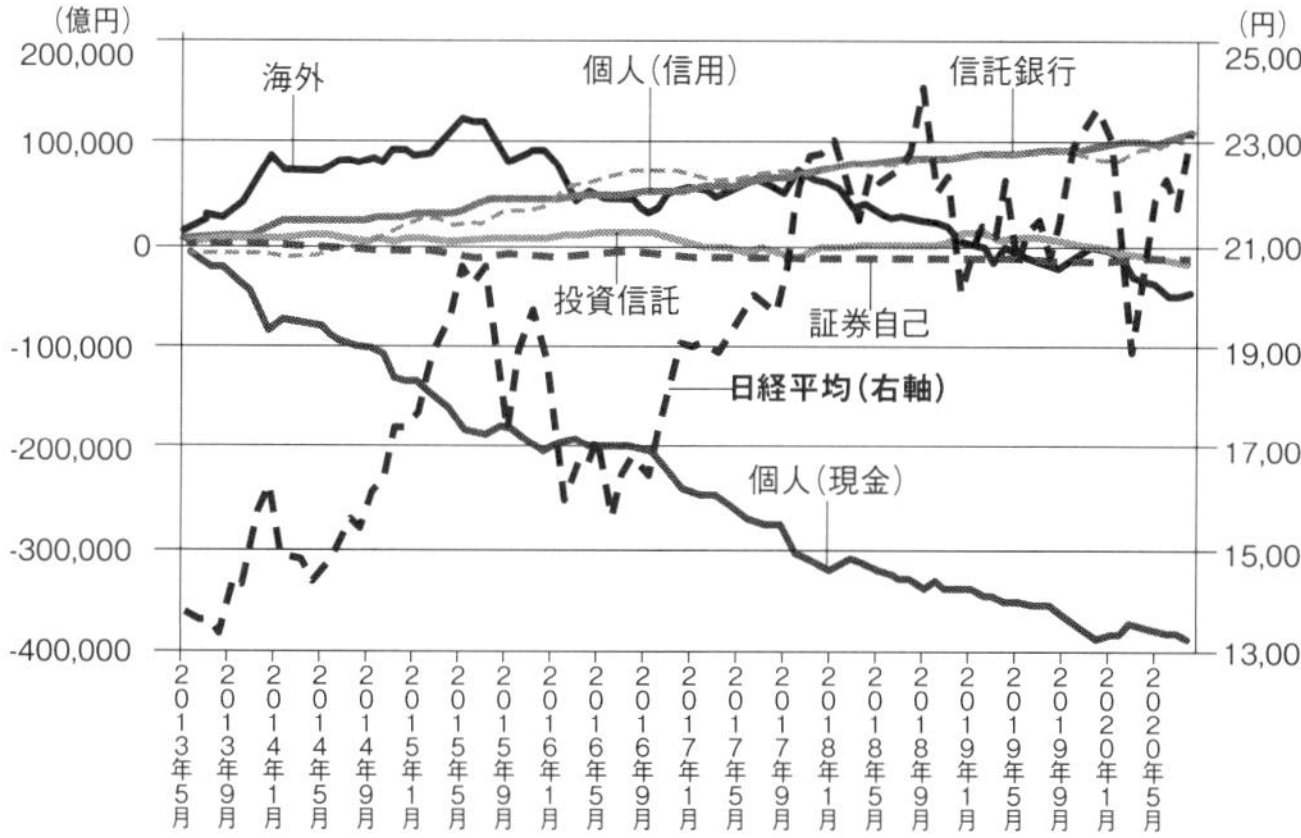

出所：ウェブサイト『Shinnosuke.info　Million Dollar Dreamer』、2020年9月14日のエントリーより引用

っているような人たちが買っているわけだ。

日本社会のあらゆる面で言えることだが、「仕組みのわからない取引はしない。なんでも安く買って高く売っておけば間違いはない」と考える素朴な大衆は健全だ。なまじ中途半端に経済紙を読んで、「これから5倍、10倍になる有望銘柄」などという記事を真に受けてしまう「知的エリート」のほうがずっと危ない。日銀の買い支えがなくなったら一挙に暴落する市場で相場を張っているのだということを忘れないでいただきたいものだ。

全体として見れば、健全な大衆が多い日本経済の強さは、とくに高度経済成長が終わって、GDP成長率が1〜2%に低迷するようになってから際立ってきた。177ページの上下2段組グラフをご覧いただきたい。

上段は、1962〜2018年の日本の実

質GDP成長率推移を示すグラフだ。やはり1974年の第1次オイルショックと『日本列島改造論』ブームの崩壊の影響が甚大だったことがわかる。なお、この点については、いまだに『日本列島改造論』が掲げた政策目標は良かったが、たまたまオイルショックによる狂乱物価に見舞われたため、頓挫《とんざ》したといった好意的見方が多い。だが、どんどん雇用が創出されて人手不足で困っている都市圏への人口流入を抑制して、職がなくて困っている人が多い地方に人口を還流させようという根本的な政策目標が間違っていたので、成長率が急落したのも当然だった。

1994年以降について、このグラフの作者は「ずっとゼロ成長がつづいた」と書いているが、これはいかになんでも誇張が大きすぎる。毎年ほぼ1～2%の実質成長は確保していた。この水準はヨーロッパ諸国と比べて、それほど見劣りするものではない。ヨーロッパ諸国は、もう完全に文明としての衰退期に入っているので、そこと比べて見劣りしない程度ではあまり威張れた数字でもないが。

1990年代半ばからの大減速の最大の理由が何かは、あとで解明する。それはそれとして、これだけ成長率が低下しても下段に掲載した家計金融資産残高がじり高基調を維持してきたのは、やはり日本の個人世帯が慎重で手堅い家計運営をしてきた賜物《たまもの》だろう。ご覧のように株式等のシェアはほぼ一貫して1割未満で、それに債務証券と投資信託を加えた、運用の巧拙とタイミングの良し悪しで大きな変動の出る金融商品全体のシェアも10%台半ば程度に保っている。

日本の実質GDP成長率は1994年以来ずっと1％前後
1962〜2019年

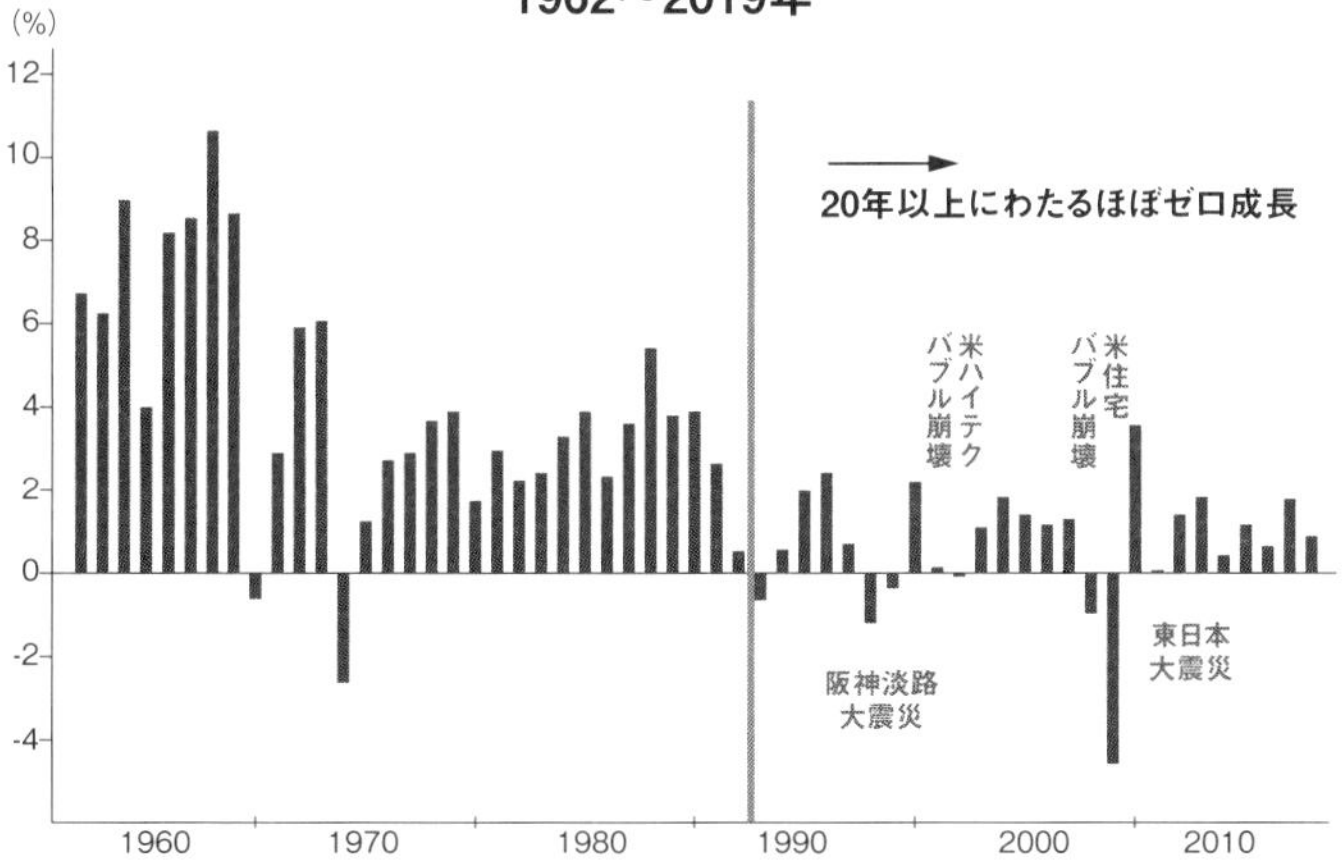

日本の家計金融資産残高推移
2004〜19年度、2018年第3四半期〜2020年第2四半期

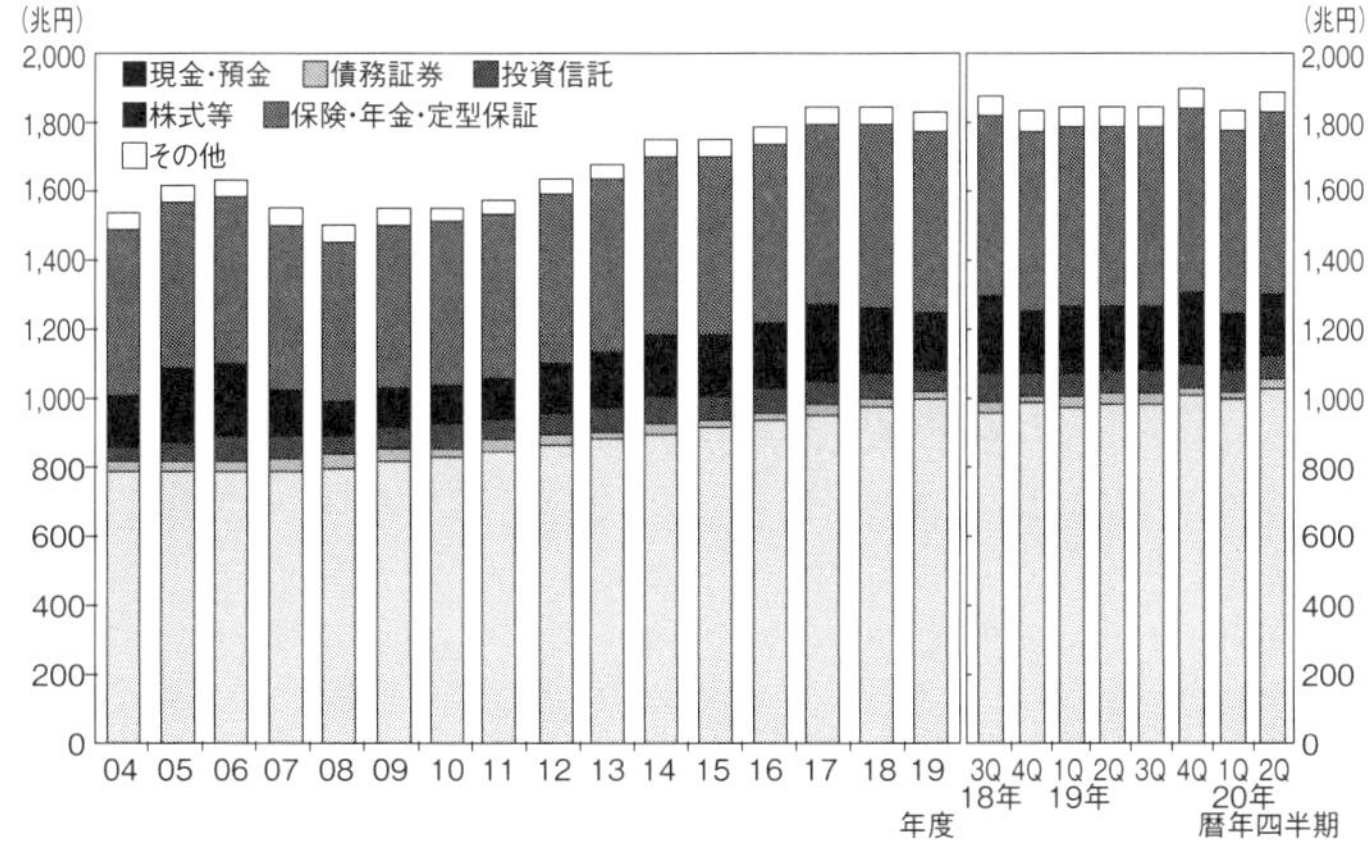

出所：（上）ウェブサイト『Elliott Wave International』、2020年6月1日のエントリー、（下）日銀『資金循環統計』より引用

もし高度成長期とか、バブル膨張期とかにこの部分のシェアが3割以上になっていたら、日本の個人家計金融資産残高は、いまだにバブルのピークだった1989年の水準を超えていないかもしれない。一番下の預貯金のシェアが2004〜05年あたりはほぼ50％だったのに、直近では明らかに50％を超えているのも、今後世界経済が直面する激動を予見していたようで頼もしい。「プロの運用」のすさまじい拙劣さを平然とやりすごして「貯蓄から投資へ」と主張するような政治家の発言に惑わされていたら、とうていこれほどの金融資産は蓄積できなかっただろう。

問題山積の年金制度も諸外国に比べればずっとマシ

日本の国民年金・厚生年金を管理運営している年金積立金管理運用独立行政法人（GPIF）は、過去にも何度か巨額損失を出してきた。だが2020年第1四半期には、過去最大の約18兆円の損失を計上している。コロナ騒動で世界中の金融市場が暴落した影響があったとはいえ、あまりにも大きな損失だった。次ページのグラフの上段に2012年第2四半期〜2020年第1四半期の損益額推移が出ている。

年金事業法人は2014年まで運用総額の60％を日本国債に振り向け、日本株・外国株はそれぞれ12％をメドに運用していた。それが国債金利の急落を受けて突然、日本株、日本国債、

GPIF、2020年第1四半期に史上最大の損失を計上

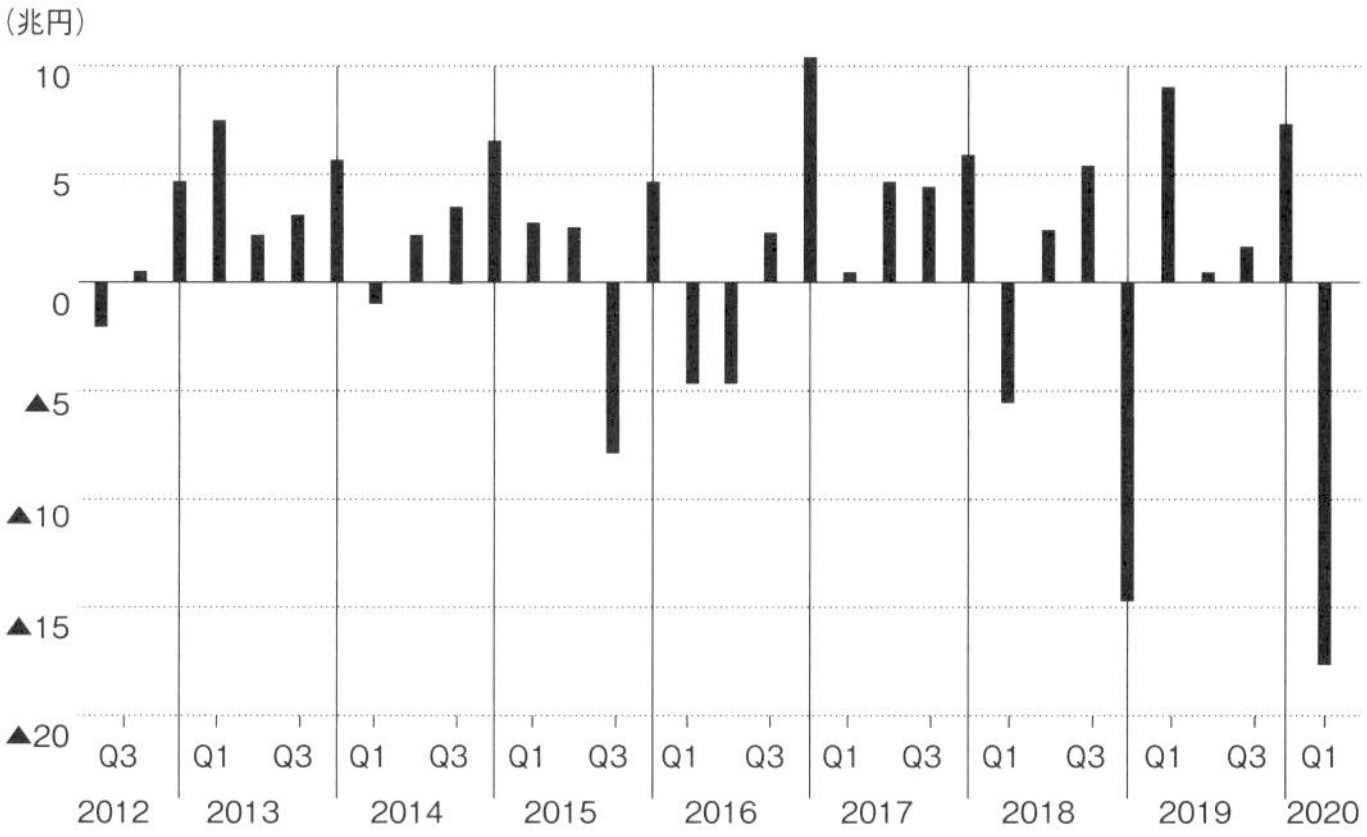

原資料：年金積立金管理運用独立法人、ブルームバーグ、マーサー・リサーチ
出所：ウェブサイト『Yahoo! Finance』、2020年7月3日のエントリーより引用

世界各国の年金蓄積額未達分比較
2015年現在

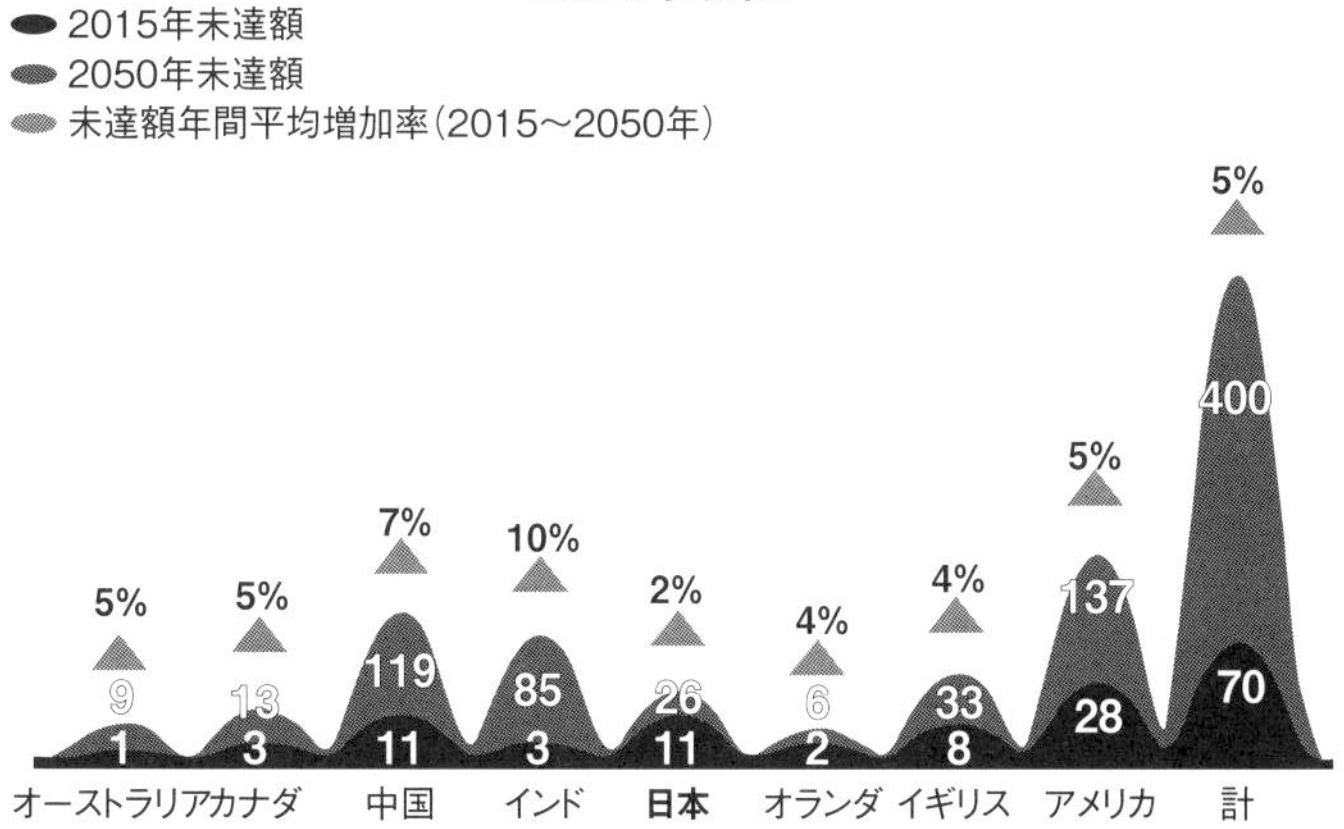

原資料：年金積立金管理運用独立法人、ブルームバーグ、マーサー・リサーチ
出所：『Real Investment Advice』、2020年8月24日のエントリーより引用

外国株、外国債それぞれほぼ4分の1で運用することになった。リスクの大きな資産を運用する訓練があまりできていないうちに株式運用を大幅に増やしたことになる。

ふつうなら徐々に運用ノウハウを蓄積していけば、今後はそれほど大きな損失は出ないだろうという話になる。問題は今後世界中の先進国で、日本がすでに経験したような株式市場の大収縮に見舞われる可能性が高いことだ。どんなに運用技術が高まっても、市場全体が暴落している最中は、とくに巨額資金の運用担当者には逃げ場はない。

こういう場合、見落としがちなのが、日本もかなり困っているものの諸外国の年金問題はもっとひどいという事実だ。その比較をしたのが下段のグラフだ。まず2015年時点で、すでに給付を確約している金額に対する年金資金蓄積の未達分がアメリカの28兆ドルに対して、日本と中国が同額2位の11兆ドルとなっている。人口比率と所得比率をからめて考えると、現状で日本と中国にはあまり大きな差はなさそうだ。

しかし2050年までにこの未達分がどう増えるかを見ると、日本はここに登場する8ヵ国の中で、いちばん増加率が低いと予測されていることがわかる。もちろん金融市場に激変がなく、年金受給資格者や年金を払い込み中の人たちの人口構成にも大きな変動がないなどの仮定の上での予測だ。

とは言うものの日本国民全体として比較的決められたルールを守り、制度のただ乗りを嫌う傾向があるので、ほぼ順当な予測になっていると見ていいのではないか。だとすると、未達額が今後年率10％で伸びるインドや、７％で伸びる中国はもちろんのこと、４～５％で伸びる先進諸国と比べても、わずか２％の伸び率にとどまると予想される日本の立場は強い。

日本経済について深刻な問題のひとつとされているのが、国家債務の対ＧＤＰ比率の高さだ。コロナ騒動への対応をめぐっても、コヴィッド－19の感染者数や犠牲者数は低いが、もともと国家債務が大きかったところへの積み増しになるので、大きな重荷となることを警戒する向きもある。たとえば次ページのグラフに見る財政負担の大きさだ。

上段が日本、アメリカ、中国、ＥＵ加盟国のコロナ対策の財政規模であり、下段がそれによって同じ３ヵ国とＥＵ諸国の国家債務がどう変わるかを示すグラフだ。まず上段では日本のコロナ対策予算が非常に大きく見えるが、これはあまり真剣に懸念すべき問題ではない。日本政府は財政刺激パッケージを打ち出すとき、最初に大きな金額を提示しておいて、じつはすでに確保してある予算の組み換えだったり、年度中に全額実施するわけではなかったりといった小細工をすることが多い。

だからこそ財政刺激策が国会で討議されるたびに、「真水でいくらか」という議論が出てくるわけだ。パブリシティ的にはむしろ尻つぼみの印象になって損だと思うが、性懲《しょうこ》りもなく見出しだけは大きいものの、内容空疎な金額が打ち出される。

下段のほうは、もう少し真剣に考える必要がある。コロナ以前から日本政府の債務総額はＧＤＰの約２倍とあまりにも大きく、それが２・６倍近くになるのは、やはり大問題と思える。

2020年推定GDPに占める財政刺激策のシェア

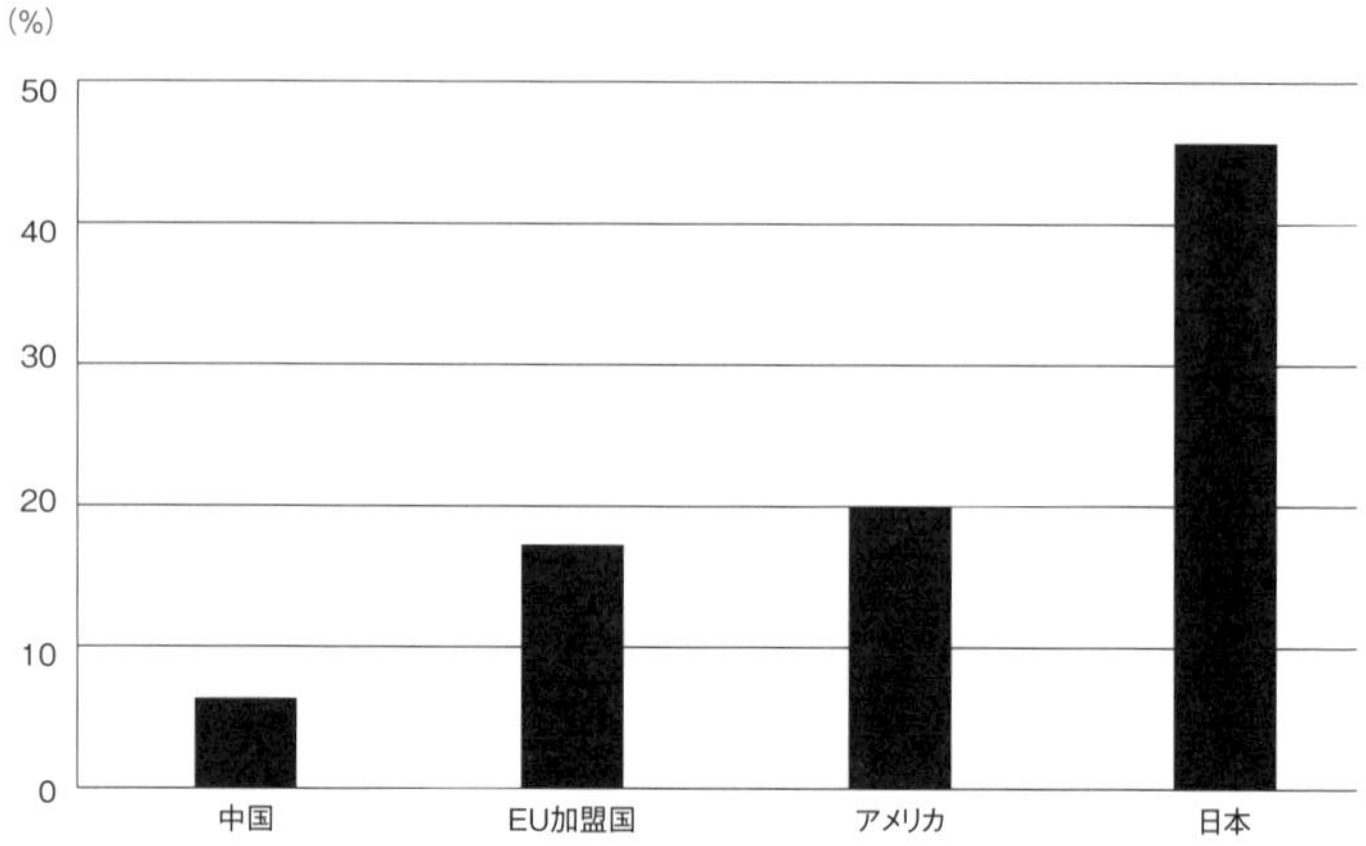

コロナ前/後の政府債務の対GDPシェア

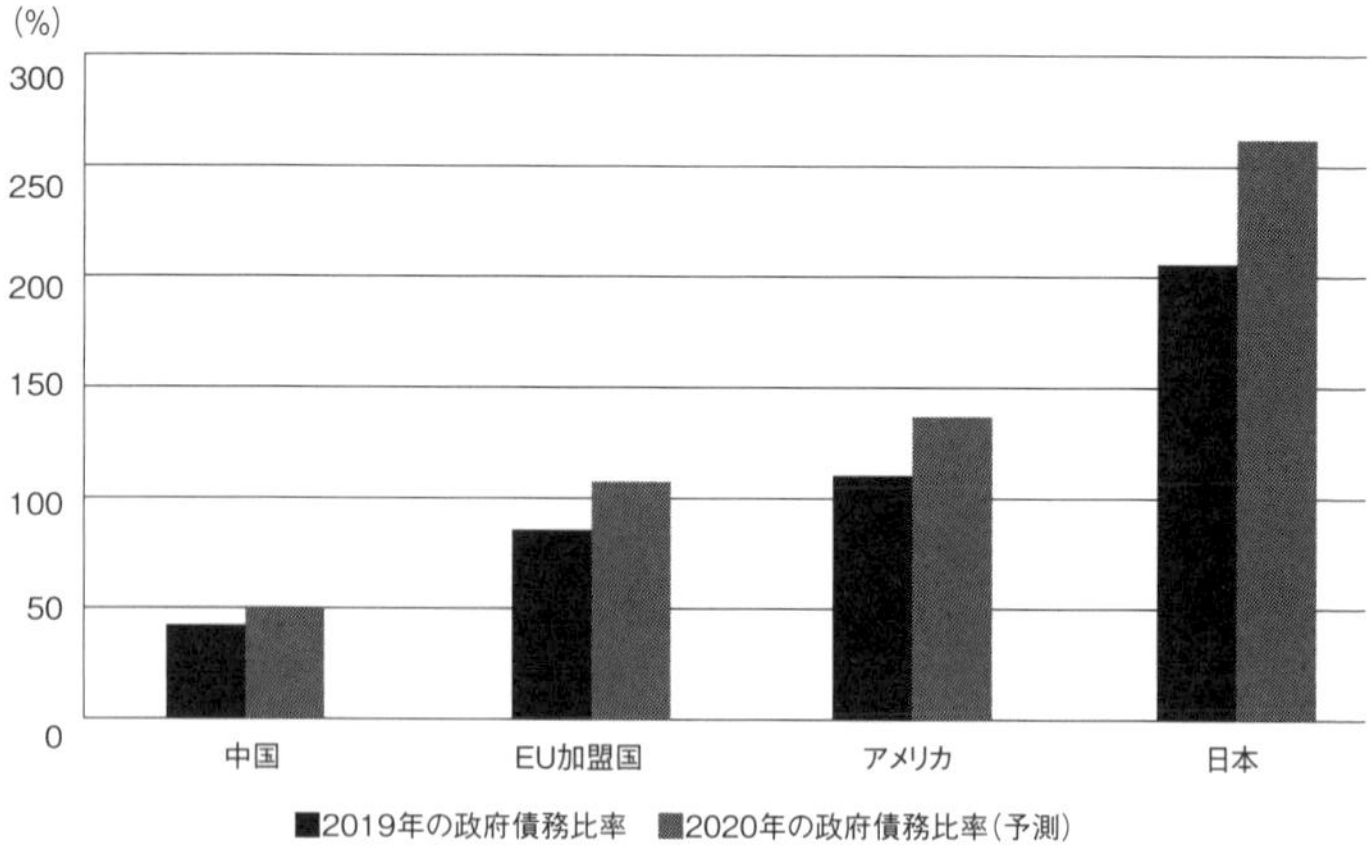

原資料:ブルームバーグ、サウス・チャイナ・モーニング・ポストのデータをKatusa Researchが作図
出所:ウェブサイト『Katusa Research』、2020年7月31日のエントリーより引用

だが、これもよく考えるとたいして深刻な問題ではない。日本の発行済み国債残高の約半分は、金融機関にカネをばら撒くために、日銀が金融機関から買い上げたものだ。日銀は金利がほしくて国債を買っているわけではない。だから日銀保有分については、日銀が財務省に対して「債権放棄をする」と言えば、残高はたちどころに半減する。

債権放棄という表現が穏当でないということなら、日銀保有分の国債については償還期限が来るたびに財務省が無利子の永久債を発行して、借り換えをおこなえばいい。財務省にとっては未来永劫にわたって、いっさい金利支払いをしなくていい「永久債」を日銀に持たせているだけなので、実際的な財政負担軽減効果は日銀に債権放棄をしてもらったのと同じことになる。

というわけで国家の債務負担という意味では、日本が他の先進諸国に比べて取り立てて重い負担を背負っているわけではない。１８４～１８５ページのグラフで確認できるが、政府債務以外の民間企業や家計の債務は、日本は先進諸国の中ではむしろ小さなほうに属する。

政府債務、非金融企業債務、家計債務の合計額の対ＧＤＰ比率の高さでは、日本はルクセンブルク、香港に次ぐ世界第3位となっている。ただ政府債務をのぞく民間総債務となると、このグラフでは下からふたつの部分の合計額となる。民間債務中で上に位置する白い部分のてっぺんに水平線を引くことによって、民間総債務の大きさを諸外国と比較できる。ここに収録された諸国の中で日本は17～19位あたりになっていて、ほとんどの先進国より下に位置する。その上に乗る政府債務は実質的に約半分なのだから、やはり総債務の対ＧＤＰ比率は日本にとっ

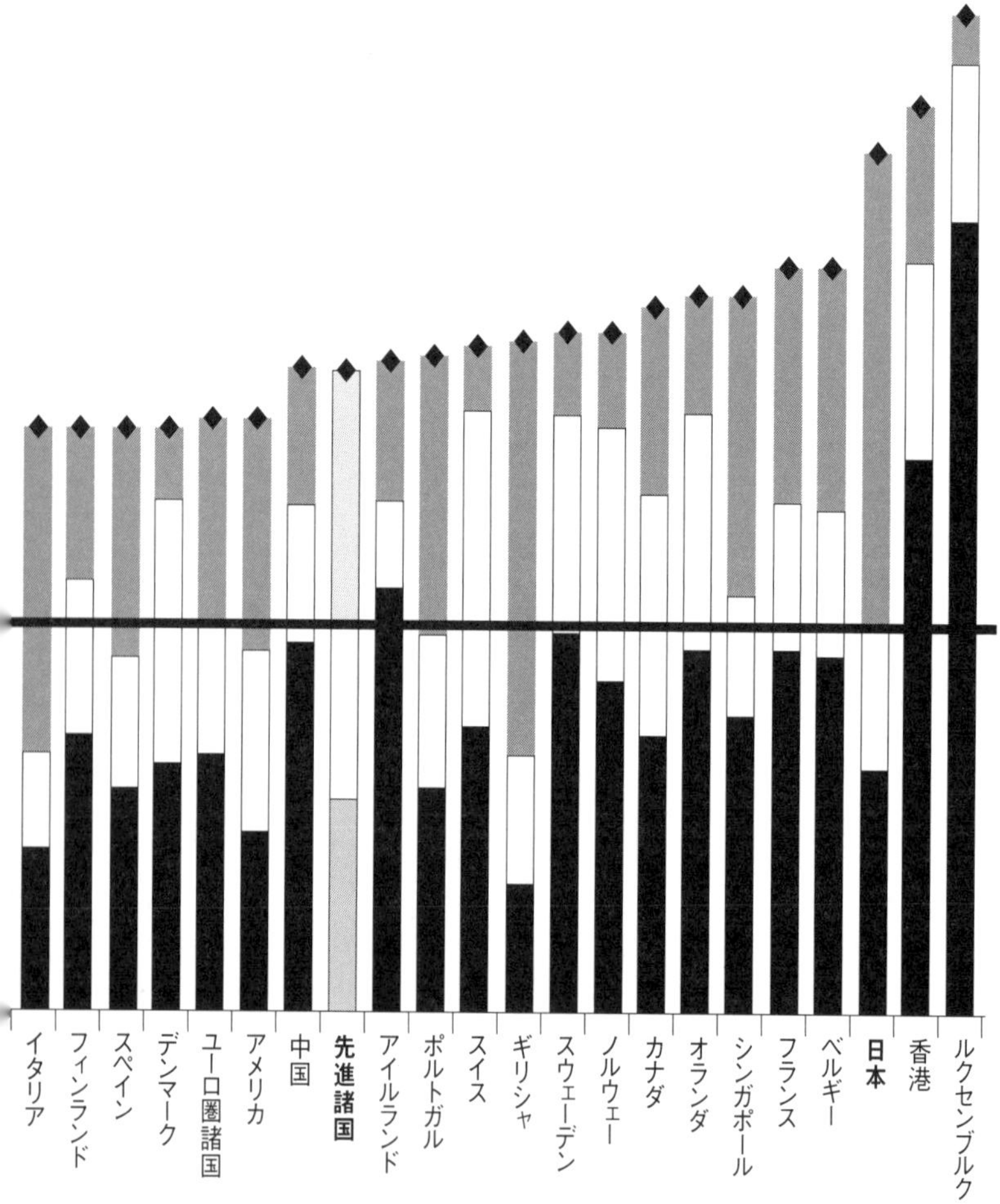
イタリア
フィンランド
スペイン
デンマーク
ユーロ圏諸国
アメリカ
中国
先進諸国
アイルランド
ポルトガル
スイス
ギリシャ
スウェーデン
ノルウェー
カナダ
オランダ
シンガポール
フランス
ベルギー
日本
香港
ルクセンブルク

世界各国の総債務内訳、2020年第1四半期末
ユーロ圏、アメリカ、中国はほぼ同一の構成（GDP比）

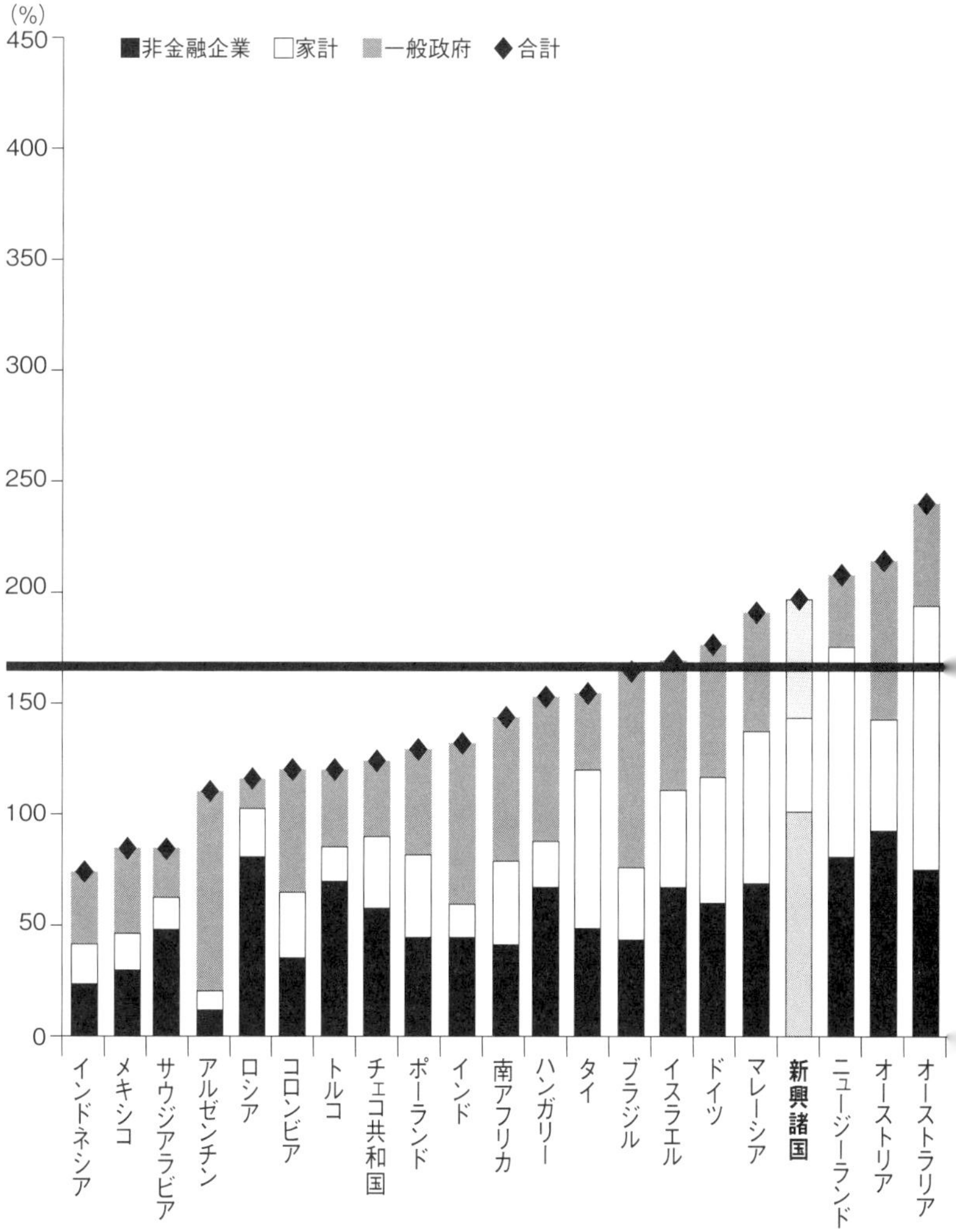

原資料：バンク・オブ・アメリカ　グローバル・リサーチ、国際決済銀行
出所：ウェブサイト『Zero Hedge』、2020年9月20日のエントリーより引用

てあまり大きな問題ではない。

だが巨額の国債発行によって財務省が調達した資金で何をしているかが、日本の経済成長率が1990年代半ば以降急落したこととなんらかの関係があるのではないかという疑問は残る。日本は生活インフラや生産インフラが極度に劣化しているわけでもなく、低所得層でも家を出るのが怖いような場所に住まざるをえない人はほとんどいない。なぜ実質GDP成長率1～2%の低成長にとどまっているのだろうか。

私の見立てでは、サービス主導経済で成長を減速させる最大の要因は過剰投資だ。どこでだれが日本の経済成長を低めているのか、犯行現場と犯人を探しに出かけよう。

日本の固定資産投資額の対GDP比率は工業化後発国並み

まず2008～17年の9年間で、G7諸国の設備投資がどう推移していたかをチェックすることから始めよう。次ページのグラフの上段は、2008年第1四半期を100とした指数表示で、固定資産投資額の累積変化率を示している。

アメリカ、イギリス、ドイツが国際金融危機以降、ほぼ一貫して固定資産投資を増やしていた。カナダはこの危機からいち早く抜け出して、かなり大幅に固定資産投資を伸ばしたが、その後、減少に転じて、2017年第2四半期では日本同様ほとんど横ばいに近い微増となって

G7諸国の固定資産投資水準推移
2008年第1四半期〜2017年第2四半期（2008年１Qを100とする指数）

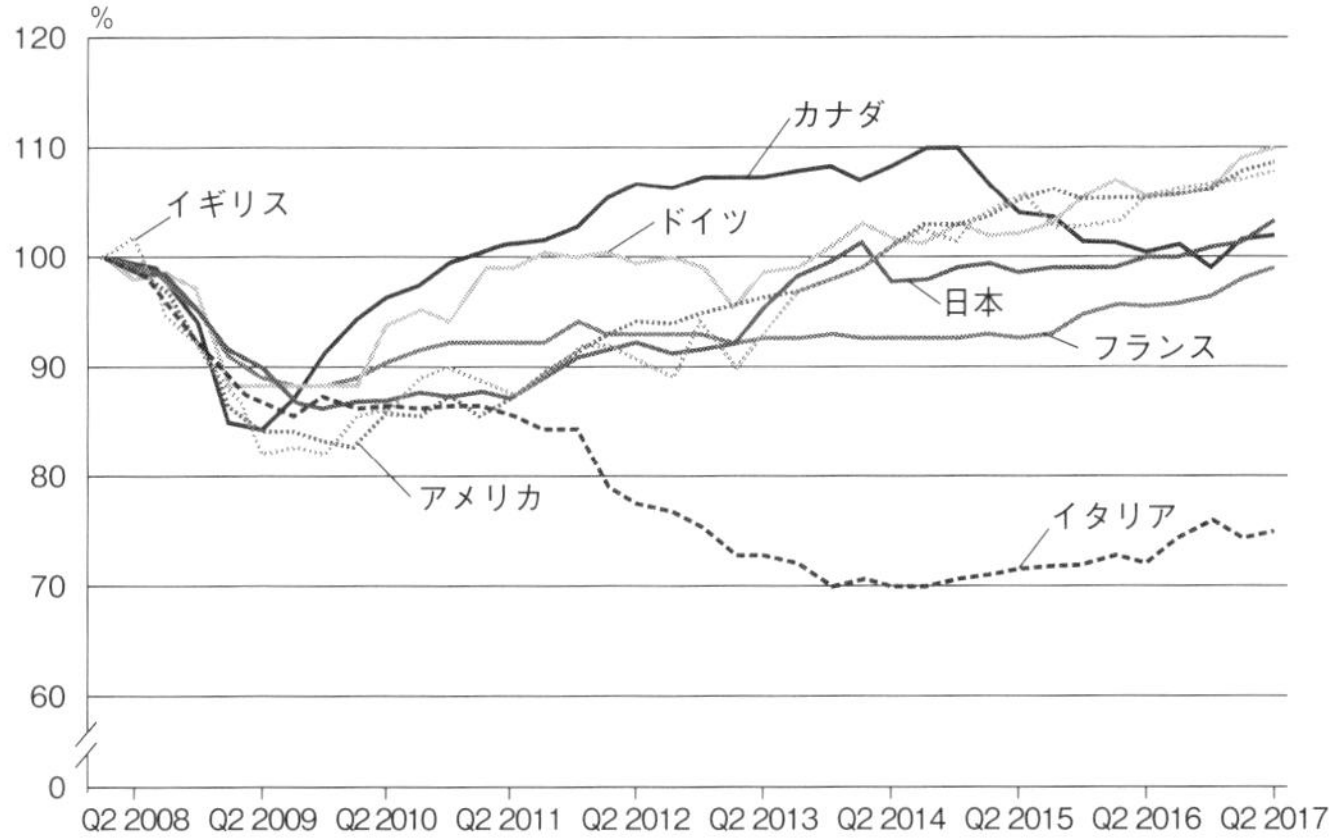

G7諸国の固定資産投資の対GDP比率推移
2005年第1四半期〜2017年第2四半期

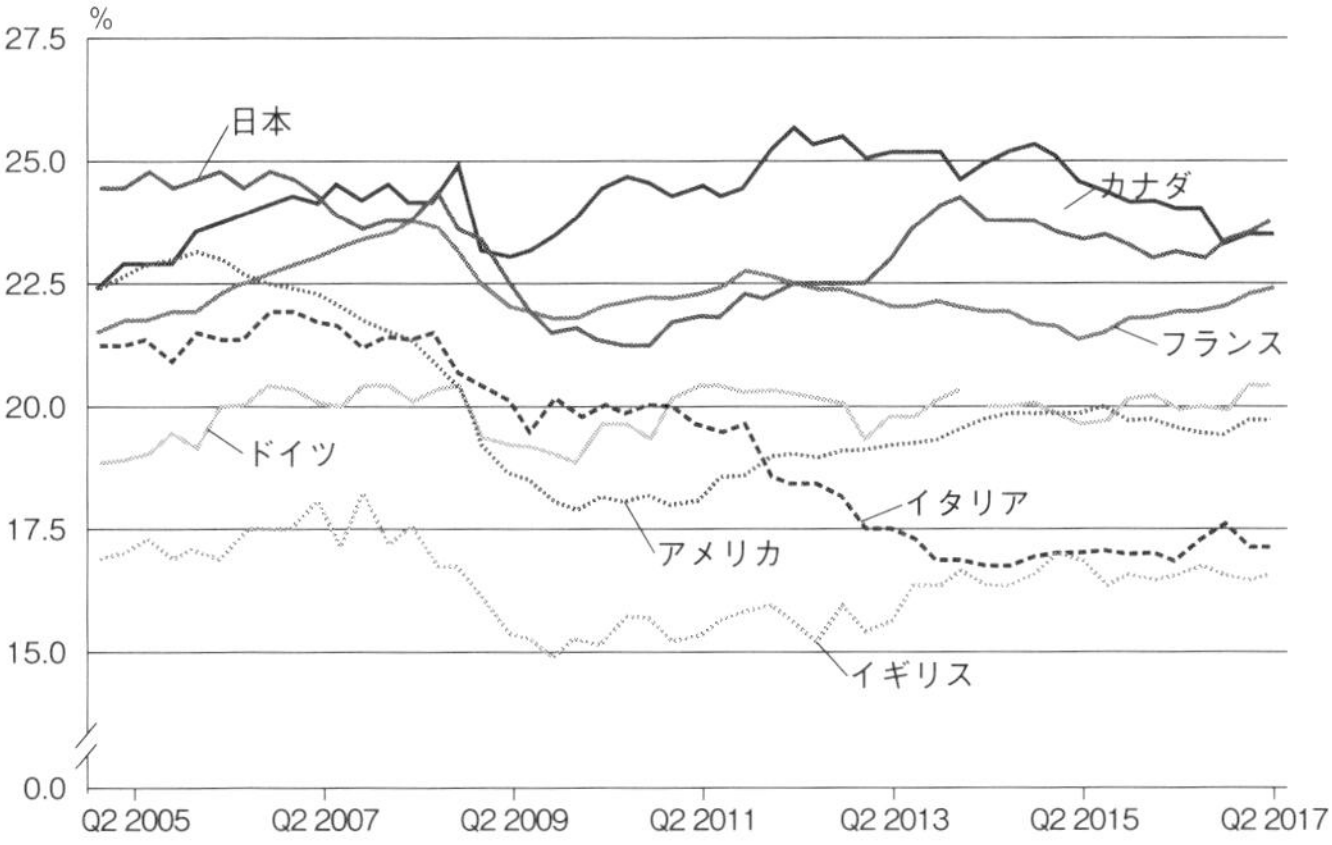

原資料：OECDデータを英国国家統計局が作図
出所：英国国家統計局『An international comparison of gross fixed capital formation』（2017年11月2日改訂）より引用

いる。フランスは結局2008年水準に届かない微減にとどまった。2013～15年のユーロ圏ソヴリン（国債）危機の影響がG7諸国で最大だったイタリアは、固定資産投資が2008年の7割に下がってから、ほんの少し回復しただけだ。このグラフを見るかぎり、日本の固定資産投資がとくに過大だった形跡はない。

下段は、ほぼ同じ期間内で固定資産投資の対GDP比率がどう変化したかを示したグラフだ。こちらは日本の固定資産投資が25％弱とはじめからG7諸国最大で、途中3位まで後退したことがあったが、最後にはまた最大に戻っていることがわかる。つまり日本は国際金融危機に突入した時点で、すでにG7中最大の固定資産投資をしていた国だったのだ。この25％弱という数値は、もっと多くの国々との比較で見るとどういう位置にあるのだろうか。次ページの表をご覧いただきたい。

1997～2017年という20年間の平均値で測ると、OECD加盟三十数ヵ国の中で日本はスペインと同率の7位だ。日本より上位に位置する唯一30％台の韓国も、その下の旧ソ連東欧圏4ヵ国も、中国による資源大量購入のおかげで活況つづきのオーストラリアも工業化で先進諸国には後れを取っていた国々だ。つまり日本の固定資産投資額のGDPに占める比率は、キャッチアップ途上の国々と同じ水準にいることになる。明らかにサービス主導型経済に転換した国々の中では、過大な投資をしているのだ。その過大な投資は主として製造業で行われているのだろうか。

OECD加盟国の粗固定資産投資の対GDP比率
1997〜2017年の平均値

国名	%	国名	%
韓国	30.8	ニュージーランド	22.1
エストニア	28.3	アイスランド	21.8
チェコ共和国	28.0	ポルトガル	21.7
オーストラリア	26.5	フランス	21.7
スロバキア共和国	25.9	コロンビア	21.5
ラトヴィア	25.0	リトアニア	21.0
日本	24.6	オランダ	20.9
スペイン	24.6	アメリカ	20.8
スイス	24.1	デンマーク	20.6
スロヴェニア	24.0	ドイツ	20.5
アイルランド	23.7	イスラエル	20.2
オーストリア	23.5	コスタリカ	20.2
スウェーデン	22.4	南アフリカ	19.8
ベルギー	22.3	ギリシャ	19.7
フィンランド	22.3	ルクセンブルク	19.6
カナダ	22.2	イタリア	19.6
ノルウェー	22.1	イギリス	16.7

原資料：OECDデータを英国国家統計局が作図
出所：英国国家統計局『An international comparison of gross fixed capital formation』（2017年11月2日改訂）より引用

各国粗固定資産投資の対ＧＤＰ比率をもう少し細かく分類したものと、資本装置の平均年齢推移というふたつの角度から検討してみよう。まず次ページの表から見ると、日本の粗固定資産投資の内訳には、とくに怪しげなところは見当たらない。

同じ20年間でＯＥＣＤ諸国の粗固定資産投資がどんな分野で行われていたかを示す表だ。まず日本の住宅建設は、粗固定資産投資総額の15％を切っていて、かなり低い位置にある。これだけ少子高齢化と家あまりの時代になったのだから当たり前だが、バブル期に建設・住宅・不動産担当のアナリストをしていた身としては、まさに隔世の感がある。

住宅以外の建物・構造物では30・6％と、20％台半ばが多い先進諸国の中でやや高めだ。だがイギリスが33・2％になっているので、

OECD加盟国の粗固定資産投資の投下資産別内訳 1997〜2017年の平均値

	住宅(%)	建物・構造物(%)	その他機械・器具(%)	知的財産(%)
スウェーデン	15.1	22.2	34.7	27.7
アメリカ	20.1	22.5	25.7	23.8
フランス	27.3	26.8	24.1	21.5
アイルランド	26.7	23.3	28.7	21.3
デンマーク	22.5	23.8	32.9	20.8
日本	14.8	30.6	28.4	20.8
フィンランド	26.2	28.0	24.9	20.7
イスラエル	28.9	19.8	30.8	20.5
イギリス	20.1	33.2	25.9	20.4
オランダ	23.9	27.6	28.4	19.8
オーストリア	19.8	29.6	33.9	16.5
ドイツ	28.3	20.4	34.9	16.4
韓国	15.2	38.6	30.7	15.5
カナダ	28.0	32.7	25.8	13.4
イタリア	25.8	25.6	35.2	13.2
ニュージーランド	25.6	26.4	34.8	13.2
ノルウェー	19.0	43.6	24.9	12.5
スロヴェニア	13.4	35.6	38.3	12.2
チェコ共和国	12.6	31.0	44.8	11.1
ポルトガル	22.7	35.1	30.2	10.7
スペイン	30.9	30.2	28.6	9.9
ギリシャ	29.5	25.9	35.5	8.9
スロヴァキア共和国	11.1	33.6	44.8	7.7
ラトヴィア	10.4	39.1	43.3	6.8
ルクセンブルク	16.3	40.3	36.7	6.5
エストニア	12.8	40.3	40.6	6.0
コロンビア	16.5	46.5	23.9	1.3

原資料：OECDデータを英国国家統計局が作図
出所：英国国家統計局『An international comparison of gross fixed capital formation』（2017年11月2日改訂）より引用

突出して高いわけではない。その他機械・器具の28・４％は、まさに先進諸国の中段、密集地帯にいる。この分野では、旧ソ連・東欧圏諸国や南欧でもとくに工業化が遅れていたギリシャは30％台後半から40％台になっている。

きっと知的財産投資への移行が遅れているだろうと思っていたのだが、日本はここで意外に健闘している。スウェーデンの27・７％とアメリカの23・８％が突出した1位、2位で、日本の20・８％は団子状態で3位グループを形成している8ヵ国中の、ちょうど真ん中に当たる数字だ。むしろアメリカの数字にもかなりうさん臭い詰めものが混じっているので、それよりさらに4ポイント以上高いスウェーデンの27・７％にも怪しいものがありそうな気がする。

生産装置の平均年齢は好ましい推移を示している

さて粗固定資産投資の内訳からは有力な手掛かりが得られなかったので、日本製造業の資本装置が若すぎたり、老けこみすぎたりしているのではないかという疑惑を検証してみよう。

次のページのグラフは19世紀末から２０１５年までという長期にわたって、生産過程に投入されている資本装置の平均年齢を調べたものだ。Ｇ７の中でイタリアとフランスはそこまで長期にわたるデータがなかったので、代わりにオランダをふくむ日米欧６ヵ国で構成されている。

19世紀末からほぼ一貫して、日本は生産過程に投入された資本装置の平均年齢が非常に若い

日・米・欧6ヵ国の資本装置の平均年齢*推移
1890〜2015年

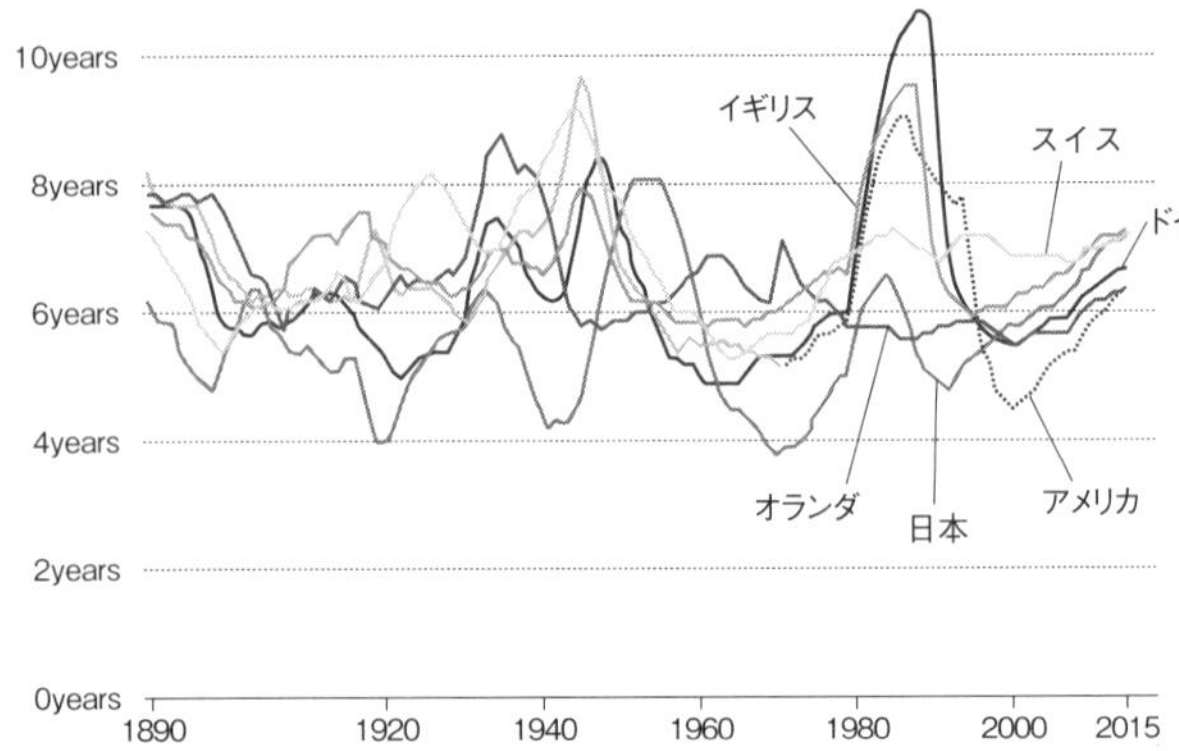

*）各国で生産過程に投入されている資本装置の平均経年数を集計。
原資料：Bergeaud, Cette and Lecat、『先進諸国の生産性推移、1890〜2012年』をアップデート
出所：ウェブサイト『Our World in Data』、「Age of Capital Stock」の項目（2020年10月1日時点）より引用

国だった。第二次世界大戦中から終戦直後と1990年代以降以外は、平均年齢の若さがトップか2位に位置していた。このデータから製造業主導経済だったころは、平均年齢の若い資本装置でモノづくりに励み、サービス業主導になってからは、ゆるやかに資本装置の高齢化を許すという理想的な資源配分をしてきた国だと推定できる。

このグラフは、カーブが錯綜《さくそう》して見にくいところがある。そこで同じデータからさまざまな意味でフシ目の年の数値をいくつか選び出したのが次ページの表だ。

こうして数値にしてみると、1919年の4・0歳、1971年の3・9歳という日本の資本装置の平均年齢が他国の追随を許さない圧倒的な若さだったことがわかる。そして、これだけ若く性能もいい製造装置が首都圏、近畿圏

日・米・欧6ヵ国の資本装置の平均年齢推移
1919〜2015年

	1919年	1941年	1955年	1971年	1989年	1992年	2000年	2008年	2015年
イギリス	7.2	6.7	6.1	6.1	8.2	6.3	6.2	6.7	7.3
日本	**4.0**	**4.2**	**8.1**	**3.9**	**5.1**	**4.8**	**5.8**	**6.4**	**7.2**
スイス	6.6	8.5	6.5	5.7	7.0	6.9	6.9	6.8	7.2
ドイツ	**5.5**	**6.2**	**5.6**	**5.3**	**10.7**	**6.9**	**5.5**	**6.0**	**6.7**
オランダ	7.3	7.5	5.8	5.2	8.4	7.8	4.5	5.4	6.4
アメリカ	**6.1**	**7.5**	**6.2**	**7.1**	**5.7**	**6.3**	**5.5**	**5.8**	**6.4**

前ページのグラフから特徴的な9年を抜き出して、それぞれの時点での資本装置の平均年齢を表にした。

- 1919年には、第一次世界大戦が終結し、日本の近代工業国としての地位が確立された。
- 1941年には、当初前大戦同様欧州大戦だった第二次世界大戦が文字どおり世界化した。
- 1955年には、交戦国中で唯一資本ストックに大きな被害を受けなかったアメリカの世界経済におけるひとり勝ちが終わった。通常資本装置の平均年齢が若い日本では、この時期のみ老朽化した戦後復興期の設備を使いつづけた。
- 1971年には、当時のアメリカ大統領ニクソンが米ドルの「金兌換停止」を宣言し、ブレトンウッズ体制が終焉した。
- 1989年には、日本で株と不動産のバブルが頂点に達した。競合の弱いドイツの資本設備は極端に老朽化していた。
- 1992年には、日本のバブル崩壊の影響が長期化するとの認識が共有される一方、ヨーロッパではユーロ圏創設気運が高まった。
- 2000年には、アメリカのハイテク・バブルが頂点に達し、ヨーロッパではユーロ圏設備投資バブルが顕在化した。
- 2008年には、アメリカでサブプライムローン・バブルが崩壊し始め、ユーロ圏設備投資バブルもほぼ頂点に達した。
- 2015年には、表面的には平穏ながらも、先進諸国で設備投資の不振が常態化しつつあった。

原資料：Bergeaud, Cette and Lecat、『先進諸国の生産性推移、1890〜2012年』をアップデート
出所：ウェブサイト『Our World in Data』、「Age of Capital Stock」の項目（2020年10月1日時点）より作成

に集中していた時期に、1973年に刊行された『日本列島改造論』で工業拠点の地方移転の旗を振った田中角栄は、犯罪的な愚策を提唱していたことも読みとれる。

そのほかで目立つのは、ヨーロッパ4ヵ国が共通して、1971年から1981年にかけて資本装置年齢の大幅な上昇を記録していることだ。この中でイギリスだけはサッチャー改革の「製造業を捨て金融業に特化する」という意図的な政策の結果だったろう。だがドイツ、スイス、オランダはヨーロッパのその他諸国の製造業があまりにも弱体なので、つい気をゆるめてしまって設備高齢化を放置していた可能性が高い。

とくにドイツの資本設備平均年齢は1971年の5・3歳から1989年の10・7歳へと5・4年も老化している。ドイツの工業力低下に関しては、東ドイツというお荷物を吸収したのが主因だとする説が一般的だ。だが、その前から生産設備の老化は進んでいたのではないだろうか。

ほかでは少なくとも7年の間隔を開けているのに、1989年と1992年はたった3年の間隔しか取っていない。これは、「このふたつの年のあいだのどこかで、製造業主導型経済からサービス業主導型経済への大転換が起きた」という私の仮説を検証するために選んだからだ。

さて、日本は1989年でも5・1歳と他の5ヵ国より若かった資本装置の平均年齢を、1992年にはさらに4・8歳まで下げてしまった。しかし、その後は一貫して高齢化を放置している。これは、製造業ほど資本装置の若さや性能が生産過程の効率化に大きな影響を及ぼさないサービス業主導経済では、妥当なあり方だと言える。逆に１９８９年から１９９２年、さらに２０００年にかけて資本装置の大幅な若返りを図ったドイツやオランダは、前時代の固定観念にとらわれた設備投資戦略を持っていたのではないか。

２０００〜08年にかけては、もともとかなり老朽化した設備を使っていたスイス以外の５ヵ国全部が設備を高齢化させている。つまり世界中の先進国が、もはや設備投資が牽引する経済ではなくなったことに対応した行動様式に切り替えていたのだ。

アメリカでこの時期に勃発したバブルは、サブプライムローン・バブルと呼ばれている。投機的資金が、生産設備ではない住宅と金融商品に集中したからだ。これも設備投資が「儲かる」投機の対象ではなくなったことを、金融市場が知っていたからだろう。

工業生産高がイギリス並みに停滞するのも困りものだが……

１９７０年代末に政権を握ったマーガレット・サッチャーの号令一下、製造業の弱小企業を大幅に刈りこみ、金融業強化で復権を図ったイギリスは、一見サービス経済化の波にうまく乗った感がある。だが再三述べてきたように、金融業は強い製造業なしには経営規模の拡大も収益性向上も望めない業種だ。結局、サッチャー改革は、それでなくても弱かったイギリス製造業をさらに弱体化させた。次ページの２枚組グラフが製造業弱体化の実情を物語っている。

OECD加盟国中の英国固定資産投資の百分位推移
1997年第1四半期～2017年第2四半期

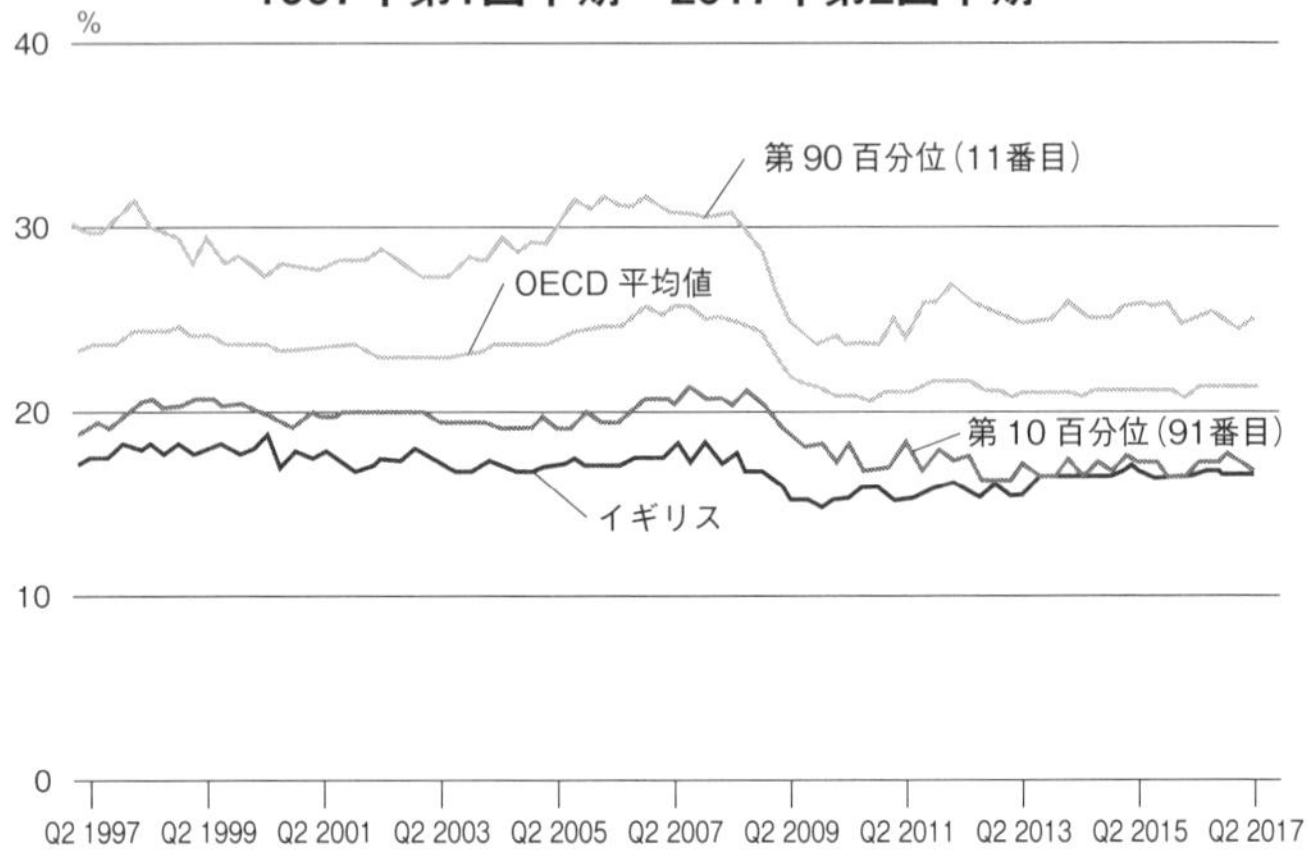

英国製造業生産高推移、1968年1月～2020年7月
2002年年間平均値を100とする指数表示

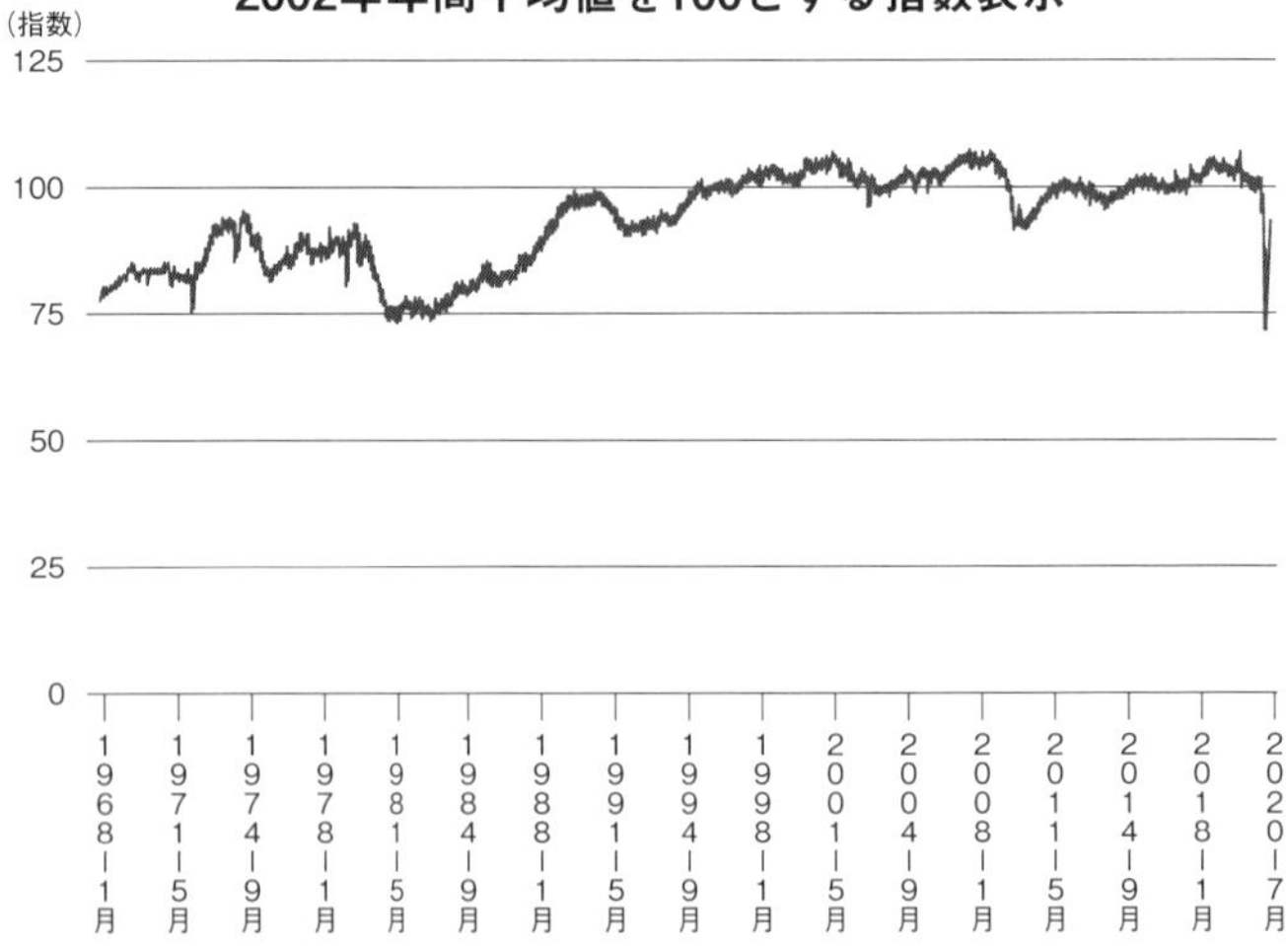

原資料：OECDデータを英国国家統計局が作図

出所：英国国家統計局『An international comparison of gross fixed capital formation』（2017年11月2日改訂）より引用

上段は１９９７～２０１７年の20年間、イギリスの固定資産投資がＯＥＣＤ加盟30数ヵ国の中で何番目に位置していたかを示している。第10百分位は１００ヵ国の中で91番目に当たるので、30数ヵ国の中での順位はビリから3番目か４番目ということになる。イギリスは２０１２年までビリかブービー賞、その後やや順位を上げてビリから3、４番手の位置を争っているわけだ。

これだけ固定資産投資が弱ければ当然、製造業生産高も低迷する。下段には１９６８～２０２０年のイギリス製造業の生産高指数が出ている。サッチャー改革が定着した１９８８年以来、ほぼ完全な横ばいで終始していたが、コロナ危機直前に急落し始め、コロナ危機が下げ幅を拡大していたことがわかる。この製造業の停滞は、金融業特化によって急上昇したはずの労働生産性にも影響を与えている。次ページのグラフだ。

日本、アメリカ、ドイツ、イギリスの先進４ヵ国と、韓国、中国、インド、ブラジルの新興４ヵ国の時間当たり労働生産性を１９５０～２０１７年という長期にわたって追跡したグラフだ。１９９０年代半ばに一時日本に追いつかれたイギリスの時間当たり労働生産性は、その後急上昇に転じたが、国際金融危機以降また成長率が鈍化し、なんらかの分野の過剰投資の累積によってなかなか生産性が上がらない日本にまた差を詰められている。

サッチャー改革後のイギリスの悲惨さを印象づけるデータを探していたら、やっとめぐり合った。ユーロスタットの調査によれば、西欧・北欧諸国の都市圏別の豊かさと貧しさを比較す

主要国の時間当たり労働生産性推移、1950～2017年
各国GDPを総労働時間で割った数値、購買力平価と各国インフレ率により調整済み

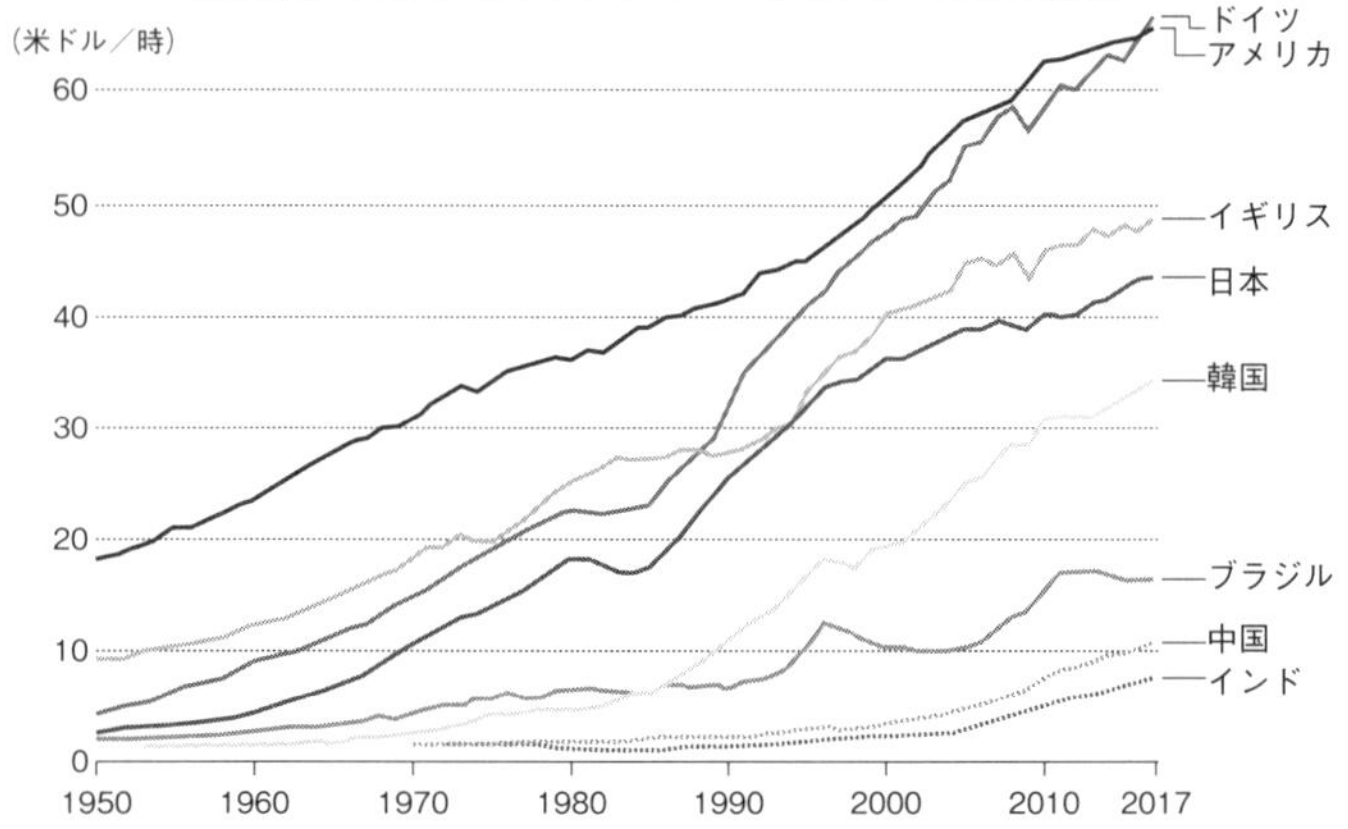

原資料：フェーンストラ他『新版ペン・ワールド・テーブルズ 9.1』をOur World in Dataが作図
出所：ウェブサイト『Our World in Data』、2020年6月12日時点のエントリーより引用

ると以下のような結果が出た。豊かさベスト10はトップがロンドンになった以外、ドイツから3都市圏、ルクセンブルク、フランス、オランダ、ベルギー、スウェーデン、オーストリアから各1都市圏だった。貧しさワースト10では、9位にベルギーの都市圏が入った以外は、全部イギリスの都市圏だった。金融業で潤うロンドン以外の地域で見れば、イギリスは西欧・北欧一貧しい国なのだ。

アメリカとドイツのあいだでは、ちょっと違う構図になっている。サービス業主導型に転換したアメリカの労働生産性伸び率は、一貫して製造業主導型を守りつづけるドイツより低かった。しかし国際金融危機以降伸び率がさらに鈍化して、2015年か16年にはとうとうドイツに抜かれてしまった。英米とも、危機で金融業の生産性が低下したのも一因だ

ろう。もともと製造業弱体化の中での金融業の成長は、工業化途上の後発国への投融資で高収益を稼ぐ以外の道はないのに、中国の設備投資成長率が鈍化していることが最大の原因だろう。たとえ時代遅れであっても、製造業に特化しつづける国々のほうが、サービス業主導型経済に転換した国々より労働生産性の伸び率は高い。ドイツや韓国の例が示すとおりだ。サービス業主導型経済で時間当たり労働生産性を上げるには、一般庶民が気に入ったサービスには惜しげもなく高い代金を払いたくなる社会的・文化的環境を醸成する必要がある。もはや許されざる差別表現なのかもしれないが「女房を質に入れても、初鰹《はつがつお》を食う」気っぷが、サービス業経済の労働生産性向上には不可欠ということだ。

幸い平和で安全で、商品もサービスも数え切れないほどの選択肢がそろっている日本の大都市は、そのための最短距離にある。

政府直接投資額の対ＧＤＰ比率は世界最悪の高さ

さて日本経済を万年低成長に陥れた真犯人と犯行現場を捜す旅も、終着駅にたどり着いた。次ページの簡単な表が答えを教えてくれる。

日本政府の粗固定資本形成がＧＤＰに占める比率は、Ｇ７諸国の中で突出して高い。６・０％は同率２位のアメリカ、フランスの３・９％の１・54倍に当たる。粗固定資本形成の官民比

G7諸国の固定資産投資に占める政府投資比率推移
1997～2017年の平均値

国名	粗固定資本形成に占める政府比率	粗固定資本形成に占める民間比率	政府粗固定資本形成の対GDP比率	民間粗固定資本形成の対GDP比率
カナダ	16.3	83.7	3.6	18.5
フランス	17.8	82.2	3.9	17.8
ドイツ	10.6	89.4	2.2	18.3
イタリア	13.9	86.1	2.9	16.8
日本	24.1	75.9	6.0	18.6
イギリス	14.4	85.6	2.4	14.3
アメリカ	18.7	81.3	3.9	17.0
G7平均	16.6	83.4	3.5	17.3

原資料：OECDデータを英国国家統計局が作図
出所：英国国家統計局『An international comparison of gross fixed capital formation』（2017年11月2日改訂）より引用

率も日本だけ官公庁発注が24・1％と20％台半ばで、2位アメリカの18・7％を大きく引き離している。

「なんだ。もったいぶった書き方であちこち引きずり回しておいて、ふたを開けてみれば、だれだって思いつく平凡な真犯人じゃないか」とお怒りの向きも多いだろう。昔、建設業界アナリストとして、官公庁発注工事の非効率性について口を極めて批判していたのに、なんでこんな当たり前の結論をもっと早く思いつかなかったのかと、自分の不明を恥じるばかりだ。

日本には1966年に制定された、官公需法という稀代の悪法がある。アメリカで1946年に制定された「ロビイング規制法」という名の贈収賄奨励法に匹敵する、経済全体の構造をゆがめる法律だ。この法律は「中小企業の保護育成」を名目に、「官公庁が発注する全工事、購入する物品、サービスのすべてにわたって、一定のパーセンテージを中小企業に発注しなければならない」としている。発足当初20％台だった中小企業への発注目標は２０２０年10月2日付で、なんと60％の大台に乗せてしまった。

私は中小企業一般を批判する気はまったくない。建設業界にもきちんと良心的な経営をしている中小ゼネコンはたくさん存在している。しかも健全な中小ゼネコンは政府の介入を警戒しているから、官公庁からのあてがいぶちの発注はなるべく取らないようにしている。「法律で決まっているから」という理由で中小に発注された工事を喜んで取りに行く「ゼネコン」の大部分は、入札事務担当者と社長ふたりだけでやっていて、受注工事は即施工能力のある大手ゼネコンに丸投げする（これを業界用語で上請けと呼ぶ）悪徳利権業者が大半だ。

当然、この連中がピンハネする分だけ工事の効率性、収益性は低下する。ゼネコン業界が好採算工事も赤字工事も順繰りに受注する談合体質から抜け出せない一因も、この利権集団に中間搾取されているための低利益率を、何とか業界全体で平準化して仲良く生き延びようということにある。もちろん、それだけではないが。

なぜ、こんな悪法がいつまでも存続するのだろうか。まず官公需法が廃止されたらたちまち飯の食い上げになる中小零細企業の多くが、選挙のたびに自民党のために票集めをする。この法律が施行されるまでは、確固とした管轄領域を持たなかった旧通商産業省（現経済産業省）は、全産業分野を横断する中小企業の「保護者」として旧来の産業分類を横断するような政策の立案過程を牛耳《ぎゅうじ》るようになれた。そして、もちろん自民党政権は農協や官公需受注に特化した中小企業のような、政権に守ってもらわなければやっていけないひ弱な集票組織が大好きだ。

ひとつ卑近な例を挙げよう。私にはかなり長い付き合いになる広島市在住の友人がいる。何かの拍子に、「なぜ広島市は、カープが郊外に立派な球場をつくって出ていった広島市民球場の跡地をJ1リーグのサッカーチーム、サンフレッチェ広島の第2スタジアムにしなかったのだろうか」と尋ねてみた。ご存じと思うが、旧市民球場は広島市街の中心部に近く、すぐそばを通る新幹線の轟音が聞こえるほど公共交通機関の便のいい立地だ。

あそこに第2スタジアムをつくって、現在のやや郊外にあるエディオンスタジアムは多少不便でも来てくれる観客の多い好カード用に使い、ちょっと集客力の弱いカードは利便性の高い第2スタジアムで開催すれば、サンフレッチェの入場料収入も広島市の地代収入も上がるはずだからだ。現状は、妙に芝生や植栽のスペースが多い不定期の催事用広場で、お祭り騒ぎのないときは閑散としている。

友人の話は、まさに眼からウロコだった。日本のように雑草の繁茂しやすい環境では、植栽や芝生は恒常的な剪定《せんてい》、間伐、草むしりを必要とする。広島球場規模になると、中小園芸業者数社、十数社が親子二代、三代にわたって安定収益を得られる利権になる。建物や構造物では、それほど頻繁にカネの落ちる利権にはならない。

だから大都市中心部でいくらでも収益施設が建てられそうな大規模な空き地が出るたびに、疑似的な「緑あふれる自然環境」がつくられ、園芸業者と地方自治体の役人、そして地方議員のコネが深まるのだそうだ。これまた、そんなことも知らずに建設業界アナリストをやっていたのも、うかつな話だ。

官公庁発注工事という非効率の塊がＧＤＰの６％も占めていたのでは、日本経済が慢性的な低成長に転落するのは当たり前だ。そして日本経済が万年低成長に転落した１９９３〜94年は、日本国債の発行済み残高の伸び率が加速した転換点でもある。日本政府がいくら国債を乱発しても、日本国の財政構造は安泰だという主張は今でも正しいと確信している。だが政府は国債でかき集めたカネをどこかで何らかの用途に使っているはずだ。その使い方が非効率なら、日本経済の成長率が低下することに気づかなかったのは間抜けだった。

原因がわかれば、対応策も簡単だ。まず公共事業のみならず、官公庁が購入するあらゆる物品・サービスを割高にしている官公需法を全廃する。また国債という借金を背負いこんでまで公共事業を増やす必要はない。官公庁は最低限の予算で仕事をし、減税によって働く人々が自分の裁量で消費するモノやサービスに使える金額を多くする。それがサービス主導型経済における最良の景気刺激策だ。

第5章

アメリカ株
異常な暴騰の真相

21世紀の先進国株式市場で上がりつづけたのはアメリカだけ

21世紀も2020年の12月末で丸20年を過ぎ、5分の1が終わったことになる。日本のメディア報道ばかりご覧になっている読者は、アメリカもヨーロッパも好調な中で日本だけが取り残されてきたという印象をお持ちではないだろうか。

だが、その印象は間違っている。実際には21世紀の最初の20年間を通じて、先進国を代表する株価指数ではっきり上昇基調を保っていたのは、S&P500、ダウジョーンズ工業平均、ナスダック100といったアメリカの株価指数だけなのだ。

「アメリカ株ひとり勝ち」状況を具体的な数字で紹介すると、以下のとおりだ。S&P500株価指数は、2000年年初から2020年10月12日までで2・4倍になっている。21年弱の累計で2・4倍はびっくりするほどの高成長ではないが、年率にして4・5%近い伸び率となるから、すでに成熟した先進国の株価としては立派なものだ。

さらにサブプライムローン・バブル崩壊直前の2007年秋には1500ドルに迫っていたものが、このバブルが崩壊した大底の2009年春には666ドルという「悪魔の数字」まで下がったのを、1500ドル台を軽々と突破して3000ドルの大台に乗せたのだから、大変な回復力だ。

じつは、主要先進国を代表する株価指数で21世紀のパフォーマンスがアメリカに次いでよかったのは日本の日経平均なのだが、21年弱でわずか24％伸びただけだった。年率にすると約１・１％にとどまる。１９９０年代を通じたバブル崩壊後の株価低迷を経たうえで、この程度しか伸びなかったのだから、それほど威張れた数字でもない。ドイツのＤＡＸ株価指数は通算で８・４％、年率にすると、わずか０・４％しか伸びていない。イギリスのＦＴＳＥ１００はマイナス10％、フランスのＣＡＣ40もマイナス16％と下落していた。

もうすっかり忘れてしまった人が多いが、１９９０年代後半の金融市場を騒がせた２大トピックは、「２０００年問題」と「ユーロ通貨圏」の誕生だった。前者は、「これまで西暦年を下２ケタで入力していたコンピューターープログラムがいっせいに誤作動を起こし、金融市場、通関業務、はては飛行中の旅客機にいたるまで機能が停止して莫大な損害が出る」という荒唐無稽《こうとうむけい》な作り話だった。このなんとも珍妙な「危機」説は、日本をはじめとして世界各国が２０００年１月１日の深夜零時を迎えると同時に、淡雪のように消えていった。

もう少したちが悪かったのが、「ユーロ圏大国化」幻想のほうだった。ドイツ、フランス、イタリア、スペインのヨーロッパ大陸４大国を中心に共通通貨ユーロを使い、パスポートも通関業務も通貨の交換も不要で、人やモノが自由に行き来できるようになることにあまりにも大きな期待がかけられていたのだ。「これでユーロ圏諸国がアメリカから経済覇権を奪い、21世紀はヨーロッパが世界の中心に返り咲く」とまで語る人たちもいた。

ユーロ圏加盟諸国では、1999年1月から実際の取引はドイツならマルク、フランスならフラン、イタリアならリラで行いながら、計算上の仮想通貨としてユーロが導入された。つづいて2002年1月以降、最初はコインと小額紙幣から、やがて高額紙幣まで徐々にユーロを実際の貨幣として使うようになっていった。

私は「そもそもヨーロッパ人が自分たちの強さに自信を持っているかぎり、言語圏や人種民族系統、文化の違いを超えて大同団結などするわけがない。これはヨーロッパ諸国が没落の最終局面に入ったので、弱者連合を造らざるをえなかっただけだろう」と思っていた。ところがヨーロッパ諸国の株価は、この言葉も人種も文化もさておいた経済だけの「大同団結」にかけた過大な夢を、そっくり反映したような動きをしていた。次ページのグラフがそのへんの事情をみごとに浮かび上がらせている。

なおユーロSTOXX600というユーロ圏を代表する株価指数の日々の値動きが公表され始めたのは、仮想通貨としてのユーロ導入の3ヵ月前に当たる1998年9月だった。だが、この指数に選ばれた銘柄全部の値動きは1991年12月末から集計されており、この91年末の指数を100としてその後の価格が決定されている。

ご覧のとおり、ユーロSTOXX600は何度挑戦してもユーロがまだ仮想通貨にとどまっていた2000年3月の高値400を抜くことができずに、跳ね返されつづけている。90年代の急騰がユーロ圏発足への過大な期待がもたらしたあだ花に過ぎなかったのだから、現在の位

株価がこれほど実体経済と乖離しているのはアメリカだけ
S&P500株価指数月足1990年代～2010年代

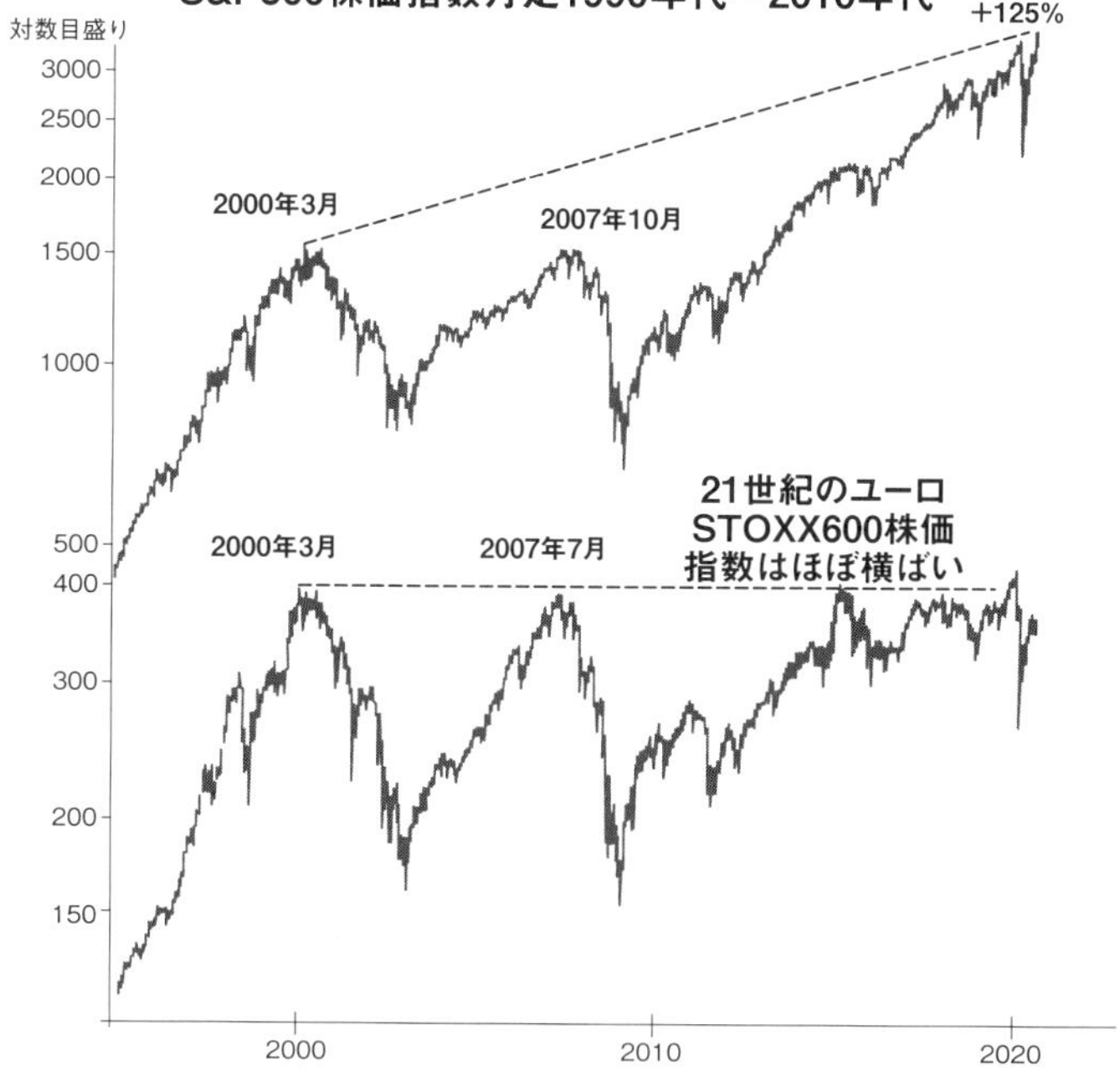

出所：ウェブサイト『Elliott Wave International』、2020年9月29日のエントリーより引用

置も上値余地より下値不安のほうがはるかに大きいと見て間違いないだろう。

それに比べるとＳ＆Ｐ５００のほうは、ずっと順調に史上最高値を更新しつづけているように見える。だが、ほんとうにアメリカ経済の実力に見合った高値なのかというと大いに疑問が残る。まず問題なのが、Ｓ＆Ｐ５００株価指数の上昇はほんの一握り、具体的には５～10銘柄の突出した好調に支えられていて残る５００近い銘柄全体としては、じり安基調がつづいていることだ。

次ページに掲載したのはＳ＆

S&P500採用銘柄中トップ5社の時価総額シェア推移
1990～2020年

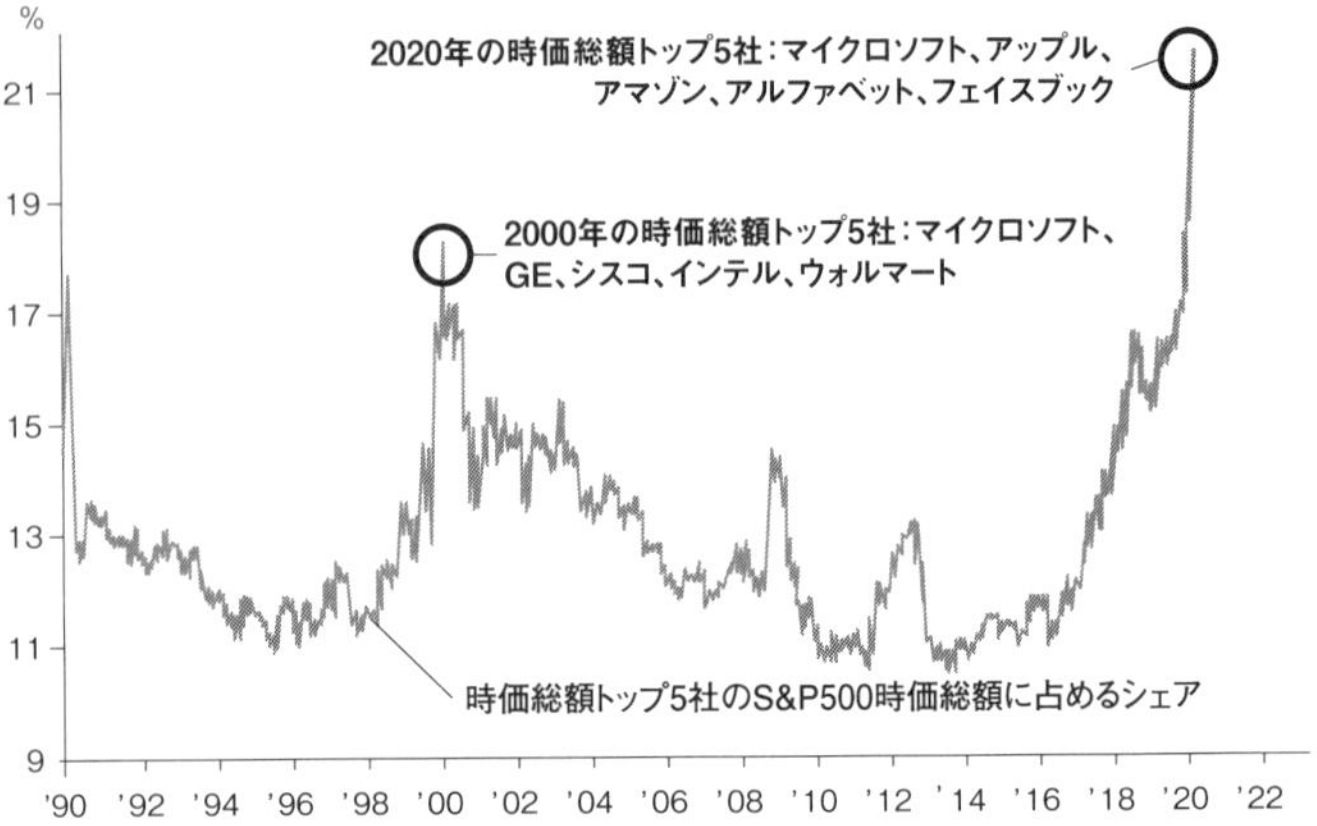

原資料：バンク・オブ・アメリカ　グローバル投資ストラテジー、ブルームバーグ
出所：ウェブサイト『Zero Hedge』、2020年8月9日のエントリーより引用

Ｐ５００採用銘柄中の時価総額トップ５銘柄が、全採用銘柄の時価総額の何パーセントを占めるかを描いたグラフだ。前回アメリカ株の割高感がピークに達したハイテク・バブルの頂点では、時価総額トップ５銘柄の全銘柄時価総額に占めるシェアは18％強にとどまり、うち２銘柄は電機のＧＥとスーパーチェーン最大手のウォルマートで、ハイテク以外の業種に属していた。今回は５銘柄全部ハイテク・情報通信・インターネットがらみで、しかもこのグラフが作成された８月半ばですでに21％に達していて、10月半ばには23％とさらにシェアを高めた。

　アメリカ株全体が好調なわけではなく、一握りの銘柄に異常なほど人気が集中していることを示す証拠は、まさに枚挙にいとまがない。１９９３年にはまだ存在していなかったアマゾンが、今やS&P500中の裁量的消費財部門全体の時価総額の43%を占めている。時価総額でトップ5銘柄の時価総額の合計は、下から389銘柄の時価総額の合計より大きい。アップル、アマゾン、マイクロソフト、グーグルの時価総額を合計すると6兆ドルになるが、これは米中2ヵ国をのぞく世界中のどこの国のGDPより大きな金額だ。

こうした数字を調べ上げたのは、現在『コントラ・コーナー』というウェブサイトに陣取って、財政健全化のために健筆をふるっているデイヴィッド・ストックマンだ。彼がまだ小生意気な若造だった1980年代に、ロナルド・レーガン政権の予算局長としてアメリカの借金経済化、利権経済化の片棒を担いでしまったのだから、ほんとうに歴史は皮肉なめぐり合わせに満ちている。

あまりにも少数の銘柄に人気が集中するのは、大暴落の前兆とされている。実際にハイテク・バブルが崩壊した2001~02年には、S&P500も1500ドル台から800ドル程度へとほぼ半値になってしまったことは、209ページのグラフでご確認いただきたい。

アメリカ株市場は業績と無縁のバブル相場

この一握りの銘柄への人気集中傾向は、S&P500という大型株中心の株価指数だけではなく、アメリカの株式市場に上場している企業全体についても言えることだ。次ページのグラ

ウィルシャー5000銘柄中FANGMANTIS*の
その他銘柄に対する 圧倒的なパフォーマンス
2020年2月19日～9月2日

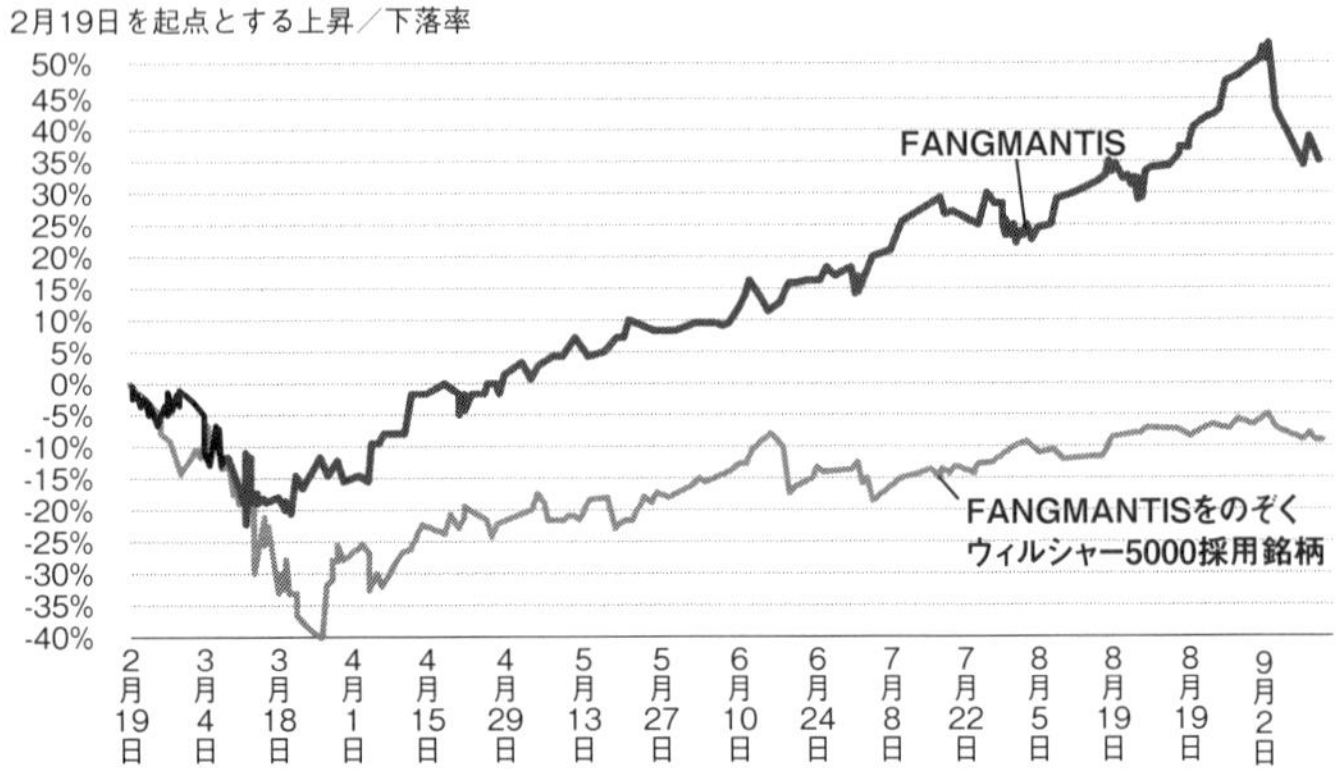

＊）FANGMANTISとは、フェイスブック、アップル、エヌヴィディア、グーグル、マイクロソフト、アマゾン、ネットフリックス、テスラ、インテル、セールスフォースの10社を指す。
原資料：Yチャート社のデータをウォルフ・ストリートが作図
出所：ウェブサイト『Wolf Street』、2020年9月11日のエントリーより引用

フはニューヨーク証券取引所、ナスダック市場、アメックス証券取引所の３大市場に上場している全銘柄を網羅したウィルシャー５０００という株価指数の中で、わずか10銘柄の値動きとその他全銘柄の値動きを比較したものだ。

　上記３大市場の銘柄を全部合わせると約５０００銘柄だった１９７４年ごろに開発された指数なのでウィルシャー５０００と名付けられたのだが、その後１９９８年には７５００銘柄を超えた。現在は合併買収や上場銘柄の非上場化が多く、また経営破綻などで上場廃止になる銘柄も増えているので約３４００銘柄に絞りこまれている。その中でＦＡＮＧＭＡＮＴＩＳと呼ばれる人気10銘柄だけの指数は、コロナ騒動での下落も小幅にとどめ、２０２０年2月中旬

からのパフォーマンスで50％超の上昇を記録したあと、小反落はあっても約35％の上昇という水準を維持している。

ＦＡＮＧＭＡＮＴＩＳとは、フェイスブック、アップル、エヌヴィディア（半導体製造）、グーグル、マイクロソフト、アマゾン、ネットフリックス、テスラ、インテル、セールス・フォースの10社を指す。この10社のうち、セールス・フォースだけは主な業務内容として営業支援を掲げているが、中小企業の業務のデジタル化、ｅコマースへの進出支援、人材育成のデジタル化などをウリにしていて、やはりハイテク・情報通信・インターネットという分類に包摂される部分の大きな会社だ。

一方、ＦＡＮＧＭＡＮＴＩＳをのぞく約３４００銘柄の平均は2月下旬以降、一度としてプラスに転ずることなく、現在も約10％の下落にとどまっている。ウィルシャー５０００には上場直後で株価も業績も急成長のまっただ中という銘柄も多いから、一握りの人気集中銘柄と上場直後の急成長株をのぞけば、アメリカ株の大部分はいかに魅力のない投資対象だったかがわかる。

それでは、逆境の中で株価が上昇しつづけてきた人気10銘柄はすばらしい業績をあげているのかというと、それほどのことはない。とくにｅコマース最大手アマゾンと、インターネットを通じたコンテンツ配信の最大手ネットフリックスは、営業利益率で見ればＳ＆Ｐ５００採用銘柄の中では最低に近い水準で推移している。何が株価を押し上げているのかと言えば、ほと

ハイテク大手の2008年暴落時の株価パフォーマンス	
マイクロソフト	▲44%
アップル	▲57%
グーグル	▲56%
アマゾン	**▲45%**
ナスダック100連動型ETF	▲42%

ハイテク大手の2020年暴落時の株価パフォーマンス	
マイクロソフト	34%
アップル	57%
グーグル	13%
アマゾン	**71%**
ナスダック100連動型ETF	30%

出所：ウェブサイト『The Automatic Earth』、2020年8月18日のエントリーより引用

んど業績とは無縁に「業界最大手であり、追随する競合企業に対して巧みに参入障壁を設けているので、業界内のシェアは上がることはあっても下がることはない」という疑似独占状態の企業であることへの評価が高いのだ。

この疑似独占状態への評価は、アメリカ経済全体の景況の良し悪しにはほとんど関係なく高まりつづける。いや、最近では景況が悪くなるほど、さらに高まるといったほうがいい。上の表が端的に示すとおりだ。

2007〜09年の国際金融危機を招いたサブプライムローン・バブル崩壊のころには、ハイテク大手4社も、ハイテク・情報通信株の比重が約7割と極度に大きいナスダック100連動型ETF（アメリカの証券コードではQQQ）も、軒並み40〜50％台の下落を記録していた。ところが、今回のコロナショック暴落では、ほぼ正反対の数字となっている。上昇率最低のグーグルでも13％上昇、最高のアマゾンにいたっては71％の大暴騰、それ以外は30〜50％台の上昇だ。

伝統的な株式評価の基準がまったく役に立たない世界になってしまった

景況とは無縁に株価が上昇しつづける人気銘柄でも、景気が冷えこめば業績は好況時ほど伸びないから、伝統的な株式評価の指標で判断すればとんでもない割高株ばかりということになる。いったいどれくらい割高なのかは、次ページの表でご確認いただきたい。

株式投資を始める人たちが最初に教わる指標が、株価収益率（Price Earnings Ratio、略してＰＥＲ）だ。株価をその年の予想1株利益で割った数字で、もし1株当たりの利益が同じ水準にとどまるとすれば、株を買ったときの投資額を回収するのに最低で何年かかるかを示している。たとえば株価が１００円で、買った年の予想1株利益が10円なら、株価収益率は10倍、投資額を回収するのに10年かかることになる。もちろん企業は収益を全部配当に回すわけではなく、設備投資や研究開発をやり、不意の出費に備えた現預金も保有しておく必要があるから、これは理論上の最短期間ということだ。

昔の投資理論で安全に買えるのは、だいたい株価収益率が12～13倍程度までの企業である。15倍になるとやや割高、20倍は明らかに割高ということになっていた。ちなみに先進国の株式市場の中で、この古風な株価理論を平然と無視して上昇軌道を突っ走った最初の事例が、

それは業績をかけ離れたバリュエーションのせい
2020年第2四半期時点での予想1株利益に対する株価倍率

テスラ	977倍
アマゾン	**126倍**
ネットフリックス	82倍
マイクロソフト	37倍
アップル	35倍
グーグル	34倍
フェイスブック	32倍

出所：ウェブサイト『Great Recession.info』、2020年9月1日のエントリーより引用

1986〜89年の日本株市場だった。「そういう非常識なことをやったから大底では史上最高値の2割未満に下げ、大天井から約30年を経ってやっと半値戻しを達成したのも、天罰てき面だ」というのが世間の通説となっている。

私は、この定説とはかなり違う見方をしている。むしろ、この間の株価低迷は日本経済の強さの象徴だと考えているのだ。経済を牽引する産業が製造業からサービス業に移ったので、製造業大手各社による巨額の資金調達を助けることを最大の使命としている金融市場は、いやでもおうでも縮小せざるをえない。日本株市場は株式市場ならどこでも避けて通ることのできないこの大収縮を先進国の先頭に立って、しかも秩序正しく整然とやってのけたのだ。だから枯れきっている日本株市場こそ、現段階では世界最強の株式市場だと断言できる。

ただし強いといっても、「それじゃあ日本株を今の

うちに仕込んでおくか」とお考えいただいては困る。この先、先進諸国の株式市場が軒並み大暴落を演ずる中で、下げが小幅にとどまるという意味での強さなのだから。そのへんの議論はあとで展開することにして、びっくり仰天の数字が並んでいる前ページの表に戻ろう。

もともと営業利益率の低かったネットフリックスやアマゾンは80～１２０倍台、比較的業績のまともなマイクロソフト、アップル、グーグル、フェイスブックも軒並み30倍台、テスラにいたってはなんと９００倍台だ。この９００倍台という数字には、私にとって忘れられない思い出がある。

１９８７年、ＮＴＴ株が１１０万円台の公募価格で新規上場したころ、私は業界の暴れん坊として悪名高いソロモン・ブラザーズ証券の新米アナリストで、建設・住宅・不動産の３業種を担当していた。何かしら変わったことを言わずにはいられない目立ちたがり屋根性が出て、「もし機関投資家の中にＰＥＲが１０００倍になっても持ちつづける価値のある株をお探しの方がいらっしゃったら、ＮＴＴ株をお勧めする」とレポートに書いてしまった。上場後２～３営業日で１６０万円まで上がったが、そのころはまださすがに１０００倍にはなっていなかったのではないだろうか。

まったく根拠のない推奨だったわけではない。日本経済全体が輸出中心から内需主導への転換期で、日本中の市街地、中でも大都市中心部の地価が暴騰していた。まだ電電公社と呼ばれていた終戦直後の混乱期にＮＴＴは膨大な土地資産、しかもけっこう好立地の土地をタダ同然の簿価で買い集めていたのだ。電報という郵便同様に人手のかかる通信手段が日常生活でけっこうひんぱんに使われていたし、電話局の交換機はまだ完全自動化にはほど遠い時期だったころ、大都市中心にかなり稠密《ちゅうみつ》な電報電話局網を張りめぐらしていたので、オフィスにも社宅・社員寮にも広い土地を必要としていたからだ。

ちょうど世界的な電話の普及期と戦後の経済復興が重なり、終戦直後の電電公社はほぼ全員若い女性の電話交換手を大勢雇っていた。当時はバスガール、デパートのエレベーターガールと並んで、交換手は女性にとって花形職種だった。とくに米軍将兵の駐留する地域では英語を聴き取り、話すことができないと仕事にならないので、若くて教育水準も高い元祖バイリンギャルのような女性たちを雇用する必要があったのだ。しかも彼女たちも夜勤をするので、大都市中心部に電話局ばかりか社宅、社員寮も充実させざるをえなかったわけだ。

1960～70年代には電報はほぼ慶弔用に限定され、電話局の交換機も完全に自動化され、電電公社の持っていた膨大な土地資産はかなり遊休化していた。1980年代後半は、こうした土地を高値で売り抜けたり、自社で開発して賃貸収益を確保したりするには絶好のチャンスだった。その後、日本の地価・株価バブルの頂点となった1989年にNTT株は史上最高値の320万円を付け、その時点でほぼ確実にPERも1000倍を超えていたはずだ。上司には「担当業種でもない株について余計なことを書くな」と叱られたが。

この記録的な高値も、もちろん1990年年初からの株価大暴落でシャボン玉のように消えていった。私の「ＮＴＴ株はＰＥＲ１０００倍でも買える」説も、地価は順調に上がりつづけ、ＮＴＴは土地をタイミングよく売ったり開発したりしつづけ、株価や地価の高騰が内需を拡大しつづけたらという、タラレバの典型のような議論だった。その意味で、上司の叱責《しっせき》は１００％正しかった。

ひるがえって現在のテスラ株はどうか。直近の決算がよかったので、テスラの株価は過去12ヵ月間の1株利益に対する株価の倍率で約８００倍に下がっている。だがＰＥＲが８００倍というのは、毎年利益を倍増させながらそれを全部配当として株主に還元しても、9年経たなければ買ったときの資金を回収できない水準だ。また「よかった、よかった」とはやされている決算にしても、中身はお粗末だ。テスラの業績が当期損失から当期利益に転換したのは、電気自動車の製造販売による営業利益が好転したからではない。本業だけでは毎年の営業赤字をやっと収支トントンに持ちこんだ程度なのだ。

しかしヨーロッパのいくつかの国と、アメリカでもいくつかの州では「自動車メーカーは二酸化炭素を排出するエンジン車を1台販売するために二酸化炭素を排出しないクリーンな自動車を一定数販売しなければならない」というルールを実施している。テスラはまだ数少ない電気自動車の製造販売専業メーカーとして、自社の売上台数と比べて非常に大きなエンジン車販売権を獲得している。テスラ社は、このあまった炭素排出車販売権を競合他社に売ることで得た特別利益によって当期利益への転換を達成したのだ。

私は、現在のテスラの株価は日本の地価・株価バブル当時のＮＴＴ株以上の過大評価になっていると思う。「もし世界中の自動車がガソリンエンジン車から電気駆動車に変われば」という仮定のうえでの株価である。それは「日本の地価が上がりつづけ、ＮＴＴが土地を有効活用できたら」という仮定以上に現実味のない仮定だと確信しているからだ。別の機会にくわしく論ずるつもりだが、電気自動車は莫大なエネルギー浪費につながるし、水素燃料車にいたってはそれに輪をかけたエネルギー浪費だ。実用化は絶対に絵に描いた餅《もち》にとどまる。

それにしても、なぜアメリカの人気株はこれほど異常な高値に舞い上がっているのだろうか。

アメリカ株暴騰の2大要因は自社株買いと……

アメリカ株市場を観察している人ならだれでも指摘するのが、先進諸国の中央銀行がそろって野放図な金融緩和を展開しているという事実だ。次ページのグラフ上段で見るように、主要国中央銀行の総資産額とＳ＆Ｐ５００株価指数のあいだには非常にわかりやすい相関関係が成立している。この説明だけですんなり納得してしまう人も多いだろう。

ようするに連邦準備制度は米国債や担保付き証券を、日銀は日本国債や日本株ＥＴＦを、そして欧州中央銀行は加盟諸国の国債を買いまくって、代金を各国金融機関にばら撒く。金利を下げることによる金融緩和ではなく、金融機関が自由に使える資金量を増やすかたちの金融緩

回復は約15兆ドルの量的緩和（QE）の賜物

米国金融市場の資金流出入、2018〜20年（累計）

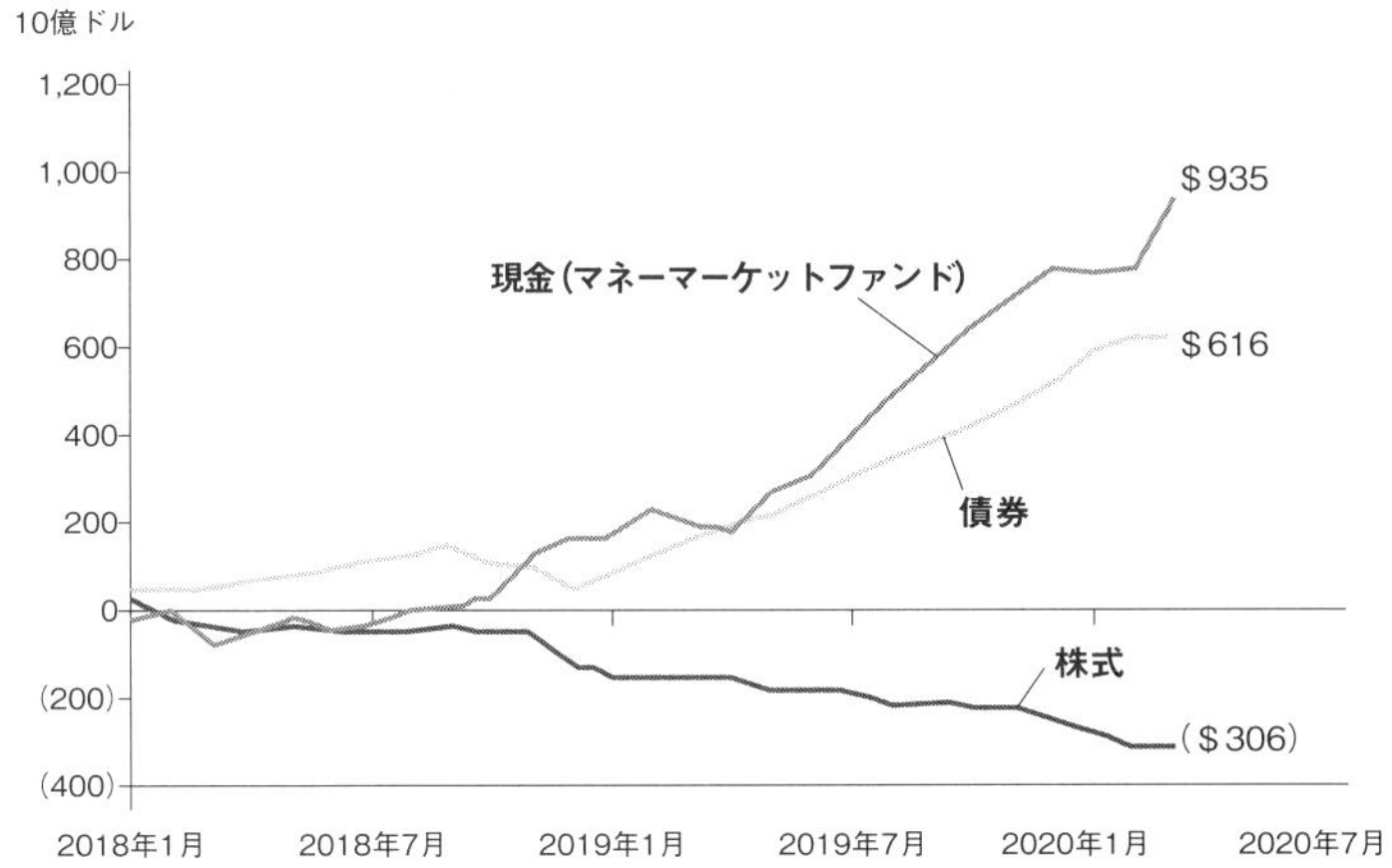

原資料：エド・ヤルデニ、EPFR（金融情報サービス）、ゴールドマン・サックス　グローバル投資リサーチ
出所：（上）ウェブサイト『Gold Switzerland』、2020年8月19日、（下）『Seeking Alpha』、同年9月21日のエントリーより引用

和だから「量的緩和」と呼ばれている手法だ。

ふつうの景気低迷であれば、こうしてばら撒かれた資金が実体経済を拡大するための投資や融資に回されて、景気がよくなる。しかし現状では、実体経済のほうにめぼしい投資先が見つからないので、資金は金融市場の中に滞留しつづける。結局、金融市場の中では比較的安全な各国の国債やアメリカ株に投下されるので、アメリカ株や先進諸国の国債価格は上昇し、金利は下がる……という理屈だ。

国債価格が上がるということは、自動的に金利が下がることを意味する。だが、これは金融市場になじみの少ない方には、ちょっとわかりにくい現象かもしれないので説明しておこう。

たとえば100円の額面に対して、毎年1・5円の配当を約束した国債を持っている人がいるとしよう。どうしても安全確実な配当が欲しい人が、この国債の持ち主に「自分が受け取る権利は1％になってもいいから、その国債を譲ってくれ」と持ちかけるとしたら、いくらで買おうと提案することになるだろうか。買い値の1％が1・5円だとすれば、買い値はそれに100を掛けた150円ということになる。もちろん国債には償還期限があって、いつまで額面に対する一定の配当を受け取ることができるか考えなければいけないので、実際の計算はこれほど単純ではない。

ただ国債の価格が上がるということは、同じ金額の配当を受け取るために必要な元手が多くかかるようになるという話の大筋は変わらない。もし国債を持つことから受け取る配当の利回りがこれほど低くなってもいいと思う投資家が多いとすれば、一般企業も低利の融資を受けることができるはずだ。実際に各業界の大手では、1％未満の金利で銀行融資を受けられる企業が激増している。それならどんどん設備投資をして業容を拡大するかというと、相変わらず金融業界以外のあらゆる産業の投融資需要は冷えこんだままだ。

ご覧のとおり「中央銀行が国債や担保付き証券や株のETFを買いあさって資産を拡大し、その代金が金融機関に溜まれば溜まるほど、業績とは無縁にS&P500株価指数が高くなる」という議論には、とても説得力がある。ところが、ほとんどだれも疑問を持たずに受け入れている「中央銀行の量的緩和＝米株高」説には大きな穴がある。その穴を示しているのが、221ページ下段のアメリカの3大金融市場への資金流出入量を示すグラフだ。

3大金融市場のうちマネーマーケットファンド（MMF）というのは、聞き慣れない言葉かもしれない。ひっきりなしに金融資産を売ったり買ったりしている機関投資家が、売買のたびに現金を出し入れするのは面倒だ。このため年率0・1～0・2％の金利を生む短期債や譲渡性預金ばかりで構成されたファンドを、金融商品に投下されていない状態の資金を入れる財布代わりに使っている。その財布のことをMMFというのだが、全般的な金利低下状況の中で、これが債券市場に対するけっこう手強い競合商品になっている。

2018年1月から2020年初夏までだけでも、世界の3大中央銀行は1兆数千億ドルの資金を各国金融機関にばら撒いた。だが、そのうちの9350億ドルもの資金が本来であれば仮置きの場所に過ぎないはずのMMFに置かれたままであり、6000億ドル超が債券市場に投下され、株式市場からは3000億ドル超が引き揚げられているのだ。

ここで詳細に数字を挙げることはしないが、アメリカ株市場でもかなり巨額の資金流出が生じている。つまり中央銀行が量的緩和でばら撒いた資金が自動的に米国株を押し上げているわけではないのだ。むしろ世界中の株式市場同様、アメリカでも投資家は株から資金を引き揚げている。それでもなおアメリカ株全体として時価総額が拡大しているとすれば、いったいなぜ、どこから資金は流入しているのだろうか。

答えは第一に自社株買いであり、つづいてその自社株買いや企業同士の買収合併を魅力的に見せるための露骨な帳簿操作なのだ。次ページの2枚組グラフが、この自社株買いがいかに莫大な金額に達しており、また四半期ごとに着実に伸びてきたかを物語っている。

左側の棒グラフは、S&P500に採用されている銘柄が2012〜19年に行った自社株買いの1年ごとの合計額を示している。右側の折れ線グラフでは、同じ数字を四半期ごとに積み上げていった累計額だ。221ページ下段にある世界の3大金融市場への資金流出入量グラフと比べて、アメリカの大企業がいかに巨額の自社株買いを実施してきたかが一目瞭然で読み取れる。2018年1月から約2年半の期間での世界の3大金融市場への資金流入量が純増ベースで1兆2450億ドルに対して、2018〜19年の2年間のS&P500採用銘柄の自社株買いだけで1兆5350億ドルとなっていたのだ。

S&P500採用銘柄の自社株買い状況

各年度計、2012〜19年　　四半期ごとの累計、2012〜19年

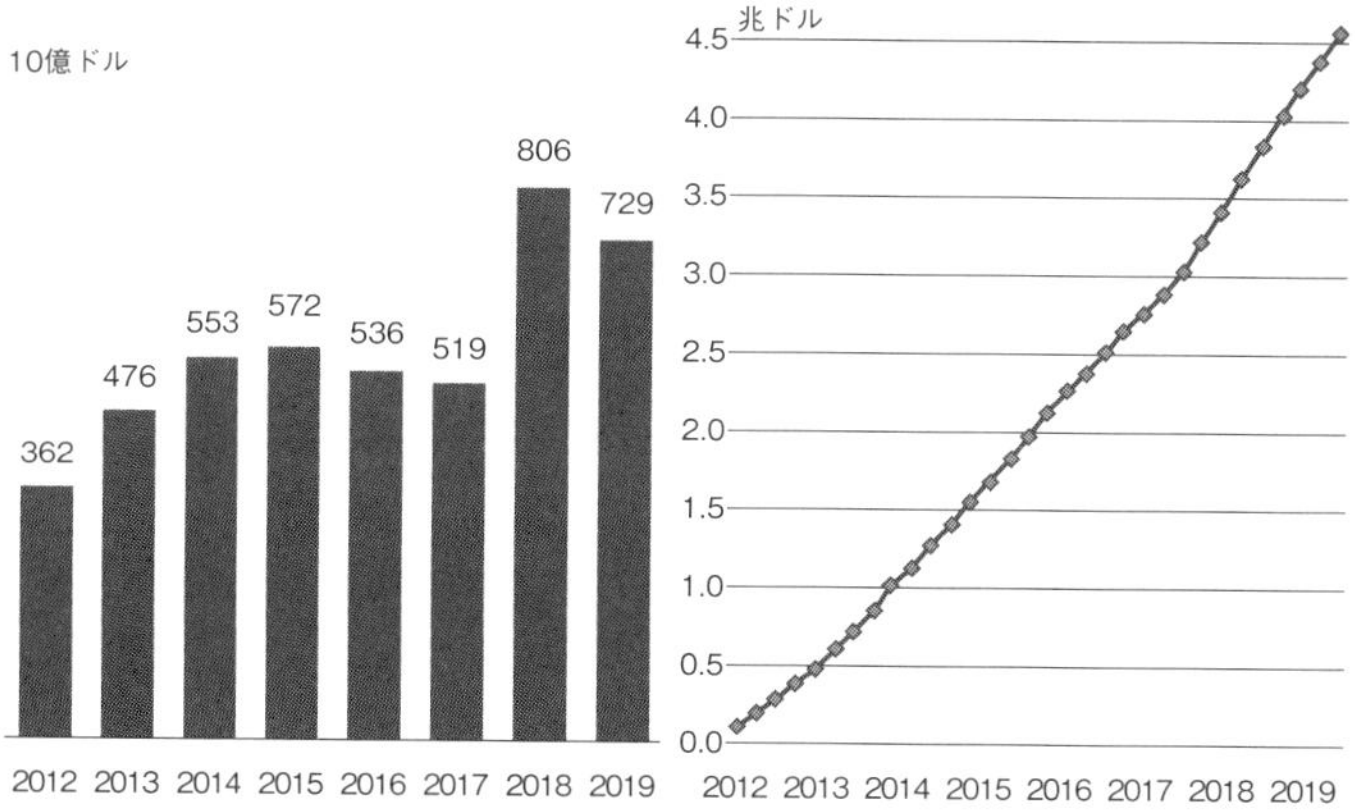

原資料：S&Pダウジョーンズ・インデックス社のデータをウォルフ・ストリートが作図
出所：ウェブサイト『Wolf Street』、2020年3月24日のエントリーより引用

自社株買いとは、いったい何かをここで考えてみよう。実施企業の自社株買いに応じた株主にとっては、株式市場から資金を回収したことになる。実施企業にとっては現金を払って自社の株を取得するのは、なんの得にもならない行為だ。自社の株は営業活動で得た利益や、営業活動をやめるときに借金を返し終わって残った資金を分配するときに割当額を決めるための数字でしかないからだ。買い上げた株は短期間のうちに消却される。減価償却のように一挙に簿価にくり入れたら影響が大きすぎる固定資産取得時の投下金額を、少しずつその資産の損耗度に応じて差し引いていくわけではない。

アメリカの一流企業が文字どおり発行済み株数を少なくするだけのために、こんなに巨額の現金を使っているのだろうか。なぜこんなバカげた経営手法が大手を振ってまかり通っているかといえば、株主と経営陣とのあいだに緊密な共謀関係が成立しているからだ。

ＣＥＯ（最高経営責任者）をはじめとするアメリカ企業の重役は、就任時に一定数、または在任中の業績に応じて増やすことのできる、自社株を所定の額で取得する権利（ストックオプション）を保証されている。発行済みの流通株式総数が減れば減るほど、１株の価値は高まる。だから経営陣はさしあたり使い途《みち》のない現預金があれば、いや、最近では現預金がないときには借金をしてでも、しゃかりきになって流通株の総数を減らそうとする。

すでにこの会社の株を持っている株主のほうも、最近ではアメリカ経済全体の先行きに暗い展望しか描けなくなっている。だから経済指標が強めに出ると企業が設備投資や研究開発に無駄ガネを使うことを警戒して株価が下がり、経済指標が弱めに出るとムダな投資を減らして、企業の解散価値を高めに温存してくれると期待して株価が上がっている。この実体経済と株価との逆相関はすさまじい状態になっている。２０２０年第２四半期までの10年間移動平均という長期間で見ても、ついに実質ＧＤＰ成長率とＳ＆Ｐ５００株価指数の相関係数がマイナスに転落してしまった。すなわち経済成長率が低いほど、株価は上がるご時世になったのだ。

というわけで少なくとも市場の実勢で自社株買いをしてくれる企業を、株主も大歓迎する。こうして毎年の企業収益のかなりの部分が、経営陣が持っているストックオプションの価値を高め、株主が安心して高値で株を売り抜けることを目的とした自社株買いに浪費されている。株主は株式市場ですでに退却戦を始めているし、経営陣は店じまいのための閉店セールをしているのが実情だ。

それだけではない。先ほど株価収益率の説明をしたところで書いておいたように、投資家はみな株価とその企業の１株利益を比べて、割高か割安かを判断する。１株利益が高ければそれだけ株価は割安だから、今後株価が値上がりする余地が大きいし、１株利益が低ければ値下がりする危険が大きいわけだ。

１株利益を高めるにはいろいろな方法がある。正攻法は企業の利益総額を大きくして、同じ株数で割ったときの１株利益を高めることだ。しかし、これにはそれなりの企業努力を必要とする。一方、分母になる発行済み株数を小さくすれば、業績は全然改善しなくても１株利益を高くできる。

１株利益で企業業績を判断する投資家たちは、自社株買いで１株利益が大きくなれば、株価を買い上がってくれる。結果的にはだいたいにおいて発行済み株数の減少率以上の率で株価が上昇し、経営陣やすでにこの株を持っている人たちには、ほとんど棚ぼたのような株式評価益が転がりこんでくる。これが自社株買いが隆盛を極めている、ほんとうの理由だ。

「それではまるで企業による株価操縦じゃないか」と指摘される方もいらっしゃるだろう。まさにそのとおり。１９８０年代初めまでのアメリカ株市場では、自社株買いは株価操縦のひとつとして法律で禁止されていた。１９８０年の大統領選で当選し、１９８１年１月に就任したロナルド・レーガン大統領が初仕事として取り組んだのは、景気回復策だった。そのひとつが軍産複合体やエネルギー産業各社への財政刺激の大盤振る舞いであり、ふたつ目が法人税率の大幅引き下げである。そして世間ではあまり話題にならなかったみっつ目が、この自社株買い解禁だった。

選挙期間中は、「市場の論理を尊重してなるべく経済活動に介入せずに、自由放任で強いアメリカ経済を再建する」と主張していたレーガンが就任してみたら財政支出は拡大し、ラッファーという経済学者が思いつきで提案した「大幅減税を実施して景気がよくなれば企業収益は激増し、企業収益が低迷していたころ高税率で取っていたころより税収は拡大する」という提案に乗ってみたものの、まったくの空振りに終わったので税収は大幅に減少した。こうして、アメリカ連邦政府の財政赤字は、健全財政派だったはずのレーガン大統領のもとで激増してしまった。

とは言え当時の経済金融情勢を考えれば、レーガン政権がなりふり構わず景気回復に奔走した心理もわからないでもない。『ビジネス・ウィーク』誌は、1979年8月13日号の巻頭に「株の死」と題した特集記事を掲載した。この記事を読むと、まるで『鏡の国』に迷いこんだアリスになったような気がしてくる。『不思議の国』のように、登場人物も背景も不思議なことばかりという世界ではない。登場人物も背景も見慣れているのに、やることなすこと現代アメリカ経済とはあべこべなのだ。

当時、米国債の利回りは12％になっていたのに、株の総合収益率（配当と株価の上昇幅の合計額を買ったときの株価で割った利回り）はわずか3％だった。「過去数年にわたって、家計資産に占める株の比率を増やしているのは65歳以上の年齢層に属している、時代の変遷についていけずに株から国債への転換に乗り遅れてしまった人たちだけだ。どこの企業の決算説明会に行っても会場は爺さん婆さんばかりで、出る質問は『こうすれば少しはマシな決算ができたのではないか』という愚痴ばかりだ……」等々。

「まるで1990年代から2000年代初頭の日本企業の決算説明会みたいだ」とお感じの方も多いだろう。たった40年前のアメリカはそういう状態だったのだ。いや、バブル崩壊後の日本より深刻だった。国債金利が12％といっても、ちっとも投資家にとって有利な金融資産とは言えない。当時インフレ率も2ケタで推移していたから、実質金利は収支トントンか、プラスマイナス2％前後にとどまっていたのだ。つくづくアメリカの金融業界は、よく1970年代後半を生き延びたものだと感心する。

アメリカ経済は景気が低迷しているのに、インフレだけがどんどん進む「スタグフレーション」という魔物に取り憑《つ》かれてしまった。今になってみると、理由はあきれるほど単純だ。第二次大戦後のアメリカでは旅客鉄道はほぼ全滅し、国民の大多数がどこに行くにもガソリンをガブ飲みする大型車を乗り回していた。

1970年代初頭のOPEC諸国による第1次オイルショックで原油価格がバレル当たり2〜3ドルから10ドル台に跳ね上がったとき、先進諸国で最大の打撃を受けたのはアメリカだった。

そこに1979年の第2次オイルショックが追い打ちをかけて、原油価格はバレル当たり30〜40ドル台に暴騰したのだから、景気低迷がつづくのにインフレ率は上昇したのも当然だった。

結局、当時の世界規模の原油需給関係の中で、30〜40ドルの原油価格は維持できないほど高かった。そして原油価格はこの無理な値上げが通った直後から急落に転じ、第1次オイルショック以降の底値圏10ドル台に逆戻りした。原油価格が下がるにつれて、アメリカ企業の大半は自社株買いのような姑息《こそく》な手段に頼ることなく、1982年ごろを大底に自力で業績改善を達成した。

企業は何がなんでも自社の株価を上げたがるものだから、1970年代末から80年代初頭の危機を乗り切ってからも、必要とあらば自社株買いをする権利を握りつづけてきた。2000年をピークとしたハイテク・バブルの崩壊、2007〜09年のサブプライムローン・バブルの崩壊、そして、まだ完全に崩壊はしていない中央銀行バブルの爛熟《らんじゅく》の中でこの用心が役に立って、自社株買いの力で景気に逆行する株高を達成しつづける一握りの企業群が目立つようになっているわけだ。

無形固定資産の水膨れ

「自社株買いのようなでたらめをつづけていれば、そのための資金流出によって企業のバランスシート（貸借対照表）はどんどんやせ細っていくのではないか」とお考えの方も多いだろう。じつは私もつい最近までそう思って、自社株買いは一時の流行にとどまると楽観していた。だが、それはアメリカ社会全体がいかに企業経営陣や株主にとって一方的に有利な方向にルールをねじ曲げつづけるようになったかの認識が甘い、底の浅い見方だった。

実際には自社株買いの隆盛と並行して、企業のバランスシートは爆発的に拡大してきたのだ。次ページのグラフと表の組み合わせをご覧いただきたい。

左側が驚愕のハイペースで伸びつづけるS&P500採用銘柄の固定資産総額を、1975年から2018年まで追跡した棒グラフだ。伸び率は無形固定資産のほうが圧倒的に高い。

右側の表は、この無形固定資産の中身にはどんなものが含まれているかを示している。私は無形固定資産の増額ぶりはおぼろげながら知っていた。そして無邪気にも「経済全体が製造業主導からサービス業主導に転換するにつれて、企業資産の中身もかたちのある固定資産から、かたちのない知的財産にどんどん入れ替わっているのだなあ」と思っていた。ところが、その内容を区分した右側の資料を見て、あさはかな思いこみで経済データを眺めることの危険性を痛感した。

具体的な数値をともなわない項目を列挙しただけの一覧表ということもあって、たとえば企業秘密が２ヵ所に出てくるというような不備も残っている。しかし全体として見れば、左上にはかなりはっきりと計量化できる知的財産が並び、そこから右下に行くほどあいまい模糊《もこ》とし

企業資産は知的財産に傾斜
S&P500採用企業資産の
有形、無形比率
1975〜2018年

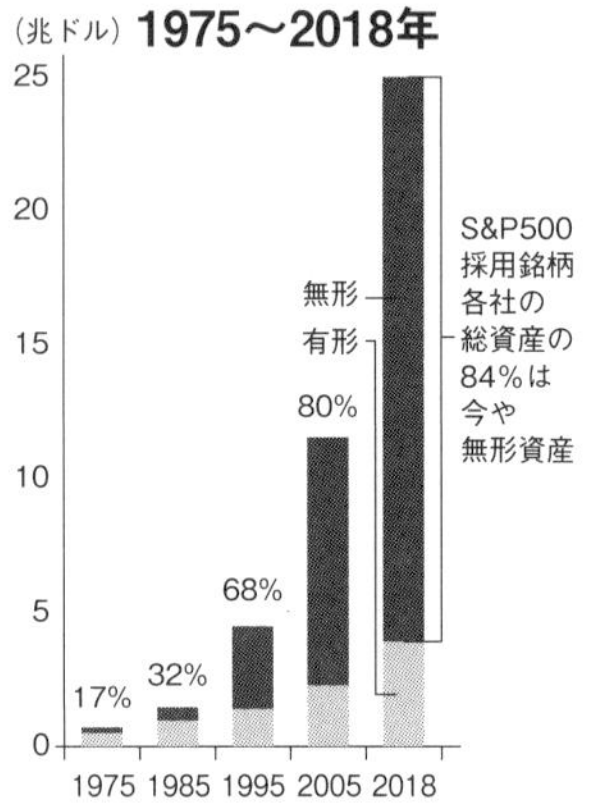

企業無形資産の種類
2018年現在

知的財産	事業権益	ブランド価値
・特許 ・著作権 ・企業秘密	・ライセンス契約 ・スポンサー契約 ・フランチャイズ契約 ・利用者権	・ブランド価値 ・ソーシャルメディア影響力 ・企業秘密

ハードな無形	総額 20〜25兆ドル	公益権割当
・ソフトエェアライセンス ・インターネットドメイン ・のれん代		・輸入クォータ採掘・排出権 ・無線帯域権 ・水利・大気権

専有データ	非収益権	継続的関係
・ソフトウェアコード ・データベース ・顧客リスト	・競業忌避条項 ・現状維持条項	・納入業者関係 ・顧客関係

原資料：バンク・オブ・アメリカ　リサーチ投資委員会、エーオン・コーポレーション、ポネモン研究所
出所：ウェブサイト『Zero Hedge』、2020年9月15日のエントリーより引用

た項目が並んでいることに気づく。とくにまん中下の「非収益権」と右下の「継続的関係」の2分類は、くわしい説明を読むと「こんなもの、金銭に換算して査定できるの？　そんなことをしてバランスシートをふくらますのは、投資家をだますことになるんじゃないの？」という疑問がわいてくる項目ばかりだ。

分類名からして、ある種の居直りを感じさせる「非収益権」にふくまれる2項目は、どちらも買収合併がらみの内容だ。「競業忌避条項」とは、買収や合併で取得した企業の旧経営陣に退任してもらう場合、別の企業や新規に立ち上げた企業で同じ業務を行わないことを誓約してもらっていることを「権利」として金銭化した額を意味する。「現状維持条項」は、逆に買収合併をされた企業側の元役員がその企業にとどまるとき、買収合併を仕掛けた側が持ち株比率を合併時以上に上げないという誓約を権利として計上したものだ。

どちらも廃業したり、その事業部門を廃止したりしたときに、他社に売れるような性質の権利ではない。しかも企業自体にとって「競業忌避条項」のほうは、ある種の権益と見なすことができるが、「現状維持条項」のほうはどう考えても権益ではなく、義務ないし道徳的要請に過ぎない。

右下の継続的関係という分類のもとに収録された2項目も、なんともうさん臭い。だいたいにおいて日本語で関係というと、それだけで何やら怪しげな連想が生じがちだ。「納入業者関係」にしろ、「顧客関係」にしろ、金銭化してバランスシートに計上するのは無理だろうという項目だ。

ある企業が廃業のやむなきにいたって、経営陣や株主のだれもがきれいさっぱりその業界から足を洗うと決めたとしよう。長年の営業活動の中で培ってきた納入業者や顧客との信頼関係を、第3者に譲渡することができるだろうか。左下の「専有データ」分類に入っている「顧客リスト」は売れるだろうし、同じように納入業者リストだって売れるかもしれない。だが、それは買い手にとって参考資料程度の金額しか出せない無形資産であって、「関係」そのものはどんなに莫大な価値が潜在していようと売りさばくことはできない。

合併や買収で吸収される側に立つと予想される企業は、こういう項目をバランスシートに入れておけば、その分だけ高く自社を売りつけることができるという発想もあるかもしれない。

しかし、もしその会社が他社と同じようなことをやっていながら、納入業者や顧客との信頼関係のおかげで高い収益性を保っているとしたら、その価値は買収する側が「のれん代」として評価すべきであって、売り手側が「これがいくら、あれがいくら」と値段を付ける性質のものではないだろう。

とにかく、どんどんふくれあがる一方の企業の無形固定資産の中には、かなり評価の基準があいまいな項目が数多くふくまれていることは、納得していただけたのではないだろうか。ここでもう一度大手上場企業にとって、このあいまいな無形固定資産がいかに莫大な金額に達しているかを示す次ページの表とグラフの組み合わせをご覧いただきたい。

それにしても感心するのは、下側の棒グラフでわかる無形固定資産の急成長ぶりだ。水平線のすぐ上の灰色の部分が示す有形固定資産は、だいたい10年間で1・5倍～1・7倍の伸びにとどまっている。一方、上の黒色部分が示す無形固定資産は、ほぼ一貫して10年間で少なくとも3倍、多いときに6・5倍の伸びとなっている。

まず問題とすべきは、この驚異的な伸びが、いかにあやふやな査定にもとづいて算出されているかということだ。この上下2段の表に、その問題点がはっきり表れている。有形固定資産は評価の基準もはっきりしていて、効率的な流通市場があるので、売りたくなったらどの程度の金額で売りさばけるかもわかりやすい。だから、たとえば自然災害などで修復不能のダメージを受けたときのために保険をかけておくことも簡単にできる。

企業資産の有形から無形への変化に連れ、代表的な企業も交代
1975〜2018年

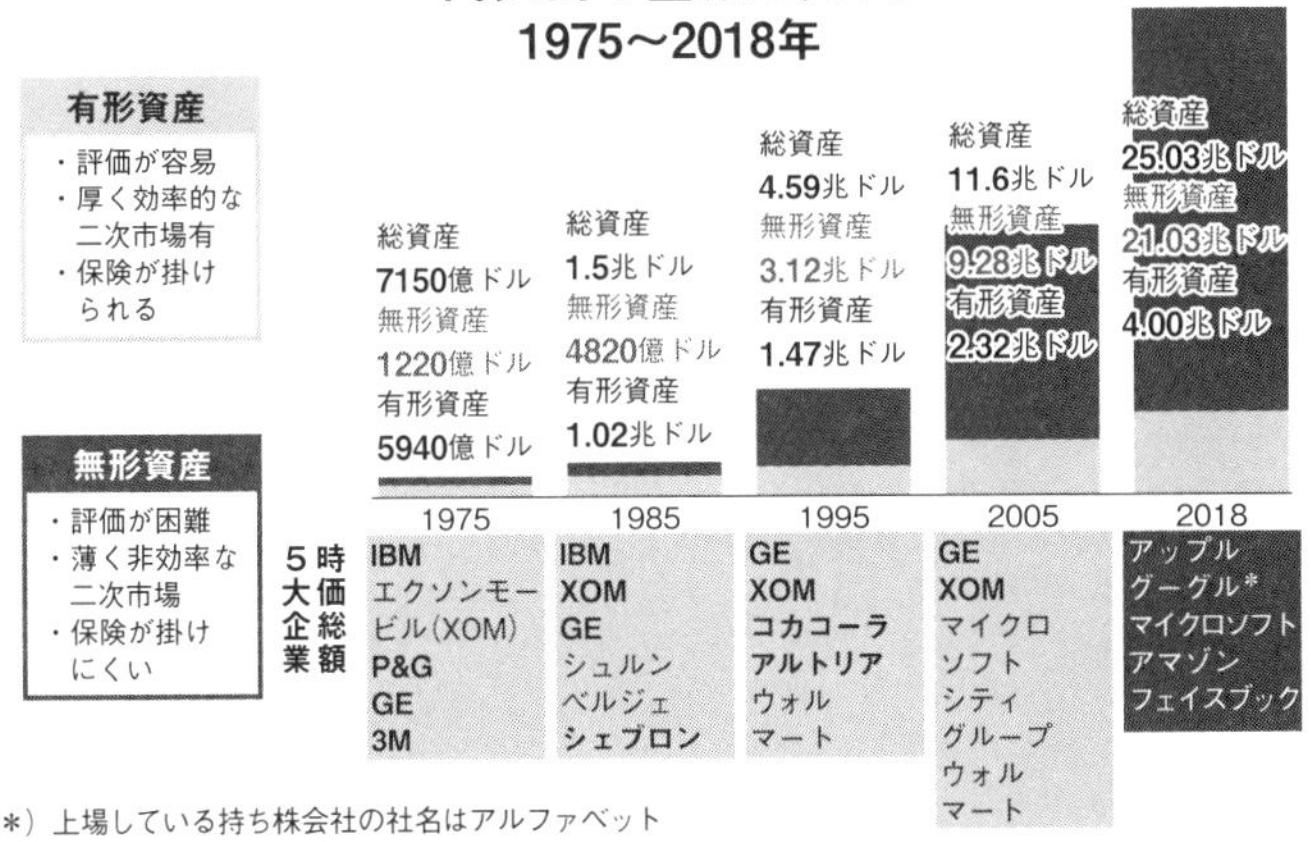

＊）上場している持ち株会社の社名はアルファベット
原資料：エーオン・コーポレーション
出所：ウェブサイト『Real Investment Advice』、2020年9月25日のエントリーより引用

しかし無形固定資産はほぼ正反対だ。評価基準はあいまいで、流通市場はあったとしても取引量が少なく、価格は激変する。中には流通市場で売りさばくことはできないと断言できるものもふくまれている。売ることができないものに値段を付けることにどんな意味があるのか、理解に苦しむ。当然のことながら、紛失や盗難に備えて保険をかけようとしても、なかなか引き受けてくれる保険会社が出てこない。

最大の問題は、これほどあいまいな数字を寄せ集めただけの無形固定資産総額なるものが、企業の価値を考えるときにあまりにも大きな影響を及ぼすという事実だ。バランスシートの左側になる借り方は、企業が自由裁量で使うことのできる資金の総額がどんなかたちで何に使われているのかを示している。どんな小さなものも、これを買った金額は帳簿上でいくらと書き出されていて、かんたんにいじることはできない数字が並んでいる……はずだった。無形資産が膨大な金額になるまでは。

一方、バランスシート右側の貸し方は2段に分かれていて、上段には総債務とも他人資本とも呼ばれる借金の総額が示されている。ここに書かれた数字は、それぞれの項目に貸し手がいるので借り手企業が勝手にいじることはできない。

やっかいなのは純資産とも自己資本とも呼ばれる下段だ。ここに記入されている数字には、具体的に対応するものがあるわけではない。ようするに左側の総資産から右上の総債務を引いた残高が記帳されているだけなのだ。左側の資金用途と右側の資金源とは総額でぴったり一致しなければおかしいからだ。

ということは何を意味するか。左側の総資産の中でも金額の査定が困難なのである程度膨ましやすい無形固定資産総額を操作して総資産額を大きくすることができれば、金額が確定している総債務を差し引いて残る自己資本額も大きくできるということだ。昔から総資産に対する自己資本比率が高い企業は健全で、低い企業は危ないと言われてきた。そして総資産の大部分が有形固定資産だった時代には、この見方は大筋で正しかった。

ところが評価のむずかしい無形固定資産の総資産に対する比率が急激に上昇した昨今では、表面的な自己資本比率がどんなに高くても安心できない。むしろ総債務に対する無形固定資産比率が異様に高い企業は、無形固定資産の中にとうてい売り払って借金を返すために使うことはできない詰めものがたっぷり紛れこませてある、じつは危険な会社だという可能性も高い。

次のアメリカ株大暴落では、かなりの大企業の中から、こうした詰めもので安定した経営基盤があるように見せかけていたことが露見して、派手な破綻劇を演ずる企業が1社や2社にとどまらない数で出てくるだろう。もう製造業が経済を牽引する時代はとっくの昔に終わっているのに、製造業大手の巨額の資金調達を円滑に進めることを最大の使命としていた金融市場だけは肥大化しつづけている、アメリカ経済の異常さを是正するきっかけになるかもしれない。

アメリカ経済もサービス業に占める金融業の地位が異常に高い状態から、金融市場の規模が半分か3分の1になれば、ずいぶん貧富の格差も縮小するに違いない。こうして、なんとも迂《う》遠《えん》なかたちではあれ、金融業や専門サービス業といった高額所得者ばかりの業界が衰退し、個人消費に直結したサービス業のシェアが大幅に拡大する。その結果、アメリカでもサービス業主導型経済の本来の姿が確立されることになるのだろう。

とは言うものの、その転換過程は、おそらく5年や10年の期間には収まらないはずだ。バブル崩壊後の日本経済と同じくらいか、それよりもっと長い期間が必要になるのか。あるいはアメリカ合衆国自体が現在とはまったく違った国になるのか、そのへんはまだわからない。いずれにせよ、アメリカ経済にとってドラスティックな変革の数十年が待っていることは間違いない。

人気集中銘柄が無形固定資産総額上位銘柄ばかりなのは怖い

この章で再三取り上げたS&P500採用銘柄中の時価総額トップ5社も、まさにこの無形固定資産総額が突出して大きな企業群なのだ。時価総額とは、株価に発行済み株数をかけたものだから、人気が集中して株価の高い銘柄5社と言い換えてもいい。

235ページの図表で、棒グラフの下側には10年代ごとに時価総額トップ5社が書き出されていた。2005年までは総合電機とか石油採掘精製とかの装置産業からも時価総額トップ5に入る企業が多かった。だが2018年になると、トップ5すべてが次ページに見る2019年時点での無形固定資産総額トップ20社の上位陣から出ている。

ご覧のとおり、時価総額順でトップのアップルは無形固定資産総額の3位、2位のグーグル（アルファベット）は無形固定資産総額の4位、3位のマイクロソフトは無形固定資産総額の首位、4位のアマゾンは無形固定資産総額の2位、5位のフェイスブックが無形固定資産総額でも5位と、トップ5の顔ぶれはまったく違わないのだ。この重複ぶりは、ちょっと不自然ではないだろうか。

現在でも機械装置、工場、店舗、賃貸不動産、研究施設、鉄道網、港湾施設、発電所・変電所・送電線網、通信網、娯楽遊戯施設、宿泊施設などに莫大な資金を投下して営業活動をして

米国株式市場上場銘柄中、無形資産保有高トップ20社
2019年現在で最新の財務諸表から集計

順位	社　名	無形資産総額（億ドル）	同対総資産比率
1	マイクロソフト	9040	90%
2	アマゾン	8390	93%
3	アップル	6760	77%
4	アルファベット（グーグル）	5210	65%
5	フェイスブック	4090	79%
6	AT&T	3710	84%
7	テンセント（騰訊）	3650	88%
8	ジョンソン・エンド・ジョンソン	3610	101%
9	ビザ	3480	100%
10	アリババ	3440	86%
11	ネスレー	3130	89%
12	プロクター・アンド・ギャンブル	3050	101%
13	アンハイザー・ブッシュ・インベブ	3040	99%
14	ベライゾン	3000	83%
15	コムキャスト	2760	92%
16	マスターカード	2690	99%
17	ノバルティス	2620	101%
18	ウォルマート	2620	68%
19	ユナイテッドヘルス	2450	94%
20	ファイザー	2350	98%

出所：ウェブサイト『Raconteur』、2020年1月30日のエントリー、「Valuing Intangibles」のグラフより作成

いる大企業は多い。決して「時代遅れ」になってしまった重厚長大型製造業各社だけが、巨額の有形固定資産を持ちつづけているわけではない。だが株式市場で人気を集めているのは、総資産のほとんどが無形資産という、いざというときにほんとうにその資産を売却して借金が返せるのか疑わしい企業ばかりだ。

それにしても無形固定資産総額上位20社を見ると、総資産に占める無形資産比率の高さに驚く。

製薬のノバルティス、日本流に言えば医薬部外品的な日用消費財の多いジョンソン・エンド・ジョンソン、同じくプロクター・アンド・ギャンブルは、総資産のわずか1％とはいえ有形資産総額が欠損となっている。またクレジットカード大手のビザは無形資産が総資産の100％だ。同じくクレジットカード大手のマスターカードが無形資産比率99％で、製薬大手のファイザーは98％だ。この6社は、ほとんど有形資産を持っていないと言ってもいい。

S&P500採用銘柄全体で無形資産が総資産の84％を占めているのだから、無形資産総額の大きな企業ばかりを拾っていけば、この程度の数字になるのは当然かもしれない。ただ、その膨大な無形資産が保有企業の収益力向上にどの程度貢献しているのかということになると、首をかしげたくなる企業が多い。

時価総額第4位、無形資産総額第2位のアマゾンがよい例だろう。本業eコマース（インターネット通販）での営業利益率は、直近の2019年でもわずか1％台にとどまっていた。どうやら2020年は通年で、この部門の営業利益率が2％台を確保できそうだが。

アマゾンは、本業の全世界規模での展開に必要だった配送網確立のための膨大な計算用に購入した大容量コンピューターの能力が遊休化したので、クラウド（コンピューターレンタル）事業を始めた。この事業部門が売上規模は総売上の約12％と小さいが、営業利益率約30％と超高収益事業なので、同部門の貢献でかろうじて安定した経常利益を確保しているのだ。本業のeコマースを全世界で展開しているのは規模の経済を実現するどころか、むしろ規模の不経済が発生している可能性が高い。

だが株価を引き上げる効率で言えば、世界の津々浦々まで配送網を確立したアマゾンのｅコマース業界首位という地位は、非常に大きな貢献をしている。こんな低収益企業に市場の人気が集中して株価が上がりつづける最大の理由は、ｅコマースの普及は消費行動でクレジットカード払いの比率を上げ、現金払いの比率を下げるという重要な役割を果たしているからだ。

クレジットカード払いを普及させることは、もちろん粗利益率99～１００％というボロい商売をしているクレジットカード各社や、最近ではクレジットカードの分割払い以外に年率17～18％にも達するべらぼうな高利融資ができなくなってきた銀行業界の受けもいい。それだけではない。全体的に消費者が賢くなってきたので、脅してもだましてもなかなかインフレ率を高めることができない状況になってきた、そのため、そこで持っていると自動的に価値が目減りしつづけるデジタル通貨を導入してでも政府自身や大企業の借金負担を目減りさせようとしている、各国政府や中央銀行からも大歓迎されている。

その結果としてアマゾンの創業者であり、現在もＣＥＯをしているジェフ・ベゾスの資産を拡大する効果もまた絶大だった。次ページのグラフが明瞭に示すとおりだ。

世界中で新型コロナウイルス、コヴィッド-19に対する過剰反応で、店舗の営業停止や外出禁止令が出た国も多かった。この環境下でアマゾンは消費者自身が外出する必要のないｅコマース最大手だったので、株価の上昇率もベゾスの資産規模拡大ペースもとくに大きかったとい

不況下でどんどん資産を増やし続ける12人の超大富豪
お手盛りの自社株買いによるケースが大半

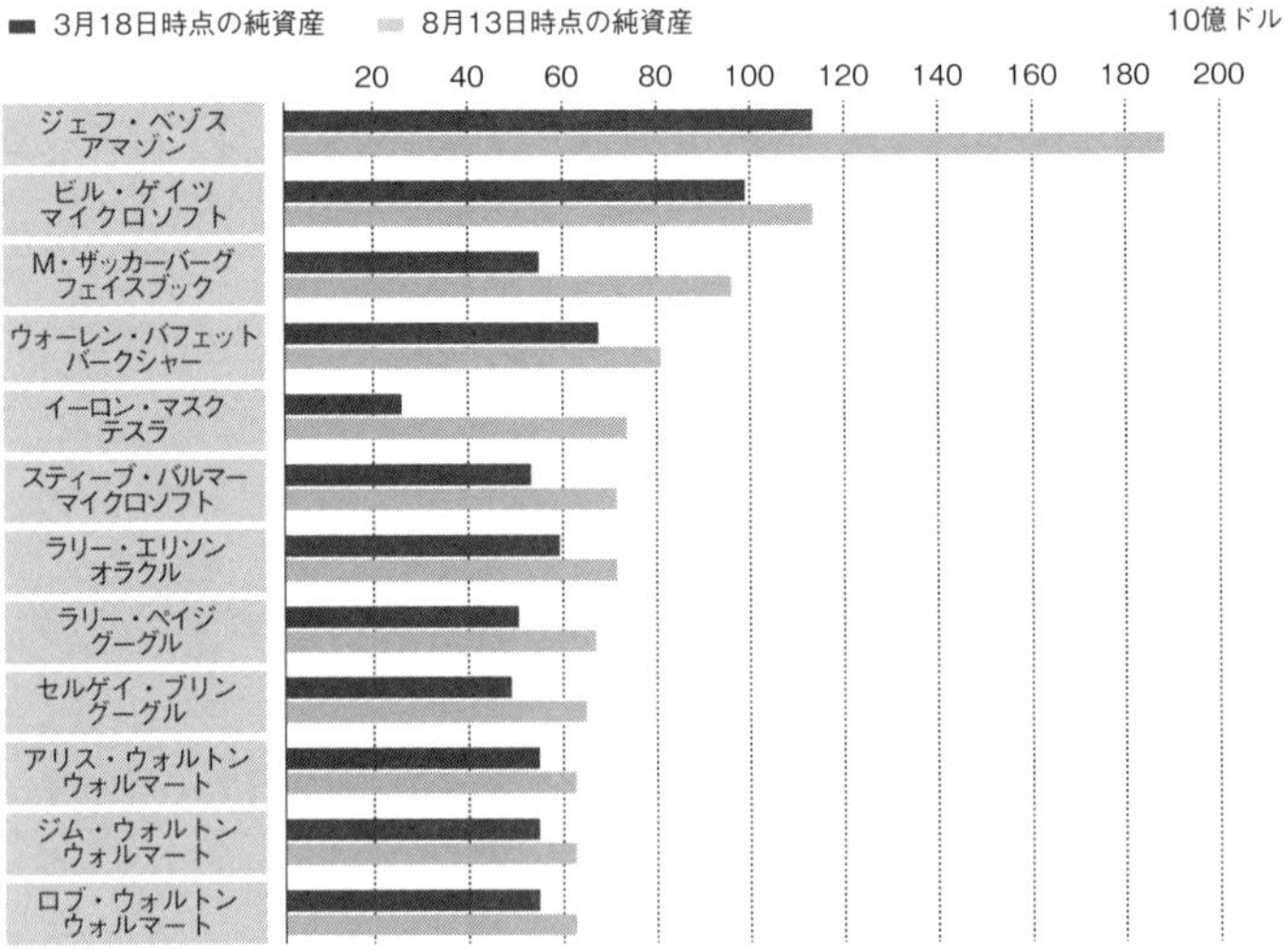

原資料：インスティチュート・フォー・ポリシー・リサーチ
出所：ウェブサイト『The Great Recession.info』、2020年8月20日のエントリーより

うわけだ。

さらに興味深い事実がある。アメリカの一流企業CEOが一斉に自社株買いに巨額の費用を投じて、お手盛りの株数圧縮による株価上昇の恩恵で自分自身の資産を拡大している。だが、アマゾンは2012年以降一度も自社株買いをしなかった、いまどき珍しい大企業なのだ。その意味でアマゾンは自社が稼ぎ出した利益のうち、株主への配当などに使わなかった分を、世界的な配送網をさらに広く細かいものにすることや、新たに進出したクラウド事業への先行投資に積極活用した、いわば古風な投資優先型企業と見ることもできる。

ただ、そこがサービス業のむずかし

アマゾン出品者の売上からのアマゾン徴収分比率
2014～19年

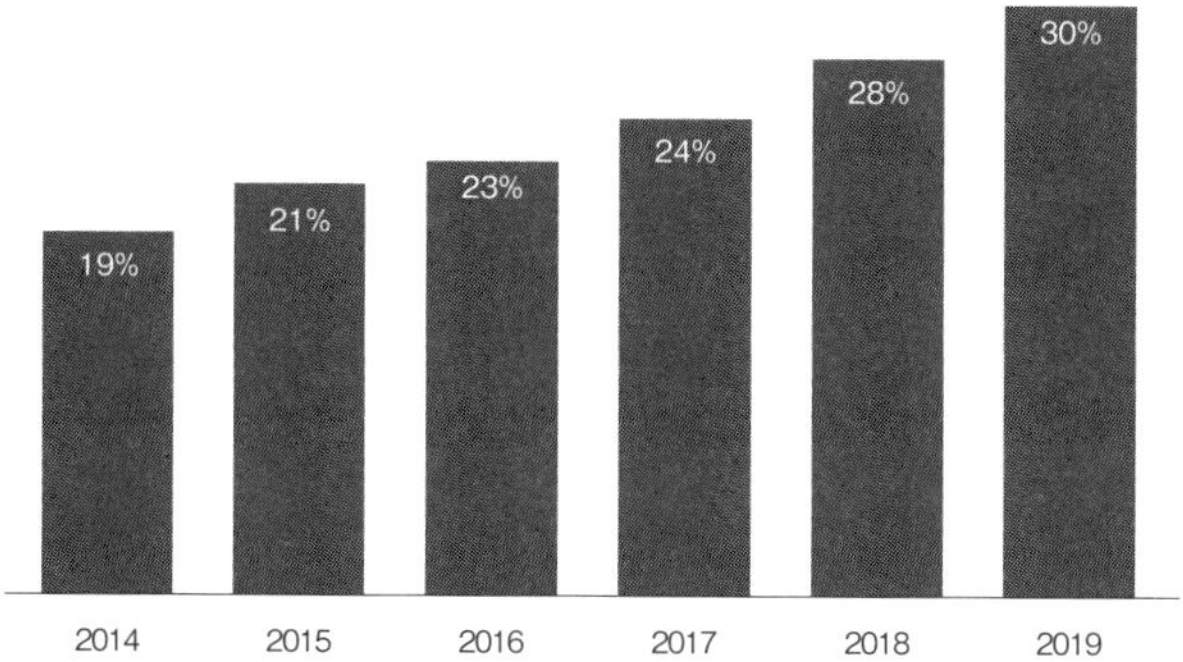

注：アマゾンの財務諸表では、同社に対する広告宣伝量をのぞく仲介手数料のみが表示されているが、ここでは出品者が出稿する広告宣伝料も含めて算出した。
原資料：会社側開示資料、eマーケターのデータを地方自立研究所が推計
出所：ウェブサイト『mattstoller.substack.com』、2020年7月28日のエントリーより引用

いところで、ｅコマース事業における積極投資が収益率向上に寄与した形跡はほとんどない。なぜそう断言できるかと言えば、アマゾンの自社販売網に出品する業者に対する交渉力はすさまじい勢いで高まっているのに、創業以来の本業であるｅコマース事業の営業利益率は２０１９年にいたっても１％台にとどまっていたからだ。上のグラフが、ｅコマース業界で断トツのシェアを持っているという事実がもたらす交渉力優位を物語っている。

ご覧のとおり、アマゾンが自社販売網に出品する業者から徴収する仲介手数料プラス広告宣伝掲載料の売上に対する比率は、２０１４年の19％から２０１９年の30％まで大幅に上昇している。それでも、この間のｅコマース事業の営業利益率は１％台という低空飛行をつづけていた。ｅコマース事業をさらに北米部門と国際部

門にわけると、北米部門ではだいたい3〜5%の営業利益が出ていたのだが、国際部門は2020年第1四半期までずっと営業赤字でeコマース事業全体の足を引っ張ってきたからだ。

サービス業における販売網の拡充は、営業効率のいい人口稠密な大都市圏から、営業効率の悪い郊外や地方へと広がっていく。遠く海外まで手を広げれば、都市圏から郊外や地方まで販売網を拡げることの負担もさらに重くのしかかってくる。当然、営業経費の伸び率は、売上の伸び率を上回ることになる。だから出品業者の売上からアマゾンが徴収する手数料プラス広告宣伝費の比率がこれほど上昇しても、eコマース事業の営業利益率は伸びなかったわけだ。

この事例からも、サービス業界の企業にとって積極投資による事業規模拡大は必ずしも収益向上には寄与しないことがわかる。ただしアマゾンの創業CEOであるジェフ・ベゾスほどパブリシティがうまく、またアメリカ有数の高級紙ワシントン・ポストをポケットマネーで買収するほどの資産を蓄えていれば、収益性はほとんど改善しなくても株価上昇と自分自身の資産規模拡大には大いに貢献しているようだが。

これからもアマゾンのジェフ・ベゾスや、グーグルのラリー・ペイジとセルゲイ・ブリン、フェイスブックのマーク・ザッカーバーグのような、サービス業のニッチ分野で大資産家に成り上がる起業家が続出するのだろうか。大いに疑問だ。まだ株式市場でもてはやされる前に、小さな分野でもしっかりした営業基盤を確立しておかないと、有望な分野になればなるほど、まだ圧倒的なシェアを持っていないうちに市場の評価が急上昇してしまい、ニッチをしっかり

無形資産で勝負する企業の株価はべら棒に高い
2019年現在で最新の財務諸表から集計

ズーム社のバリュエーション指標					
バリュエーション指標		10年資本利益率中央値		10年売上利益率中央値	
株価収益率	541.1	総資産利益率	1.3%	粗利益率	80.6%
純資産収益率	104.1	自己資本利益率	3.1%	EBIT	0.9%
売上収益率	92.7	投下資本利益率	4.5%	税引き前収入	1.4%
EV/売上倍率	92.1	10年平均成長率		FCF	7.2%
EV/EBITDA	4255.8	収益	-	資本構成	
EV/EBIT	562.9	資産	-	資産／資本倍率	-4.0
EV/税引き前倍率	524.6	FCF	-	債務／資本倍率	-
EV/FCF	1089.9	1株利益	-	債務／資本倍率	0.0

EVとは企業価値を指す。EBITとは金利･税支払い前の収益を、EBITDAとはさらに有形･無形資産の減価償却前であることを指す。FCFとはフリーキャッシュフローを指す。
ーは、まだ算出するために十分なデータがないか、有意な数値が出ないことを示す。
出所：ウェブサイト『UPFINA』、2020年9月24日のエントリーより引用

掌握しつづけるための研究開発がおろそかになったり、より良いサービスを提供する競合企業に出し抜かれたりする危険が高まるからだ。

テレカンファレンス（リモート会議）アプリで今のところ独走態勢に入ったように見えるズームは、その典型だろう。上の表が示すとおり、伝統的な株の評価基準を適用すれば、この会社を買えると示唆する指標は何もない。

たしかに昔まだ実用化直後のインターネット回線を使ったテレビ電話会議をやった人間としては、はるかに使い勝手のいいアプリだ。コロナ禍で在宅勤務は激増しているが、やはり会議は必要という時流にもぴったり適合している。だが、まだまだ改良・改善の余地が大きな分野だし、次の画期的な改良が競合各社ではなく、この会社によって行われるはず

だと決めつける根拠はない。

それ以上に、バリュエーションが非現実的に高くなっている。また総資産の自己資本に対する倍率がマイナス4倍というのは、不可解だ。実際に営業活動をしている企業の総資産がマイナスということはありえないから、自己資本は総資産の25％分の欠損になっているのだろう。創業直後の企業にはよくあることなのかもしれない。だが、もう一方では債務の資産に対する倍率がゼロだとしているので、無借金経営を標榜しているはずだ。そうすると営業活動に使っている資産を購入ないし賃借するための資金の出所がどこなのか、まったく見当もつかない。

無形資産で勝負するサービス業の会社を見ていると、バランスシートに魑魅魍魎《ちみもうりょう》が棲んでいるような企業もある。新興企業ばかりとはかぎらず、上場後数年経過していて、中堅企業や同業の中では大企業になってしまっても、そのまま棲みつづけていることもある。バランスシートの項目と具体的にかたちのあるモノがほぼ一対一で対応していた、製造業全盛の時代が懐かしいという気もする。残念ながら、そういう時代はもう二度と戻ってこない。

「論理的に首尾一貫していて、実証データとの整合性も高い財務諸表がなければ、株なんてできない」とおっしゃる方々は、いっそ株式市場から長期休暇を取ってはいかがだろうか。日本でも今後6～7年、欧米ではおそらく20～30年にわたって、株式投資でもっとも現実的な目標は損失の最小化という期間がつづきそうなことでもあるし。

第6章

2020年のアメリカ大統領選は、任期を満了できる最後の大統領選びだ

2020年大統領選は退屈な選挙戦に終わるはずだった

アメリカ大統領選の投票日は今年2020年の11月3日、この本の執筆を終えるころには投票所での投票と開票は終わっているはずだった。だが書店に並ぶころになっても共和党のドナルド・トランプ候補、民主党のジョー・バイデン候補のうちどちらが勝ったかは、まだ確定していない可能性もある。

前回の2016年には、ほとんどの世論調査機関が9対1ぐらいの確率でヒラリー・クリントンの圧勝を予測していたが、私はドナルド・トランプの勝利を確信していた。民主党のいわゆるリベラル派を自称する政治家には表向きの顔と実際にやっていることの差がある偽善者が多い。その中でもヒラリー・クリントンは表裏の差が極端で、左右の思想傾向を問わずアメリカの大衆に徹底的に嫌われていたのを知っていたからだ。

共和党側では、そのヒラリーを番狂わせで破ったドナルド・トランプが今回は2期目に挑むことが早々と確定していた。各種調査機関の当選確率予測を見ても、今年の5月末ごろまでは、トランプ再選はほぼ確実との報道が多かった。日本の大手マスコミだけで情報を入手している人たちは、「トランプのようなほら吹きのゴロツキに2期目はありえない」と根拠もなく信じていたかもしれないが。

よく持ち出されるのが、「現職大統領が再選に失敗するのは、選挙期間が景気後退期とかち合ってしまったときだ」というジンクスだ。そしてアメリカの実体経済をしっかり観察している人ならほぼ共通して、アメリカ経済は2018年初頭には上昇基調から下降基調に入っていたので、一見すると現職トランプの再選には不利に思えただろう。

だが少なくとも1980年の大統領選でジミー・カーターの再選が阻止されたのは、実体経済が悪化していたというより、金融市場、とくに株式相場が不安定になっていたことと、テヘランのアメリカ大使館職員やその家族たちが大量に人質に取られたことへの対応があまりにも拙劣だったからだった。

その点、2018年から実体経済は下降気味だったとはいえ、アメリカの主要な株価指数はほぼ全面的に史上最高値を更新していた。実体経済より株価動向で政権を評価する風潮はアメリカだけではなく、日本もヨーロッパ諸国も同じことだ。そして、もっとも重視されているS&P500株価指数ばかりか、ダウジョーンズ工業平均株価も、新興のナスダック100株価指数もそろって史上最高値を更新していた今年2~3月には、トランプの地位は盤石に見えた。

さらに大統領選が実施される年の最初の山場である、3月3日のスーパーチューズデイで、ジョー・バイデンという典型的な古めかしい政治ボスが圧勝し、民主党公認候補となった。スーパーチューズデイとは、カリフォルニア州とテキサス州の2大票田をふくむ14州で民主党の代議員による予備選がいっせいに行われ、たいていはここで候補がほぼ確定する日のことだ。

バイデンは、1972年に史上5番目の若さでデラウエア州選出の上院議員に当選してからというもの、ひたすら自分の議席を守ることに集中して、それ以外に目立った実績のない人間だった。1988年の大統領選で民主党候補に名乗りを上げたことはある。しかし、そのときの演説が当時のイギリス労働党党首の演説の丸写しだったことがバレて、あっさり脱落した前歴の持ち主だ。

若い女性がそばにいると肩に手を置いたり、脇腹をかかえて抱き寄せたり、後ろから髪のにおいを嗅いだりというセクハラ常習犯だ。おまけに最近は認知症が進んで何か言い出すたびに、途中で何を言っているのか忘れて眼が泳ぐという、お粗末な大統領候補だ。

最近アメリカの大都市では、左翼のアンチファ（シスト）やBlack Lives Matter（BLM、「黒人の命も大切だ」）派と右翼のMake America Great Again（MAGA「アメリカを再び偉大に」）派の衝突が日常化している。バイデンは、トランプをはじめとする共和党保守派に揺さぶりをかけるために、左翼系・人種差別反対派を批判しない方針を取ってきた。

逆に左派の若者たちが過激な行動を取っているのは、トランプが挑発しているからだというスタンスだ。ところが実際には、バイデンは民主党内の右派で、1990年代半ばには人種差別や性的マイノリティに対する偏見に抗議するデモの参加者に以下のような激しい非難を浴びせていた。

「そのうち彼らは私の母を鉛管でぶちのめし、私の妹を銃撃し、私の妻を殴り、私の息子にも挑みかかるだろう。まず、こんな連中に大手を振って通りをのし歩かせてはいけない。これは絶対の大前提だ。そして毎年、結婚もしていないカップルが産む何万人という子どもたち――家庭も、見守る親も、良心をはぐくむような環境も持たない子どもたち――をどうするのかが、焦眉《しょうび》の課題だ。……我々が今のうちに手を打たなければ、こうして生まれた子どもたちは、15年後には平和に暮らしている市民を食いものにする人間に育つだろう。そうなったらもう救いようがないから、この連中は徹底的に社会から排除しなければならない」

皮肉なことにバイデンに言わせると「社会の害虫」となることが見え透いた未婚の母が産んだ子どもたちが15歳になった２０１０年前後に、彼はバラク・オバマ大統領の下で副大統領の要職にあった。もちろん「政治的に正しい」発言に終始するオバマ大統領の忠実な副官として、未婚の母の子どもたちは社会から排除しなければならないなどという「過激な本音」はおくびにも出さなかった。

バイデンは選挙戦術として、いかにも人のいいおじいちゃんという顔をしている。だが人種や性別について、さまざまな人たちの共存を許す寛容で物わかりのいい人物という外見は、まさに見せかけだ。家族のあり方などについては、伝統的な考え方を社会全体に強制すべきだというのがバイデンの本心だ。これも日本のマスコミではめったに報道しないが、バイデンはあの伝説のジョン・Ｆ・ケネディ以来実に60年ぶりに、２大政党から指名を受けたカトリック信者の大統領候補だ。そして折に触れて自分もまたカトリックというマイノリティに属していることと、敬虔《けいけん》なキリスト教徒であることを強調する。

しかも、そのやり口がいかにも計算ずくだ。たとえば、「私には日曜日ごとにミサに行かない人生など想像もできない」と言う。この発言でカトリック票を固めるとともに、アメリカのプロテスタント信者の多くが属しているイギリス国教会、ルター派、メソディストはミサを儀礼として取り入れているので、これらのプロテスタント各派の共感も期待できるわけだ。だがミサを行わない少数派のキリスト教徒、ましてやキリスト教以外を信じている人間の生活など、想像することさえできないという偏狭さをさらけ出している。

今年の3月ごろまでは民主党幹部でさえトランプ再選は必至と見ていて、有望な候補者を2024年まで温存するために惨憺《さんたん》たる負け戦にふさわしい人間を今回の候補者に選んだのではないか。そう勘繰りたくなるほど、バイデンは魅力に欠けた候補者だった。これでもう、トランプ再選は決まったも同然に見えた。そして大統領選が現職の圧勝で無事2期目に突入するという筋書きなら、毎年夏に多発する都市暴動が今年は大統領選がらみでさらに過熱するというシナリオも消えたと思っていた。

この退屈だが平穏なシナリオは新型コロナウイルス、コヴィッド-19が2月半ば以降ヨーロッパ諸国、そしてアメリカでも急激に感染者数と犠牲者数を増やした時期にもほとんど変わらなかった。少なくとも公式報道ベースで言えば、去年の年末から今年1月にかけて大規模に感染が広がった中国内では、完全監視社会の強みを生かして強引に感染被害の局地化に成功した。

一方、本来であればそれほど強圧的な手段は取れないはずの欧米先進国の大半で、感染者の激増にあわてふためいた政府や地方自治体が3月末にロックダウン（都市封鎖令、あるいは外出・集会禁止令）といった明らかな過剰反応を示していた。

私は当然、欧米の市民のあいだから猛反発が起きるだろうと見ていたのだが、この予想はまったく外れた。日銭を稼いで生計を立てている家計にとって致命的な打撃となる強圧的な都市封鎖・外出制限政策への反発は、散発的でごく穏健な抗議デモにとどまった。また、その程度の抗議行動でさえ、感染拡大リスクを高める「自己中心的な言動」と批判する風潮が大手メディアを支配していた。大本営発表を信じない人間が非国民呼ばわりをされた戦時中の日本社会はこうだったのだろうかと思わされる光景だった。

愚鈍なくせに根拠のない自信だけは過剰に持ち合わせているトランプは、すっ頓狂《とんきょう》なことを思いつきで口走っては大手メディアの失笑を買っていた。「台所洗剤や漂白剤を皮下注射すれば、コロナウイルス予防に有効なのではないか」との発言は、その典型だろう。だが、この程度の失言は就任以来ほぼ毎週のようにくり返していたので、今さら大統領選にマイナスの影響を及ぼすこともなさそうに思えた。「コロナショック」が大統領選の無風状態になんの影響も与えなかったことは、次ページのグラフが明瞭に示している。

リアル・クリア・ポリティックスというウェブサイトが集計した、今年3月13日から9月13日まで、ぴったり半年にわたるトランプ対バイデンの当選確率予測推移だ。このサイトは、大

2020年大統領選：トランプ対バイデン当選確率推移
2020年3月13日〜9月13日

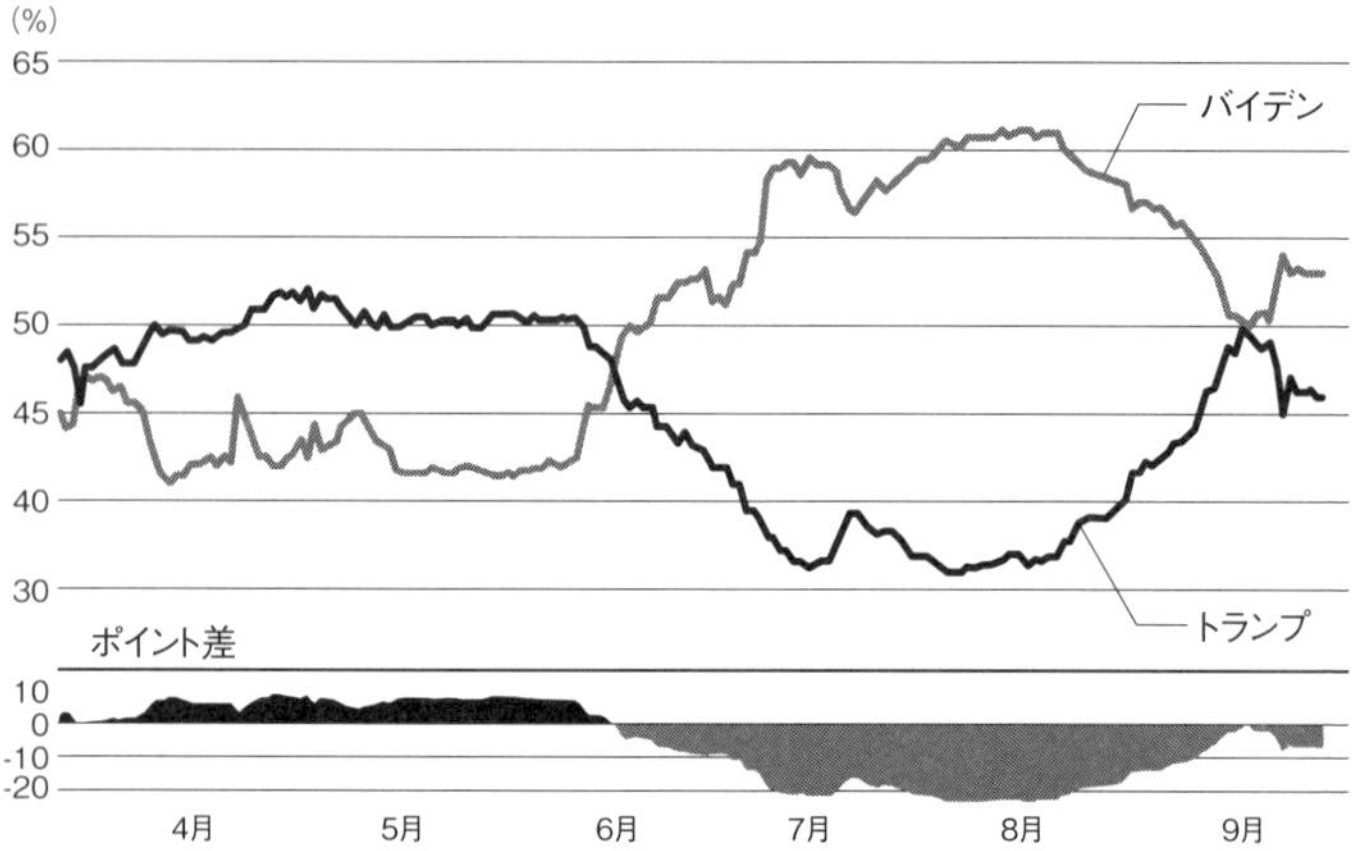

出所：ウェブサイト『Real Clear Politics』、2020年9月13日のエントリーより引用

統領選・州知事選の当選確率予測を得意分野としている。ただしランダムに抽出した番号に電話をかけて、回答者の考えを聞く世論調査形式で発表する予測ではない。複数の賭け（ベッティング）サイトからプロ、セミプロ、アマチュアのギャンブラーはどちらが勝つと見てどの程度の金額を賭けているかにもとづいて、当たったときの賞金のオッズから当選確率を逆算している。

なんのコストもない言いっ放しの「意見」ではなく、当たれば配当が出るが、外れれば賭け金を失う本気の勝負にもとづく予測をしているわけだ。今回の大統領選に関する当選確率予測は、ベットフェアー、ボヴォーダ、ビーウィン、マッチボックス、スマーケット、スプレッドエックスの6サイトで表示されたオッズの集計となっている。

電話質問タイプの世論調査には深刻な制約がある。どんなに匿名性が保証されていても、また電話の相手は録音済みの質問を順番どおりに再生しているだけとわかっていても、回答者にすれば、見るからに露悪趣味のある無頼漢に投票するとは言いにくい。だからこそ前回2016年の各種世論調査では、ほとんどヒラリー・クリントン圧勝という予測ばかりだったわけだ。

ところが、ご覧のとおり、勝てば賞金が入ってくるギャンブラーたちの予想では、アメリカや西欧諸国で人口100万人当たりの犠牲者数が異常に多かったコロナショック第1波のピークに当たる4~5月になっても、トランプが50%前後、バイデンが40%台前半と一貫してトランプがバイデンに5ポイント以上の差をつけていた。世論調査はあまり重視せず、ベッティングサイトでのオッズを重視する政治評論家のあいだでは、今回は賭け金と配当とのオッズで5月中旬までトランプが5ポイント以上もリードしていたので、もうなんの波乱もなくトランプが再選されることは必至と見られていた。

面接であれ、電話であれ、型どおりの質問に型どおりの回答を要求する世論調査では、慢性的に民主党リベラル系に有利で、共和党保守系に不利なバイアスのかかった回答結果が集計される。なぜそうなるのかというと、民主党の主張はいつもお行儀のいい優等生の模範解答のようなので、あまり利害がからまない場面でどちらを支持するかと聞かれて無難で当たり障りのない回答をすれば、自然に民主党候補と似た答えになるからだ。ここで、いったいアメリカの2大政党制度というのは、どういう仕組みなのかをふり返ってみよう。

アメリカの2大政党制度は、偽善党と露悪党の対立

日本国民の大部分がアメリカの民主党と言えば、勤労者、農民、学生などの比較的弱い立場の人々を支持基盤とする進歩的な政党であり、逆に共和党は資本家、経営者、軍事利権団体などを支持基盤とする保守的な政党という印象を持っていると思う。しかし、これはほぼ完全な幻想と言っていい。

実際には、民主党は弱い立場の人々を巧妙に惹《ひ》きつける弁舌さわやかな大企業経営者や、マスコミの言論エリートたちが牛耳っている「偽善党」だ。一方、共和党には中小規模の企業経営者や農民などの、決してエリートとは言えない人たちが多く、アメリカ社会の現状がいかに理想とはかけ離れた姿になっているかを比較的すなおに認識している。だから共和党の存在理由は、民主党イデオローグの唱える理想論と現実との差を指摘する「露悪党」の役割を果たすところにあると言えるだろう。

読者の皆さんの中には、奴隷制廃止のために南北戦争を戦い抜いたエイブラハム・リンカーン大統領のような偉大な人物が露悪趣味の持ち主だという議論に納得がいかない方も多いのではないだろうか。だが当時のアメリカの国際政治における主張と、国内社会の実態との差を思い起こしていただきたい。

19世紀半ばともなると、アメリカはヨーロッパ列強に混じってアジア・アフリカ・中南米での植民地獲得競争に参加しながら、「我々は国王や皇帝を戴いているわけではなく、自由で平等な民主主義国家だ。だから我々の世界進出は民主主義を広めるための正義の戦いだ」と主張していた。

しかし国内で黒人に生まれついたら、一生他人の私有財産として暮らさなければならない州のほうが、黒人にも自由人として生きることを認めた州より多かったのだ。この偽善を暴露して、国際政治で偉そうなことを言うなら、いつまでも奴隷制にしがみついていてはいけないという「露悪的な」耳の痛い指摘をしつづけたのがリンカーンだった。

19世紀末になると、一応奴隷解放も達成したアメリカはますます露骨に中南米、アジア諸国への帝国主義的進出を推進していたが、民主党政権は一貫してこの政策を「善隣外交」という耳に心地よい言葉でごまかしてきた。そこで、まさに世紀の転換点である１９００年の大統領選で民主党から政権を奪ったのが、共和党から立候補したセオドア・ローズヴェルト大統領だった。彼の名言としては「外交はきれいごとではない。声は小さくてもいいが、大きな棒を持って相手国を威圧しなければならない」という表現が残っている。

第二次世界大戦終結直前に亡くなったフランクリン・D・ローズヴェルトから政権を引き継いだ民主党ハリー・トルーマン大統領の「核兵器における圧倒的優位にもとづく社会主義圏封じこめ」政策を批判したのも、共和党から出馬したドワイト・アイゼンハワーだった。彼は生粋の職業軍人であり、第二次世界大戦の英雄でありながら、「もう科学技術、軍事技術でアメリカの圧倒的優位など存在しない。存在しなくなった優位を再確立するために軍需予算を注ぎこんで、軍産複合体利権をこれ以上肥大化させてはならない」という、これまた露悪的な辞任演説をして、政権をジョン・F・ケネディ次期大統領に引き渡している。

いまだに公民権運動の支持や「偉大な社会」計画によって理想主義的な政治家だったと評価する人の多い民主党のケネディ＝リンドン・ジョンソン両大統領は、国際政治では「中国本土に共産主義政権など存在しない。中国全土を統治しているのは台湾に逃げこんだ国民党政権だ」という妄想にしがみついて、ベトナム戦争の泥沼化に大いに貢献した。これに対して、中国本土を支配しているのは共産党一党独裁政権だという現実をすなおに認めて中国との国交を回復したのも、リチャード・ニクソン率いる共和党政権だった。

ちょっと話は前後するが、第二次世界大戦終結直後の1946年にアメリカ連邦議会は「ロビイング規制法」という名の贈収賄奨励法を可決していた。議会にロビイストとして登録している仲介業者経由で有力産業の業界団体や大企業からの金品を受け取るかぎり、合法的で正当な政治活動と認めた、稀代の悪法だ。ふつうの法治国なら当然贈収賄と見なされる。この法律の可決以来、アメリカはどんどん大企業と大金持ちに有利で、庶民に不利な社会へと変質しつづけている。

1981年に就任したロナルド・レーガン以下、両ジョージ・ブッシュ（父はH・W、子はW

アメリカの合法的贈収賄は党派を超越している

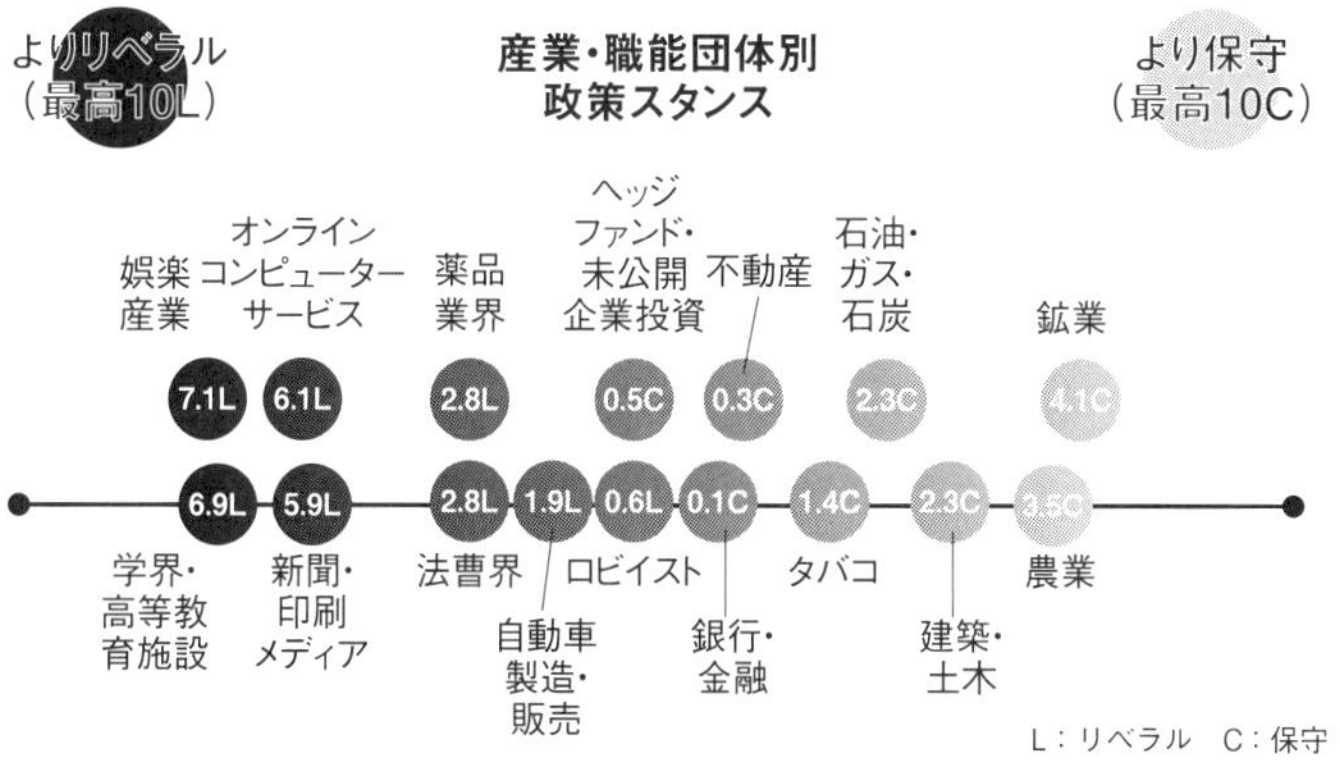

原資料：個人からの小口献金を有効にロビイングに使うための啓蒙団体『Crowdpac』
出所：ウェブサイト『Zero Hedge』、2019年1月20日のエントリーより引用

がミドルネーム）の３大統領は、ようするに現代アメリカは大企業と大金持ちに有利な社会だという現実を率直に認め、その傾向をさらに推進する政権だった。有力産業・大企業からの巨額献金に頼っているところはまったく同一なのに、理想主義的な美辞麗句を弄《ろう》するジミー・カーターやビル・クリントンの民主党政権の偽善者ぶりとは対照的だ。

ただ同じように巨額献金に頼っていると言っても、そこにおのずから偽善党と露悪党の差は出てくる。上にご紹介するのは、業界別にどの程度献金が民主党リベラル派と共和党保守派に傾斜しているかを示したグラフだ。

ご覧のとおり、共和党保守派への献金に傾斜しているのは、いかにも悪そうな業界が多い。石油・天然ガス・石炭のエネルギー資源産業、金属資源採掘主体の鉱業、農業（実態は農民の協同組合的な組織より、農林水産物商社、肥料・飼料・種苗大手などが中心だ）、

建築・土木、そして健康に害のあるモノを売る商売として悪名高いタバコといったところだ。意外にも不動産業と銀行などの伝統的金融業はほんの少し共和党保守に振れているだけで、ほぼ均等に献金している。ヘッジファンドやロビイスト団体も均等に近いが、この2業種はやや民主党リベラル派に寄っている（ヘッジファンドが0・5Cとなっているのは、位置から見ても0・5Lの間違いだろう）。

一方、とくに民主党リベラル系への傾斜が強い4産業・職能団体は、首をかしげる方も多そうな娯楽産業をのぞけば、学界・教育施設、オンラインコンピューターサービス、新聞・印刷メディアなどと科学技術開発の先端を行き、また国民に良識ある行動を訴える立派な人たちのそろった業界というイメージがある。

ところがイメージと実態はまったく違っていて、フェイスブックやアマゾンがいかに悪辣な経営をしているかは徐々に明るみに出つつある。形式的には非営利団体がほとんどの大学も私立・公立を問わず、高額報酬を餌に企業による巨額の研究助成を引っ張ってこられる有能な学者の奪い合いをしながら、べらぼうなペースで学費値上げをつづけている。

前の4団体ほど顕著ではないが、やはり民主党リベラル系への傾斜がはっきりしているのが薬品業界だ。これもまた、人々の命と健康を守るために日夜研究努力をつづける、崇高な使命感で働いている人の多い業界という印象がある。しかし、この印象は見事に裏切られる。

世界中探してもアメリカの薬品業界ほどあざとくボロ儲けをしている業界は珍しい。たとえ

人口10万人当たり薬物過剰摂取死者数推移
（年齢補正済み）1999～2017年

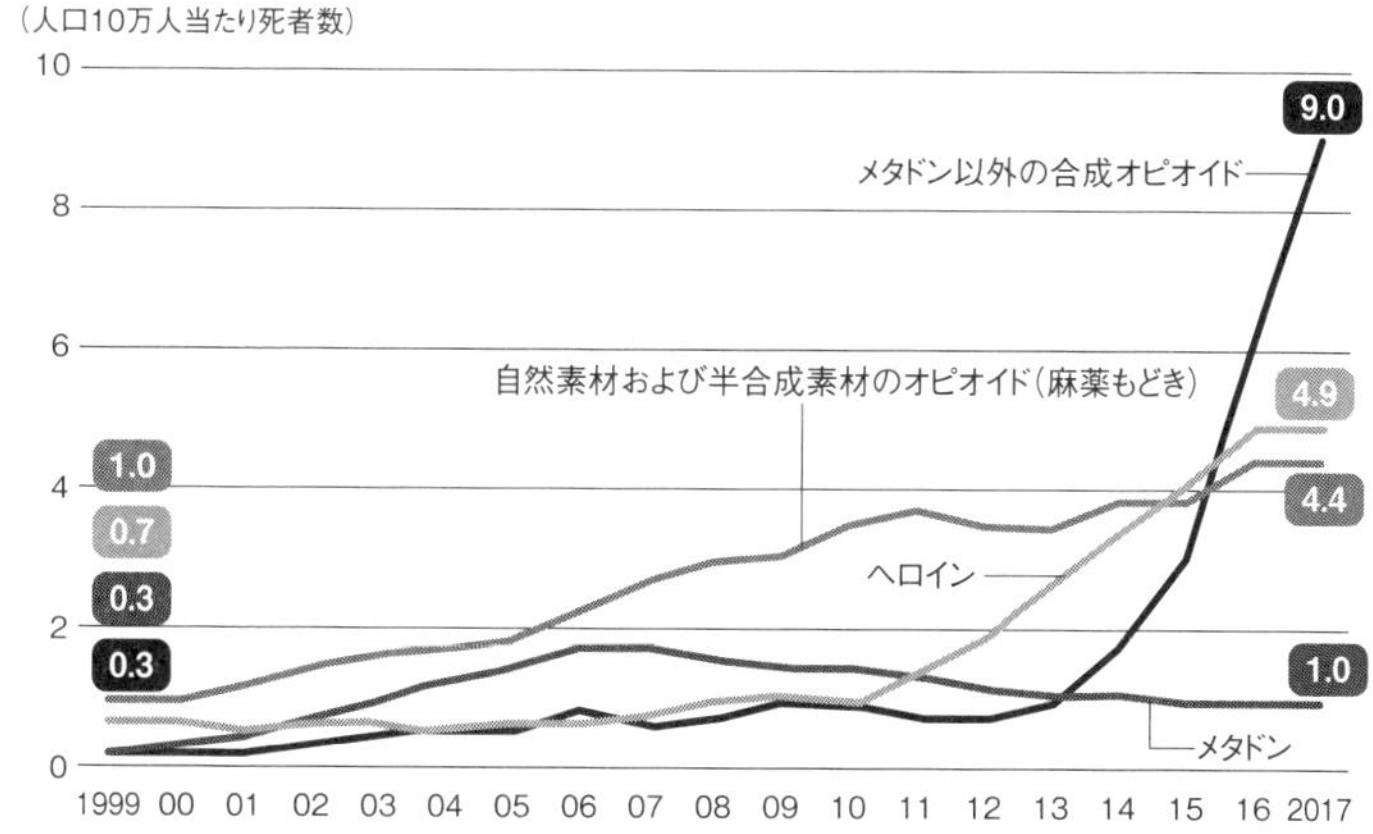

原資料：米国疾病予防管理センターのデータをStatistaが作図
出所：ウェブサイト『Statista』、2019年8月27日のエントリーより引用

ばオピオイド（直訳すればアヘンもどき）という薬品群がある。麻薬に似た強力な鎮痛効果を持ちながら、あまり依存症形成リスクは高くないという触れこみで、医師が処方箋を書けば合法的に薬局で買える「疑似」麻薬だ。初期に開発されたオピオイドであるメタドンは、実際に依存症形成リスクも低かった。

しかし、それでは薬品会社も、処方箋を書く医師もあまり儲からない。そこで、どんどん依存症形成リスクの高い後発薬が開発され、この業界からたっぷり献金を受けている連邦や州の議会は、この危険きわまりない疑似麻薬を合法的に処方し、販売することのできる薬品と認めてしまった。その結果はどうなったのか。上のグラフが赤裸々に示している。

メタドン以外の合成オピオイド過剰摂取による死者数は今や人口10万人当たりで年間

9・0人と、ヘロインによる死者数4・9人の約2倍になっている。本物の麻薬を売る組織は、現場捜査官を買収するコストとか、密売組織同士の抗争に備える軍資金とか、さまざまなコストがかかる。ところがオピオイドを製造販売する薬品会社は、たくさん処方箋を書いてくれる医師への接待付け届け程度のごくふつうの薬品営業をしていれば、依存症になってしまった患者が服用しつづけることによって莫大な利益を上げることができる。

2016年の大統領選で、トランプがヒラリー・クリントンを破るという大番狂わせで勝利したとき私は大きな期待を抱いた。それはトランプには2大政党をほぼ自由に操縦していたロビイストを通じた巨額献金の恩恵があまり及んでいないので、思い切った政策転換ができるのではないかということだった。トランプが共和党の正式指名を受けてからも、共和党への巨額献金集団でさえトランプを泡沫《ほうまつ》候補扱いしていて、選挙運動期間中も大口献金がほとんど入ってこなかったからだ。

当選確定2〜3日後の「トランプ大統領は太っ腹なので選挙期間中に様子見をしていた人たちからの献金も、すでに自腹を切って立て替え払いしていた分と見なして快く受け入れる」というコメントが発表されて、この期待が幻想に終わる可能性の高さも認識した。とは言え、2大政党にまとわりつく利権集団にどっぷり浸っているわけではない。2大政党ともじつは現状維持を期待していた米中貿易を本気で縮小しようとしたのも、中国ロビーとの接点をまったくと言っていいほど持たないトランプだからこそできたことだろう。

というわけで5月中旬までトランプが既成政治ボスの典型のようなバイデンをリードしていたのは、アメリカ国民にとって、よりマシな選択だと思っていた。ところが5月最終週からこの構図に突然の変化が生じた。この現職が再選される平穏無事な大統領選というシナリオが崩れ落ちたのは、意外なところからだった。２５４ページのグラフを、ここでもう一度チェックしてみよう。

5月中旬まではトランプが安定して7〜8ポイントリードしていた。だが5月末から6月初めに形勢は逆転し、6月末から7月初めには約20ポイントもバイデンがリードするようになっていた。いったい何がきっかけとなって、これほど大きな変動が生じたのだろうか。

まずミネアポリス発のＢＬＭ運動がトランプ再選シナリオを揺るがせた

先進諸国で経済的にはその日の暮らしにも困る人たちが激増する中で、政治・社会的には奇妙な無風状態がつづいていた。この環境が激変したのは5月25日だった。ミネソタ州最大の都市ミネアポリスで40代の黒人男性ジョージ・フロイドがニセ20ドル札を使おうとして失敗し、逃げようとしたところをパトロール中の警官に捕まった。そして白昼、衆人環視のもとで後ろ手に手錠をかけられ、うつぶせに寝かされた上で、4人の警察官のひとりによって後ろから頸《けい》動脈《どうみゃく》を膝《ひざ》で押さえつけられて死亡するという事件が起きたのだ。

しかも、その画像は大手メディアやSNSによって世界中に配信された。この事件は、その日のうちにアメリカ各地でBLMを旗印に掲げた自然発生的な抗議運動を誘発した。夜が更けるに従って、手薄になった警備の隙をついて個人経営の商店などに押し入って略奪や放火を行う連中があちこちに出没した。現場に近いミネアポリスの目抜き通りでは、長年市民に親しまれてきた1950年代風流線型店舗のドライブイン酒屋、ミネハハ酒店が放火で全焼するなど、貴重な歴史遺産が失われた。

中には所属部隊からはぐれて孤立した警官をデモ参加者による袋叩きから守るために、黒人の参加者たちが守っているという心温まる光景もあった。それにしても否定できない事実がある。あまりにも多くの都市で、抗議デモに便乗した略奪や放火が起きていた。アメリカの世相がいかにすさんでいるかを象徴するのが左右両翼のデモであれ、自然災害であれ、警備陣が手薄になるチャンスを狙って、必ず略奪や放火が起きて被害をますます拡大することだ。今回は明らかにデモをどんどん破壊活動へと導こうとする勢力が介在していたフシも見受けられる。

それなのに、それを見過ごす大手メディアの姿勢はおかしい。アメリカのエスタブリッシュメントに属する白人としては、自分たちの祖先が先住民族や黒人奴隷に対してどんなことをしてきたかを学んでいれば、マイノリティの抗議活動に対して遠慮がちになるのは、むしろ当然のことかもしれない。しかし、歴然とした暴動や略奪まで「平和なデモ」と報道しつづける姿勢には少々、いや大いに偽善の匂いがした。

とにかく大手メディアの論調は「法と秩序」の回復を訴えるトランプ大統領を揶揄《やゆ》し、冷笑するものが多かった。トランプが自由の女神の首筋にひざを押しつけて窒息させようとしているところを描いた1コマ漫画などは、その典型と言えるだろう。一般論として世間的に信用度の高い大手メディアほど、道路からクルマを締め出してお祭り気分で大勢の人が集まっているブルックリンの抗議デモのような平和な光景ばかりを取り上げて、ＢＬＭ派のデモに好意的な報道をしていた。

たしかに「人種差別はあまりにもアメリカ的な現象なので、人種差別に反対すると反米になってしまう」という社会的背景はある。そして黒人が「黒人だからってだけのことで、今日殺されたりしませんように」と染め抜かれたＴシャツを着てデモに参加するのは、それなりに勇気の要る行動なのだろう。

ジョージ・フロイド事件発生後２～３日のうちに全米数十の大都市で抗議デモがあった。目立つパイロンで囲ったコンクリートブロックやレンガがデモ行進の道筋に置かれていたことも多かった。こうしたブロックやレンガは、もともと付近の工事現場で使うために歩道に野積みにしていたものが多かったらしい。ただ、ちょうど便利なところにあったからという理由で、放置されたパトカーの窓を破って火焔瓶《かえんびん》を投げこんだり、近隣商店のドアや窓を壊したりするために使うのは、抗議デモの範囲を大きく逸脱した破壊活動だった。

ちょっと誇張して言えば、現代アメリカの大都市中心部を生活の場としている人たちは3種類しかいない。家族の生命と財産を自分のカネで守れる大金持ちと、細々と運行されている公共交通機関に頼らなければ生きていけないマイノリティの貧しい人々と、彼らを顧客とする中小零細商店の経営者や家族だけだ。そしてデモで警備が手薄になった隙をついて起きる放火や略奪で最大の被害を受けるのは、貧しいマイノリティと中小零細商店なのだ。大金持ちは高い費用を払って民間警備会社に守ってもらっているし、都心の自宅が危険になったときの用心に安全な場所に別宅を構えていることが多い。

最近の大金持ちの傾向としては別宅を構える場所として、国内の地方よりは海外の孤島を1島丸ごと買い占めるケースが増えている。まさか新型コロナウイルスの蔓延を予期していたわけではないだろう。だが感染症の脅威からも、左右両翼の抗争からも、それに便乗した略奪からも逃れて、ほとんど他人と接触のない生活をすることができるからだ。

ただし豪邸1軒がかろうじて建てられる程度の小島に住むのは、中程度の金持ちに過ぎない。いくらなんでも岩ばかりの島に目一杯敷地を取った豪邸以外は船着き場だけという暮らしは、さびしいのではないだろうか。大富豪クラスともなると、プライベートジェットの発着できる滑走路をつくれる広さの孤島をカリブ海や南太平洋などの風光明媚《ふうこうめいび》な場所で買う。買いものは使用人に行かせたり、出入り商人に届けさせたりして、もっと優雅に孤立度の高い暮らしができる。

ここまで貧富の格差が露骨になってしまった状況に対する抗議運動に理解を示すのは、大手メディアとすれば当然の営業方針だし、現在野党となっている民主党としては有効な集票活動なのだろう。ところが、その大手メディアはプアホワイトであれ、差別されたマイノリティであれ、就業環境が劣悪で失職しても失業保険さえ給付されないような仕事をしている人たちのロックダウン反対デモに対して「感染リスクを高める」と批判的だった。

それなのにＢＬＭ派のデモには手のひらを返したように好意的な論調を打ち出して、感染拡大リスクなどほとんど語らなくなっている。また、「ロックダウン反対デモは、コヴィッド-19感染リスクを高めるが、ＢＬＭのデモはどんなに大勢が集まっても感染リスクではない」と主張した民主党の某現職州知事さえいた。

さらにジョージ・フロイド事件をきっかけに、民主党系の連邦議会議員や州知事、州議会議員からも、いわゆるリベラル派のメディアからも「警察予算を削減せよ」との主張も出てきた。「警察官の容疑者に対する取扱いが黒人と白人であまりにも違うのは、警察組織全体に人種差別が浸透しているからだ。こうした事件の再発を防ぐためには、警察組織を弱体化させたほうがいい」という理屈だ。

非常に残念なことだが、アメリカの警察機構には明らかに人種差別的な傾向がある。白人の容疑者が逃走を図ったときには、動けなくするために手足を狙って銃を撃つが、黒人容疑者に対しては頭や胸に何発もの銃弾を集中させて被疑者死亡のまま、うやむやにしてしまうケースも多い。

とは言え全米各地でデモが暴動化し、一般市民の住宅や自動車が放火、略奪などの被害に遭っている最中に「警察予算を削減せよ」と主張するのは、放火や略奪を奨励するに等しいという批判も当然出てくる。とくに8月23日、ウィスコンシン州ケノーシャという小都市で、クルマに乗りこもうとしていた黒人男性が後ろから警察官の銃弾を4発食らい、命は取りとめたが一生マヒの残る体になってしまったことへの抗議活動はすさまじかった。

ケノーシャは典型的なラストベルト（製造業の斜陽化で慢性的に景気が悪い）地帯の小都市だ。その後3～4日にわたって昼から抗議デモがつづき、陽が落ちて監視カメラの映像でも人相を特定できなくなった夜には市内各地で略奪や放火が頻発した。

大統領就任以前から一貫して反トランプの姿勢を貫いているCNNニュースでは、放火によって炎上している家屋や自動車を背景に「熱情はこもっているが、おおむね平和なデモ」とコメントした現地レポーターの発言が、あちこちで失笑交じりに引用されている。ミネアポリスでの抗議活動と比べても、さらに徹底して建物の破壊自体を目的とした行動を取った連中がかなり大勢いたことが歴然としているからだ。

それでは今回の大統領選で再選を狙うトランプの立場がますます有利になったかというと、そうでもないのが現代アメリカ政治の不可解なところだ。もう一度当選オッズグラフを見ると、実際8月末にはバイデン有利に逆転してから両者の当選確率が最大の接近を示し、わずか0・

5ポイント差にまで縮小していた。だが、その後またバイデンが5〜6ポイント有利という状態に変わり、結局最後まで2ケタに近い大きなリードを保って投票日を迎えた。

5月末に起きた両者の当選確率逆転には、ミネアポリスからケノーシャにいたるBLM派の抗議行動やそれに付随する破壊活動以上の大きな要因が介在していたと見るべきだろう。しかも、その要因は、BLM運動に便乗した数多くの逸脱行為に対する反感を超えて、「黒人の命は不当に軽視されている」という主張に好意的な方向にアメリカの世論を導いている。

トランプ人気失速の背景にアメリカ史の封印された1ページが存在した

今回の大統領選でほとんど遊説もせず自宅にこもり切って、失言の機会を減らそうとしていたバイデンが私としては予想外の当選を果たした理由は、どうも「コロナショック」による株価暴落だけではなさそうだ。まず主要な株価指数は8月から9月初めにかけて軒並み新高値を更新していた。実体経済の低迷とはかけ離れたパフォーマンスなので、時おり急落も挟んでの不安定な上昇だが、株価さえ堅調なら現職有利という昨今の風潮からすれば、トランプ有利に再逆転しても不思議ではないはずだ。

さらにアメリカの基準では大都市の部類に入るミネアポリスばかりか、ケノーシャのような小さな町であれほど破壊活動が荒れ狂っても、やはりBLM派に同情的な雰囲気は変わっていない。これは基本的に民主党リベラル派べったりの大手メディアが情報操作をしているからというだけで片付けられる問題ではない。そこでふり返って見ると5月末には、ミネアポリスでの警察官によるジョージ・フロイド殺害事件ほど大きなニュースにはならなかったが、もうひとつの「事件」が起きていた。

3〜5月にかけて選挙活動を自粛していたトランプ陣営は、5月下旬に「6月19日に全国遊説再開を記念して、オクラホマ州タルサ市の約2万人を収容できる会場で大演説会を開催する」と発表していた。日本ではあまり知られていないが、6月19日は「ジューンティーンス」と呼ばれて、アメリカ黒人にとって奴隷制度からの解放記念日となっている。南北戦争も終幕に近い1865年6月19日に、北軍のゴードン・グレンジャー将軍がテキサス州ガルヴェストンで黒人解放を宣言した日だからだ。

そして黒人のあいだから「ジューンティーンスに自分の演説会をぶつけることで、トランプは黒人解放を記念する祝日から注意をそらそうとしているのか」という批判が出た。そこでトランプ陣営は、この日に自分たちの選挙演説をぶつけるのを遠慮して1日だけずらして6月20日に大集会を行うことにした。

結果的には100万を超える参加申し込みがあった中から抽選で選ばれた約2万人のうち、実際に参加したのは6000名だけという低調な集会になった。民主党左派による呼びかけもあって、反トランプ陣営からの参加申し込みが殺到した結果、出席権を獲得した2万人のうち約7割が初めから参加する気のないボイコット戦術での応募者だったわけだ。

ボイコット戦術がこれほど大勢の参加者を巻きこんだ背景には、今から99年前に当たる１９２１年にタルサ市郊外の黒人居住地区グリーンウッドで起きたアメリカ史上最大の人種テロ事件があった。富裕黒人層の住宅が放火され、推計３００名以上の犠牲者を出した事件だ。１９１０年代後半から20年代初頭のオクラホマ州タルサ市は、石油ブームのまっただ中にあった。ガソリンエンジンの普及と石油需要の爆発的な拡大に関しては、Ｔ型フォードという世界初の大衆車の大量生産工程の確立が最大の要因とされている。

だが第一次世界大戦で軍事用車両や航空機に搭載するエンジンへの需要が激増したことも見逃せない。そしてタルサ市ではこのブームに乗って黒人富裕層が激増したが、厳格な隔離政策が敷かれていたので、富裕な黒人層は黒人向け住宅地グリーンウッドに集中して住んでいた。

１９２１年5月末、タルサ市内の商業ビルの白人エレベーターガールに黒人少年が腕につかまったか、足を踏んだかという接触があって、この少女が悲鳴を上げた。白人たちのあいだで、この黒人少年は白人少女をレイプしようとしたという噂が広まった。少年はリンチに遭うのを防ぐために刑務所に保護された。しかし、この少年を引きずり出そうとする白人集団と、武器を持ってでもそれを阻止しようとする黒人たちとのあいだでにらみ合いがあり、そのまま膠着《こうちゃく》状態で夜を迎えた。

白人集団は、この黒人少年を引きずり出してリンチすることはあきらめた。だが闇に紛れて黒人居住区であるグリーンウッドの各所に火をつけて回り、火災を逃れようとした黒人たちにも容赦なく棍棒などで殴りかかり、また発砲もした。焼死した黒人、逃げだそうとしたところを殴り殺されたり、射殺されたりした黒人が続出した。大部分が黒焦げの焼死体で身元もわからないままだったが、身元の確認できた死者だけで38名、犠牲者総数は300名を超えると言われている。次ページにご紹介するのは、グリーンウッド大虐殺に関連した4枚の写真だ。

上半分は、「黒いウォール街」と呼ばれるほど繁栄していたグリーンウッドの有力者たちがそろった記念撮影、そしてまだ白人世帯でも自動車はあまり普及していなかったこの時期に、沿道にずらっと自動車が並んだパレード風景だ。下半分は噴煙が盛り上がっている延焼中の現場写真と、400０棟弱の家屋や建物が全半焼したと言われる暴動直後の建物の残骸だ。

この事件で最大の問題点は、事件直後からあたかも箝口令《かんこうれい》でも敷かれたように、この事件に関する報道がまったくと言っていいほど途絶えたことだ。さすがに「黒人の分際で白人より豊かな暮らしをするから、天罰が当たったのだ」と考えたのはごく少数の、それこそクー・クラックス・クラン（KKK）に共感するようなごりごりの人種差別主義者だけだろう。

当時の白人の大多数は事件を徹底的に究明し、放火犯や殺人犯を摘発するより自分たちの抱える恥部として隠すことを選んだ。現場から命からがら逃げ出した黒人たちも、この事件に言及するだけで、差別主義者の白人から「報復」されることを恐れて口をつぐんだままだった。

出所：（左上）https://i.ytimg.com/vi/QIRzKhW8anQ/maxresdefault.jpg、（右上）http://40.media.tumblr.com/d17811b1a16357cefc3b7dfc4369ea82/tumblr_n0bwmdNWjG1rm4wgqo3_1280.jpg、（左下）ニューヨークタイムズ紙、2020年6月19日付記事、（右下）http://rastafari.tv/wp-content/uploads/2016/02/The_Tulsa_riots_of_1921_Photo_provided.jpgより引用

その結果、1990年代末までの80年弱にわたって、「グリーンウッド人種暴動」はアメリカ史の中で封印された1ページとなっていた。たとえば歴史学研究会編『世界史年表　第二版』（2001年、岩波書店）の1923年、南北アメリカの項には「オクラホマ州でKKKの活動が激化し、戒厳令施行」（275ページ）と書いてある。

おそらく編集者たちも、なぜこの時期にKKKが全米各地からオクラホマ州に大集結したのかはわからずに書いていたのだろう。今では、それがわかっている。グリーンウッド大虐殺について抗議の声を上げるかもしれない、生意気な黒人たちを威圧するために勢揃いしていたのだ。

私が1970年代後半に留学していたジョンズ・ホプキンズ大学歴史学部大学院の北米近現代史授業でも、この大事件への言及はまったくなかった。そもそもアメリカ近現代史の専門家でさえ、知っていた人がいなかったのだろう。この事件の記憶が再浮上したきっかけは、「映像の世紀」とも呼ばれた20世紀の映像資料を、後世の人たちにとって少しでも親しみやすいものにするためにコンピューター彩色技術を用いて、ニュース映画を中心とするモノクロのドキュメンタリー映像をカラー化する大プロジェクトが、1990年代半ばに立ち上げられたことだった。

全米各地のフィルムライブラリー、アーカイヴ、閉館となった映画館の倉庫に眠っていたドキュメンタリー画像がカラー化のためにかき集められた。その過程で、グリーンウッド大虐殺を報じたニュース映画画像が再発見されたわけだ。この再発見が動画映像というかたちで行われたことは、非常に重要だ。最近では動画映像の頒布、流通、交換はほとんどがユーチューブなどの動画映像に特化したＳＮＳを通じて行われる。

２０２０年のアメリカ大統領選はやはり「遺恨」選挙になった

動画映像に特化したＳＮＳには、ふたつの問題点がある。まず年齢層が高まるほど、画像映像による情報交換自体への拒否反応が強まる傾向がある。私も自戒をこめて言うのだが、文字情報なら、たいてい一目見て要点は察しがつくし、丹念に読む価値のある文章かどうかも想像がつく。一方、動画映像で意見を開陳するサイトだったりすると、退屈な顔のアップ画像を見ながら、一言一句聞き漏らしたり、聞き違えたりしないように神経を使って聴くのは大変だ。おまけに結論が凡庸《ぼんよう》だったりすると、浪費した時間を返せと怒鳴りたくなる。

ふたつ目の問題点として、ＳＮＳ一般についても言えることだが、動画映像主体の媒体はとくに思想傾向、趣味嗜好の似通った人たちだけで密接な情報交換をしている印象がある。ちょっとでも関心や視点が違う人たちとはほとんど交流がないのではないだろうか。

そこでトランプが選挙運動再開の会場として、オクラホマ州タルサ市を選んだことに戻ろう。これはトランプ陣営にとって特別な意図はない、たんなる見落としではなかっただろうか。陣営内の年寄り連中は、おそらくアメリカの近現代史について画期的な動画映像の再発見があったなどということは、まったく知らないし、関心も希薄だろう。若手なら知っているかというと、これも可能性は低い。

トランプ支持派となると、そもそも白人一般市民による黒人の大量虐殺シーンなどは初めから入りこむ余地がないようなサイトばかり見ている可能性が高い。稀に見た人がいても、ニュース映画に紛れこんだ劇映画の断片か、完全にねつ造された悪質なデマ宣伝と決めつけるのではないだろうか。とにかく、すさまじい映像なのだ。

一方、過去のアメリカにおける人種別問題を真剣に考える若者たちのあいだでは、この衝撃的な動画映像はかなり広く共有されているはずだ。これだけ自国の近現代史を読み解くコンテクストが違った人たちの集団同士が街頭でぶつかり合えば、衝突の暴力性が高まるのは必然とも言える成り行きだろう。

今年の大統領選は、こうした左右両派の街頭での衝突が激化しつづける中での投票となった。しかもコロナウイルス対策を口実として、民主党が郵便投票という選択肢の適用範囲を大幅に拡大させたので、当日開票分だけでは決着がつかない可能性が高かった。そして実際に郵便投票分の開票に理解しがたい遅延があって、日本時間11月6日早朝でも決着がついていない。

トランプは郵便投票の「利便性拡大」には不正投票の危険が大きいと反対していたが、あまり本気で争点としなかった。おそらく不正投票があっても、しっかりした証拠をつかんで訴訟に持ちこめば、自分が推薦した最高裁判事たちがトランプ陣営に有利な評決を出してくれるという読みがあったのだろう。

だが最高裁判事の地位を狙うような人たちは、典型的な知的エリート集団だ。たとえトランプの推薦で法曹界の頂点に立てたことに恩義は感じていたとしても、それで現在の知的エリート体制を突き崩す危険のある人間に2期つづけて大統領を務めさせようとはしないだろう。1期目のうちに、中国現政権との癒着や軍産複合体のために延々とつづける世界各地での戦争・軍事介入を本気でやめようとしたとあっては、なおさらだ。

ふり返って見れば、民主党はもちろんのこと、共和党保守本流にも、官僚組織にもまったく基盤を持たないトランプがこの選挙で勝つには、投票所での即日開票分だけで逆転するのは不可能というぐらい大差をつけた圧勝しかなかった。たとえ今回は負けたとしても、ほとんど独力で7100万票を集めたトランプへの支持を「無知で無教養な連中の欲求不満の爆発」としか見ていない民主、共和両党の没落は近い。健康の許すかぎり次回の大統領選に第3政党から打って出れば、アメリカの政・財・官界を覆う贈収ネットワークからの影響を排除した政権を樹立できるかもしれない。そのころにはだれが大統領になっても、アメリカ合衆国の崩壊を押しとどめることはできないだろうが。

4～5日で済むのか、1～2週間かかるのか。ひょっとすると1ヵ月以上待っても結果が確定できないのか、それさえ予測のつかない選挙となった。トランプ陣営もバイデン陣営も勝利を宣言して譲らず、アメリカ大統領という現代世界で最大の権力者がだれなのか判然としない事態が継続することもありうる。

ここでアメリカ史上最大の盛り上がりを見せたと言われる、1960年代から70年代初頭の公民権運動のころを振り返ってみたい。当時の公民権運動参加者たちは、ひたすら耐えるだけの抗議活動をしていた。カフェテリアで白人専用の席を占めるが、そこで周囲の白人たちの怒号、罵声、ビールやら、小麦粉やら、ベーコンエッグやらを頭から浴びてもただ耐えるだけ。デモなどで警官が警棒をふるったり、警察犬をけしかけたりする相手は、ほぼ例外なく黒人や彼らと連帯する白人の参加者である。抗議運動に反対する白人たちはそうとう乱暴なことをしても大目に見られていた。とくにアラバマ州ハンツヴィルという保守的な土地では、州兵による一斉射撃でデモ参加者たちが逃げ惑う場面もあった。

彼我の力関係から見て、耐えるだけというのがもっとも政治的に効果のある戦術だったのも事実だろう。だが最大の差は、当時はまだデモ参加者たちが明るい未来を信じていたことではなかっただろうか。1946年の贈収賄合法化法成立以来、政治経済の中枢では腐敗が進行していた。だが、まだアメリカ国民の大半にとって未来は人種・性別・宗教の違いを超えて、もっと自由で平等な社会が実現すると信じていられた時代だったような気がする。

現代アメリカ社会はどうか。1980年代初頭以来、勤労者実質所得の中央値（全勤労者を所得順に上から下まで並べたとき、ちょうどまん中に来る人の所得水準）は横ばいに終始している。

この間の経済成長の成果はほぼ全面的に上から10％の所得水準の人たちに集中し、その中でも上から１％、上から０・１％と上に行くほど伸び率が高かった。

所得でこれだけの差があると、その所得を長い年月かけて蓄積して形成する資産ではもっと大きな差になる。しかも資産保有高では、貧富の格差に加えて歴然とした白人対黒人・ヒスパニックの格差がある。白人同士でも４大卒資格の保有者は39万７０００ドル（約４２００万円）と、そうでない人の９万８０００ドル強（約１０３０万円）のあいだには４倍という大きな資産格差がある。

だが黒人やヒスパニックでは４大卒資格を持っていても、７〜８万ドル程度で４大卒資格のない白人の水準にも達しない。４大卒資格を持たない黒人やヒスパニック世帯の資産保有額にいたっては１万ドル（１００万円）台に過ぎない。１９６０年代末には人種差別がやがて平和に解消されることを夢見ていられた人たちも、現代アメリカ社会では体制変革なしにそういう夢を描くことはむずかしそうだ。

今回の大統領選の特徴は、マイノリティ側に立っているはずのメディアがなだれを打ってバイデン陣営に荷担していることだ。音楽評論を中心に既成観念を打破する主張をくり広げてきた『ローリング・ストーン』誌でさえ、大統領選まで２週間を切った10月22日にはこんな情けないことをツイートしていた。

「ジョー・バイデン候補の息子ハンター・バイデンについて、悪意に満ちた中傷がＳＮＳを通じて流布されている。我々は、こうしたデマを封じなければならない」。

麻薬中毒でアメリカ軍を不名誉除隊になってからも、一度として定職に就いたこともなく、自分の父親の権力にすがって、中国やウクライナの政府・国策企業から裏ガネをもらいつづけていたハンター・バイデンをここまで擁護しなければならないとは、落ちるところまで落ちたとしか言いようがない。

２０２０年の大統領選は、どちらが勝っても「遺恨試合」になるだけではない。その後の慢性的な社会騒擾《そうじょう》のきっかけになるだろう。そして、この大統領選に勝った候補は、アメリカ合衆国が現状のままでいられる時代の最後を締めくくる大統領になる可能性が高い。２０２４年の大統領選で勝ち、２０２５年１月から２０２９年１月までの任期を務める大統領は、ほぼ確実に崩壊か、分裂か、代議制民主主義という政体の改変かを自分の任期中に経験するだろう。

ただ現状では、バイデンが２０２０年大統領選の勝者と判定される気配が濃厚だ。そうなると、民主党のボスたちは、いつとんでもない言動に出るかわからないバイデンに認知症テストを受けさせて、「任に堪えず」と放り出すだろう。副大統領に就任したばかりのカマラ・ハリスが昇格することになる。

カマラ・ハリスはジャマイカ系黒人移民とインド系の両親のもとに生まれたことを武器としてカリフォルニア政界でのし上がった、ヒラリー・クリントンにまさるとも劣らない野心家だ。有力視されていた民主党立候補者のひとりだった。ところがカリフォルニア州検事総長時代にいかに多くの黒人を長期服役に追いこんだかを、同じく民主党からの指名争いに参加していたタルシ・ガバードに暴露された。さらにあちこちで主張してきたこととの矛盾も衝かれて、候補者の中でいちばん早くあっさり指名争いから脱落していた。

アメリカという地上最大、最強の帝国が崩壊したあとには、世界的な経済・軍事覇権を握る国家はもう登場しないだろう。つまりアメリカは最大・最強であったとともに、最後の覇権国家となる可能性が高い。その最後の覇権帝国の最期を見とることになる大統領が、こういう人物となりそうなのも、それなりに適材適所と言えるのかもしれない。

おわりに

資産防衛の最善策は余裕資金をすべて金《ゴールド》の現物買いに集中して、少なくとも2027年まで必要不可欠の支出以外には取り崩さないことだ。GLD（ゴールド・シェア投資信託）のような金を根拠資産とした上場投資証券（Equity Traded Notes、ETN）も、金山株で組成したETF（上場投資信託）も金現物の代用品にはならない。金で資産防衛をすることの最大の強みは、取引相手のリスク（カウンターパーティ・リスク）が存在しないことだ。一方、金ETNも、金山株ETFも金融市場激動期には組成した運用主体が大きなリスクとなる。しかし、群衆が狂気に駆られても、金は正気を保つ。

金現物を買うとき、しろうとは延べ棒で買うより、純度や重量のバラつきが少ないと定評のある造幣局が鋳造した金貨で買うほうが安全だ。金貨は重量も、純度も厳密に規定されているが、金延べ棒は刻印された重量に満たないものがけっこう大量に出回っている。

また銀現物も金の代用品にはならない。銀は産業素材に過ぎず、現存する総ストック量に対する毎年の供給量もかなり大きいから、価値安定性に欠ける。そして時間による腐食を受ける。ときが経つにつれて、くすむ表面を磨くたびに少しずつ磨滅していく。金はまったく時間の経過によって腐食することがなく、本来の輝きを保つ。他の金属との合金にはできるが、合金になってからも溶解すれば純金として取り戻しやすい。

次善策は日本円のまま、破綻懸念の小さな銀行数行に分散貯蓄することだ。日本の銀行の中で避けるべきは自己資本に対する総債務比率が高く海外露出度も高い、世界的にシステミックな重要性の高い銀行群だ。また地方銀行もかなり安全性に欠けるので、実際的な選択肢は中堅都銀に絞られてくる。とくに名指しはしないが、ローン担保証券（Collateralized Loan Obligation、CLO）のようなリスク金融商品のゴミためのようなしろものを大量に買いこんでいる金融機関も絶対に避けるべきだ。

アメリカのニクソン大統領（当時）が1971年に「米ドルの金兌換《だかん》停止宣言」をしてからの通算で、米ドルより強い通貨は日本円とスイスフランだけだ。だが余裕資金があれば、スイスフランも買っておこうという方針はお勧めできない。

スイスの中央銀行であるスイス国立銀行は、今や米国株の巨大ポートフォリオを運用する、運用実績抜群のヘッジファンドと化している。しかもポートフォリオはロビンフッド口座利用者のあいだの人気銘柄とほぼ同一で、とにかく運用実績がいいから買い増ししているうちに収益実態とかけ離れた高値に舞い上がってしまった株ばかりなのだ。

ロビンフッド口座利用者の大半は、自分の売りで相場を崩すことなど気にせずに高値で売り抜けることも可能だろう。しかしスイス国立銀行のポートフォリオは高値で売り抜けるには巨大になり過ぎてしまった。自分から手仕舞い売りを仕掛ければ確実に暴落を招くし、そうかと言って手をつかねてアメリカ金融市場全体の爆縮を傍観するだけでもいられないだろう。

スイスフランは、乱高下する可能性が非常に高い。結局、スイス国立銀行も日本の年金積立金管理運用独立行政法人同様、自分の図体の大きさを持てあまして自縄自縛に陥り、運用実績がジリ貧化するといったところがベストシナリオではないだろうか。もっと悲惨な事態に陥る危険は大きい。

冒険策としては、余裕資産の一部をビットコインに換えて、インターネットからは切断されたＰＣの中に設定した財布に入れておくことだ。今後の政府・中央銀行による社会全体の監視強化の中で個人保有の金を洗いざらい調べ上げるような体制の出現に備えて、必要が出てくるかもしれない。あまり想定したくない未来図だが、新型コロナウイルス対策を口実に国や地方自治体の個人に対する監視体制が飛躍的に強化されている。油断してはいけない。

この風潮がどんどん進めば、金を地金で持っていること自体が脱法的な節税手段の証拠だというような乱暴な議論がまかり通る可能性もある。最悪の場合そうなることも想定して、無名性を維持したままブロックチェーンの上で、金融決済をできるように準備しておく必要はあるかもしれない。

北米プリマスに上陸したピルグリム・ファーザーズがメイフラワー号の盟約を交わした

1620年から400年、
スタンダード石油が設立された1870年から150年、
そしてタルサ、グリーンウッド地区の大虐殺が起きた1921年からは99年
多事多端で毎日が13日の金曜日のような2020年晩秋の吉き日に

参考文献
橘玲『臆病者のための株入門』（2006年、文春新書）
吉本佳生『むしろ暴落しそうな金融商品を買え！』（2012年、幻冬舎新書）
荻原博子『投資なんか、おやめなさい』（2017年、新潮新書）
佐々木融『弱い日本の強い円』（2011年、日経プレミアシリーズ）
堀江貴文『99％の会社はいらない』（2016年、ベスト新書）

参考ウェブサイト
GnS Economics
gnseconomics.com/en/
Two Centuries Investments
twocenturies.com
Real Investment Advice
realinvestmentadvice.com
UPFINA
upfina.com
The Gold Observer
thegoldobserver.substack.com

●著者略歴
増田悦佐（ますだ・えつすけ）
1949年東京都生まれ。一橋大学大学院経済学研究科修了後、ジョンズ・ホプキンス大学大学院で歴史学・経済学の博士課程修了。ニューヨーク州立大学助教授を経て帰国、HSBC証券、JPモルガン等の外資系証券会社で建設・住宅・不動産担当アナリストなどを務める。現在、経済アナリスト・文明評論家として活躍中。
著書に『新型コロナウイルスは世界をどう変えたか』『アイドルなき世界経済』『日本経済2020 恐怖の三重底から日本は異次元急上昇』『これからおもしろくなる世界経済』『最強の資産は円である！』『米中地獄の道行き大国主義の悲惨な末路』（以上、ビジネス社）、『米中貿易戦争 アメリカの真の狙いは日本』（コスミック出版）、『2020季、経済史上初の恐怖の三重底が世界を襲う‼』（電波社）、『戦争と平和の経済学』（PHP研究所）など多数ある。
「読みたいから書き、書きたいから調べる――増田悦佐の珍事・奇書探訪」、etsusukemasuda.infoを主宰しています。ぜひのぞいてみてください。

投資はするな！

2020年12月15日　第1刷発行

著　者　増田 悦佐
発行者　唐津　隆
発行所　株式会社ビジネス社
〒162-0805 東京都新宿区矢来町114番地
神楽坂高橋ビル5階
電話 03(5227)1602 FAX 03(5227)1603
http://www.business-sha.co.jp

カバー印刷・本文印刷・製本/半七写真印刷工業株式会社
〈カバーデザイン〉大谷昌稔　〈本文DTP〉茂呂田剛（エムアンドケイ）
〈編集担当〉本田朋子　〈営業担当〉山口健志

ISBN978-4-8284-2235-0

増田悦佐の本

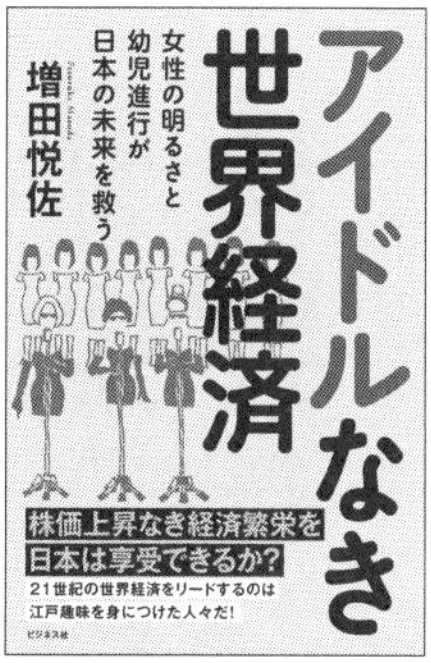

定価　本体1700円＋税
ISBN978-4-8284-2171-1

アイドルなき世界経済

女性の明るさと幼児進行が日本の未来を救う

株価上昇なき経済繁栄を日本は享受できるのか?

21 世紀の世界経済をリードするのは江戸趣味を身につけた人々だ！
奇才・増田悦佐が描く経済学的文化論
刮目して読むべし！

定価　本体1400円＋税
ISBN978-4-8284-2120-9

日本経済2020

恐怖の三重底から日本は異次元急上昇

金融・エネルギー・軍産複合体は大没落!
大転換する世界でひとり勝ちする日本!!

ひきこもりと高齢者の活躍で日本が勝つ!
世界は千年の戦争ボケから目覚め、平和国家日本が光り輝く
戦争は負けたほうが得をする!
軍事力よりイメージ戦略が支配する世界は「もどき」の時代に突入した!!

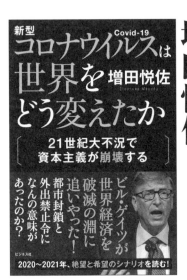